명리학그램 2
사주통변론

이 도서의 국립중앙도서관 출판예정도서목록(CIP)은 서지정보유통지원시스템 홈페이지(http://seoji.nl.go.kr)와 국가자료종합목록 구축시스템(http://kolis-net.nl.go.kr)에서 이용하실 수 있습니다. (CIP제어번호 : CIP2020011216)

명리학그램 2 사주통변론

저자 **김현희**

책을 펴내며

『명리학그램Ⅱ −사주통변론』을 펴낸다. 전편 『명리학그램−작은 인문학』(이든북, 2019)은 사주학의 개론적인 내용을 담았다. 이번에 펴내는 『명리학그램Ⅱ −사주통변론』은 사주를 해석하는 방법을 담았다. 사실 사주이론은 책 한 권에 담을 정도로 간단하다. 하지만 사주통변 방법은 사주상담가마다 무궁무진하게 다양하다. 사주상담가마다 사주팔자를 해석하고 통변하는 방법이 각양각색이다. 그럼에도 사주이론에 근거해서 사주팔자를 해석해야 한다. 사주이론을 벗어나서 제멋대로 해석하는 사주통변론은 주관적 의견일 뿐이다. 이 책은 사주학에서 인정하는 이론에 따라 사주를 해석하는 방법을 다룬다.

사주통변은 일종의 해석학이다. 사주팔자를 격국으로 볼지, 조후로 볼지, 억부로 볼지, 물상으로 볼지 등등, 사주팔자를 보는 방법은 사주상담가마다 다르고, 사주상담가는 자기만의 비법이 있다. 사주이론을 공부한 사람은 모든 이론을 다 알고 있어야 사주팔자를 제대로 읽을 수 있다. 사주학을 공부하는 사람은 보편적인 사주이론으로 사주팔자를 해석하기까지 끊임없이 노력해야 한다. 그런 과정에서 잘 맞춘다 혹은 못 맞춘다며 평가를 당한다. 그러나 사주상담가는 피상담자에 대해서 적어도 30프로는 맞춘다. 나머지 70프로는 국가 사회적 상황이다. 유전자가 30프로 개인의 삶을 좌우한다면 환경이 70프로 개인의 삶을 좌우하는 이치와 같다. 아무리 좋은 유전자도 70프로의 환경이 열악하면 살아남지 못한다. 반대로 아무리 나쁜 유전자도 70프로의 환경이 좋으면 어떡하든 살아남는다. 마찬가지로 사주상담가는 피상담자의 30프로의 운명은 정확하게 맞출 수 있다.

 태어난 사주대로 사는 사람도 있고, 타고난 사주와 상관없이 사는 사람도 많다. 그렇기에 사주상담가는 어느 사람은 잘 맞추고, 어느 사람은 못 맞출 때가 있다. 그런 묘미가 사주통변론의 재미이다. 타고난 사주대로 산다면 삶이 얼마나 부조리할 것인가. 이미 운명이 정해져 있다면 누가 노력하며 살겠는가. 사람은 의지적인 존재라서 자기 사주를 뛰어넘어 잘 살 수 있는 존재이다. 의지와 노력이 70프로의 환경적 요인이다. 운명의 운전자는 사주팔자가 30프로, 의지와 노력이 70프로이다.

 어느 사주상담가도 한 사람에 대해서 다 맞출 수 없다. 피상담자의 생년월일시에 따른 기호를 사주학의 원리원칙으로 읽을 수 있을 뿐, 피상담자가 자기 사주대로 살지 않을 수도 있다. 그러나 사주팔자를 사주학 이론으로 읽는 일은 사주통변의 기본이다. 해석학이 아무리 주관적이어도 보편론에 기반하고 있듯이, 사주 해석도 사주상담가마다 다르게 해석할 수 있지만, 기본원리인 사주이론에 충실해야 한다. 『명리학그램 Ⅱ-사주통변론』은 사주통변을 할 때 기본적으로 사용되는 사주이론을 담은 책이다.

책을 펴내며 · 4

part 1 | 봄 · 겨울을 간직한 새싹들

01. 나쁜 사주 없다 · 13

02. 사주는 맞추는 게 아니다 · 16

03. 사주의 인성과 비겁 · 19

04. 사주팔자와 돈 · 22

05. 십성의 역학관계 · 25

06. 경자(庚子)년 운세 · 28

07. 사주 육친론 · 31

08. 사주의 재성은 양명지본 · 34

09. 사주 일주(日柱)의 심리 · 37

10. 사주의 용신론 · 40

11. 신왕, 신약, 좋은 운 · 44

12. 십이신살의 긍정적 의미 · 48

13. 천간의 생극제화 운동 · 51

14. 비겁운, 식상운, 재성운 · 55

15. 관성운, 인성운 · 58

16. 정인, 정관은 사주를 믿지 않는다 · 62

17. 사주 변화의 묘미 · 66

18. 십이운성의 묘지 · 70

19. 사주와 인연론(因緣論) · 74

part 2 | 여름 · 자립과 독립의 성장기

20. 12지지의 물상과 지장간 · 81

21. 갑 일간의 사계절 · 88

22. 을 일간의 사계절 · 92

23. 병 일간의 사계절 · 95

24. 정 일간의 사계절 · 99

25. 무 일간의 사계절 · 103

26. 기 일간의 사계절 · 107

27. 경 일간의 사계절 · 111

28. 신 일간의 사계절 · 115

29. 임 일간의 사계절 · 119

30. 계 일간의 사계절 · 123

31. 지장간과 지지물상 · 127

32. 사주보는 순서 · 131

33. 사주와 제법무아(諸法無我) · 135

34. 십 천간의 의무 · 139

35. 지지 인신사해 · 143

36. 지지 자묘오유 · 147

part 3 │ 가을 · 이별을 껴안은 단단한 열매

37. 지지 진술축미(辰戌丑未) · 153

38. 지지의 궁합 · 157

39. 월지 십성의 의미 · 160

40. 나쁜 사주 개운법 · 166

41. 사주 연월일시 해석 · 171

42. 재성과 인성 · 175

43. 십 천간의 의무 · 179

44. 합형충파해, 신살론, 십이운성 · 183

45. 지지 물상론 · 187

46. 합형충파해 해석 1 · 191

47. 합형충파해 해석 2 · 195

48. 사주와 운칠기삼 · 199

49. 육친론(六親論)도 상대적이다 · 203

50. 세운, 월운, 일진 보기 · 207

51. 용신과 세운의 관계 · 211

52. 생극제화, 합형충파해 · 215

part 4 | 겨울 · 새봄을 기다리는 움츠린 새싹들

53. 십성 운 해석 · 221

54. 십 천간의 짝꿍 · 226

55. 합, 합화, 기반, 합거 · 230

56. 직업과 건강론 추론 · 233

57. 양간과 음간 · 236

58. 사주 십성과 성격 유형 · 240

59. 십간의 조후 궁합 · 244

60. 월지 십성의 의미 · 248

61. 사주 순용와 역용 · 252

62. 육친론 해석법 · 259

63. 월지가 격국이다 · 262

64. 신왕사주, 신약사주 · 267

65. 용신의 종류와 쓰임 · 272

66. 기타 사주 해석 · 276

67. 사주 추론 순서 · 281

68. 천간의 물상궁합 · 284

69. 십천간의 효율적 궁합 · 288

70. 사주팔자의 상대성 · 292

part 1

봄

겨울을
간직한
새싹들

01. 나쁜 사주 없다

나쁜 사주는 없다. 나쁜 상황만 있다. 사람은 늘 어떤 상황에 처한다. 그 상황이 좋든 나쁘든 자기가 받아들이고 헤쳐 나가야 한다. 나쁜 상황은 '돈이 없다.', '직업이 없다.'이다. 현 사회에서 '돈'이나 '직업'이 공정하게 분배되는 자본이 아니다. 예나 지금이나 '돈'과 '직업'은 강자에게 먼저 분배되고 난 후, 남은 나머지를 수많은 약자들이 나누어 먹는 시스템이다.

인간이나 동물이나 자기 생존 욕망이 본능이다. 자기 생존 원리는 적자생존이다. 한 개인이 노력해서 '자기가 원하는 삶'을 살 수 있다면 사주를 볼 필요가 없다. 살기 버거워서 사주를 보게 되고 팔자 탓을 하게 된다. 자본주의는 한 사람의 승리자가 모든 것을 다 소유하는 구조이다. 그런 상황이 한 개인의 사주팔자보다 더 세상을 좌지우지한다. 봉건주의 신분사회에서도, 현대 자본주의에서도 양극화는 기정사실이다. 자유주의 시장경제 이후 절대적 빈곤이 사라졌다 해도,

끊임없는 잡음처럼 상대적 박탈감이 사람들을 분노하게 한다. 불공정한 분배가 만연하다. 그래서 같은 날, 같은 시간에 태어난 사주도 각양각색이다. 부모의 신분이 개인의 운명을 결정한다. 부모의 상황이 나쁘면 그 자식도 살아가기 힘들다. '돈'도 없고, '직업'도 없다면, 세상 살기 고달프다. 열심히 노력해도 혈연, 학연, 지연이 없다면 살아가기 힘들다.

처해진 상황이 다르면, 똑 같은 사주도 다르게 운명이 펼쳐진다. '돈이 있고 없음, 혹은 직위가 있고 없음'에 따라 다르다. 현실생활은 공평하지 않다. 일간('내'가 태어난 날의 천간) 기준으로 정해지는 십성도 누구에게나 적용되지만 있는 자에게 더 좋게 작용한다. 없는 자에게는 있으나마나하게 작용한다. 비견은 친구, 겁재는 경쟁자, 식신은 전문기술, 상관은 판단력, 정재는 성실성, 편재는 투자심리, 정관은 관리력, 편관은 책임감, 정인은 온화함, 편인은 다정함이다. 이런 성향이 환경이 좋은 사람에게는 좋게 작용되지만, 환경이 나쁜 사람에게는 부정적으로 작용된다. '노력해도 안 되는 사람'은 상황이 나빠서이다.

현대사회는 효율성을 판매하는 시대이다. 사람, 사물, 친구, 뉴스, 꿈 등등 모든 것이 계산적이다. 이런 시대에 타고난 '생년월일시(生年月日時)'인 사주가 작용하면 얼마나 작용하겠는가. 요즘 시대는 지식이나 뉴스가 진정한 진실인지, 꾸며낸 사실인지도 구분할 수 없다. '바람직한 인간상'보다는 '적응하는 인간상'이 홍보된다. 아주 작은 차이로 개인성이 있는 듯하지만, 크게 보면 '효율성을 추구하는 개인'일 뿐이다. 생산적이고 체제 순응적인 개인만이 '돈'과 '직업'을 갖게 된다. 사회는 공공선을 지향한다고 하지만 이익 분배에서는 학연과 지연과 혈연 위주로 나누어 가진다. '진짜 가치 있는', 혹은 '진정한 의미의 인간주의' 같은 이념은 사라졌다. '자유주의 개인'이 아니라 '돈을 창출하는 개인'이 만들어진다. '자기 생산력'이 없는 개인은 도태되고 있다.

 이런 시대에 '개인의 자율적 사고', '성찰의 시간' 같은 말은 비효율적이며 비생산적이다. 현대인은 알게 모르게 편리와 생산성이라는 목표를 향해서 말과 행동이 획일화되고 있다. 약자일 경우에는 더 심하게 '돈'과 '생산성'에 순응하도록 길들여진다. 이런 상황에서 나쁜 사주가 있겠는가. 순응 잘하면 좋은 사주이다. 아무리 개인성이 강한 사주(비겁과 식상이 발달한 사주)라도 생존하려면 가족과 사회가 원하는 방향으로 자기 성격과 적성을 변화시켜야 한다. 주어진 상황에 약육강식으로 굴종해야 한다. 살아내야 할 환경이 경쟁 구조이기 때문이다.

 한 개인이 주어진 사회에서 잘 살고 있다면 사주가 좋아서라기보다는 그 사람이 처한 환경이 좋아서이다. 지적, 신체적으로 뛰어난 개인일지라도 환경이 받쳐주지 않으면 힘들게 산다. 개인의 능력을 사장(死藏)시키는 환경에 처한 사주는, 아무리 좋은 사주라도 살아남기 힘들다. 사회구조가 공정하고 공평하다면, '잘 살기 위해 노력하고 있는 개인'이 잘 살게 될 것이다. 그런 사회가 사주를 좋게 만든다. 상황이 좋다면 사주도 좋게 작용한다. 상황이 나쁠 뿐, 나쁜 사주는 없다.

02. 사주는 맞추는 게 아니다

 피상담자의 삶을 맞추는지, 못 맞추는지가 명리학의 핵심이 아니다. 사주 당사자의 삶 전체를 맞출 수 있다는 말은 어불성설(語不成說)이다. 사주로는 성향과 기질을 알고, 당사자가 어떻게 살지를 알 뿐이다. 사람은 하나의 소립자이다. 주어진 상황에 따라 변하고 변질한다. 사회적 환경과 여건이 더 큰 운명이다. 사주를 보려면 사회 전체의 상황도 알아야 하고, 개인이 처한 상황도 알아야 한다. 명리학은 돈이 없다, 몸이 아프다, 부부 사이가 좋지 않다, 성격이 어떻다 정도는 맞출 수 있다. 하지만, 삶 전체를 맞출 수는 없다.
 십성에 비견, 겁재가 있다. 비견은 '나'와 음양이 같은 오행이고, 겁재는 '나'와 음양이 다른 오행이다. '내'가 갑(甲)이면 갑(甲)이 비견이고, 을(乙)이 겁재이다. 비견은 형제, 친구, 동업자이다. 겁재는 경쟁자, 상하관계의 사람들, 선후배이다. 비견과 겁재가 많으면 자기확대 욕망이 커지고, 자기중심적으로 행동한다. 자기 힘이 세져서 외부 간섭을 싫어한다. 친한 친구와는 화합하지만, 싫은 친구와는 거리를 둔다. 부부 관계에서는 배우자와 갈등이 있다. 자기를 주장하면서 강압적으로 누른다. 그러나 밀고 나가는 추진력, 독립심, 자수성가 의지, 인간관계 능력, 꿈을 이루는 투지력, 남에게 기대지 않고 홀로 서기를 한다. 이렇게 단점과 장점이 동시에 있다. 비견과 겁재가 장점으로 작용할지, 단점으로 작용할지는 상황에 달려 있다. 비겁을 제압하는 관성이 있거나, 비겁의 힘을 빼는 식상이 있으면 긍정적으로 작용한다.

사주를 잘 보려면 피상담자에게 구체적으로 현재 처한 상황을 물어보면서 상담을 하는 게 좋다. 피상담자가 '내' 운명을 얼마나 잘 맞추는지 알아보겠다는 마음이라면 상담에서 얻어 갈 지혜가 없다. 상담을 통해서 자기 확인을 하고 자기 정화를 하면 된다. 자기가 처해 있는 현 상황을 사주를 보면서 해결책을 찾는 정도에서 멈추어야 한다. 사주 상담비가 2020년 기준으로 5만원에서 30만원까지 천차만별이다. 그만한 돈으로 앞으로 펼쳐질 인생을 알 수 있다면 얼마나 좋을까. 그러나 운이 어떻게 흐를지는 아무도 모른다. 세계적인 상황이 개인의 삶을 좌우한다. 한 개인이 사주에서 알 수 있는 것은 운(運)이 긍정적이면 더 노력하면 되고, 부정적이면 현상유지를 위해 마음을 다잡으면 된다는 정도이다. 선택은 당사자에게 달려 있다.

십성에 따라 선택기준도 다르다. 비견, 겁재는 독단적으로 결정한다. 타인의 영향을 받지 않는다. 식신과 상관은 자기가 좋아하는 일, 즐겁고 흥미로운 일을 한다. 정재와 편재는 결과물이 좋은 쪽으로 움직인다. 현실적이고 실제적이다. 돈이 선택의 기준이다. 정관과 편관은 타인의 영향을 받는다. 타인을 배려해서 선택하고 결정한다. 관성은 사회가 용인하는 도덕, 윤리이다. 관성은 타인에 맞추어 자기 욕망을 조절하는 명예심이다. 정인과 편인은 학문과 지식이 기준이다. 사회에서 용인된 지식이나 정보로 사건과 사람을 판단한다. 비견과 겁재는 자기중심적이고, 식신과 재성은 물질 중심적이고, 관성과 인성은 타인 중심적이다. 미세하게 다르지만, 사람은 사회적 동물이라서 타인 없이 존재할 수 없다. 삶의 기준이나 자유의지는 사주 당사자의 개인의지보다는 부딪치며 갈등하는 타인과의 관계 속에서 결정된다.

　아버지가 언제 암에 걸리고, 어머니가 몇 살에 돌아가시고, 결혼은 언제 하고, 자식은 몇 명을 낳고, 자식이 사회적으로 어떤 인재가 될지 등등은 예측일 뿐이다. 딱 맞출 수는 없다. 맞춘다면 장님 문고리 잡기 식이다. 상담은 들어주는 일이 반이다. 피상담자 스스로 자기 문제를 해결하는 실마리를 찾도록 돕는 일이다. 빚이 있으면 갚으려고 돈을 벌어야 하고, 병이 있으면 병원에 가서 치료를 받아야 하고, 가족관계가 전쟁터라면 가족하고 직접 부딪쳐서 문제를 해결해야 한다. 죽고, 병들고, 망하고, 헤어지고, 힘든 상황에 처해 있다면, 언제 운명이 좋아질지를 예측할 수는 있다. 그러나 사회적 상황이 어떻게 흘러갈지를 아는 지식이 더 중요하다. 개인은 사회적 상황에 휩쓸려서 변질하는 수동태이기 때문이다. 그래서 사주당사자의 인생 전체를 정확하게 맞출 수는 없다.

03. 사주의 인성과 비겁

　사주는 관점에 따라 다르게 해석된다. 진실이나 사실은 존재하지 않으며 다양한 관점과 상대적 해석만 난무한다. 개인이 처한 위치에 따라 주어진 현실이 각각 다르게 작용한다. 남쪽에서 본 태양과 북쪽에서 본 태양이 다르다. 개미가 코끼리를 어디서 보느냐에 따라 코끼리의 모습이 다르다. 사주해석도 관점주의이다. 사주해석자마다 자기 경험으로 사주를 해석한다. 사주 해석은 한 개인의 의견일 뿐이지, 객관적 사실이 아니다. 그래서 사람을 기분 나쁘게 하는 사주해석은 올바른 해석법이 아니다.

　사주보기는 힘들고 외로울 때 도움이 된다. 돈이 없다, 남편이 없다, 아내가 없다, 직업이 없다, 가족관계나 인간관계가 힘들다 등의 문제를 해결하는 지혜를 얻을 수 있다. 사람은 살려고 하는 존재이다. 살려고 했을 때 살기 위한 조건들이 사주에 있는지 없는지를 알 수 있다. 살기 위한 조건에는 사람, 능력, 돈, 권력, 명예가 있다. 사람은 비견과 겁재, 능력은 식신과 상관, 돈은 정재와 편재, 권력은 정관과 편관, 명예는 정인과 편인이다. 이 중에 두 가지 이상이 사주에 들어 있다. 요즘 식으로 해석하면 외모, 능력, 돈, 직업, 지위이다. 이 다섯 가지를 모두 가지고 태어났으면 세상살이가 힘들지 않다. 그러나 한 두 개만 가지고 태어났다면 물질을 추구하기보다는 마음을 다스리며 사는 일이 행복하다.

마음을 다스리는 십성은 정인과 편인, 비견과 겁재이다. 정인은 공부이며 지식이다. 책 속에서 즐거움을 느낀다. 사람에게 사랑받고 사람을 사랑한다. 어머니의 품 같은 너그러움이다. 세상에서 인정받는 자격증이나 학력도 정인이다. 정인은 돈이나 권력을 좇기보다는 사람을 좋아한다. 돈이 있든 없든, 권력이 있든 없든 정인은 주어진 생활환경에 자족한다. 자기가 좋아하는 사람과 함께 있으면 만족한다. 편인도 비슷하다. 편인은 정인보다 예리하고 계산적이지만, 편인 역시 사람을 좋아하고 사람에게 행복감을 느낀다. 편인은 지위나 권력에 기죽지 않는 자기 철학이다. 자기세계가 확실하다. 보편적 통념과는 다르게 생각하며, 개개인의 입장에서 사건과 사람을 본다. 개별적인 상황을 참작하고 사람을 이해한다. 편인도 물질보다는 사람을 중시하는 기질이다.

정인과 편인이 발달한 사주는 공부하기를 좋아한다. 사람을 연구하고 사람을 해석한다. 사람의 내면세계를 중시한다. 타인과 비교하면서 상대적 열등감이나 박탈감에 시달리지 않는다. '그 사람은 그 사람이고, 나는 나지.' 하는 심리가 있다. 자기 내면에 자기를 사랑하는 기둥이 확실히 있다. 정인과 편인이 '돈'을 추구하면 마음만 아프다. 주어진 상황에 자족해야 행복하다. 비견과 겁재도 사람 중심적이다. 물론 비견과 겁재가 식상(일과 능력)을 수단 삼아 돈을 버는 쪽으로 발달할 수도 있다. 그러나 비견과 겁재가 돈을 벌려면 식상(능력, 기술, 재능)을 통해서 재성(돈)으로 운세가 흘러야 한다. 운이 좋아야 한다. 식상 없이 비겁이 돈을 벌려고 했을 때 일만 열심히 하지, 돈이 '내' 손으로 들어오지 않는다. '뛰는 놈 위에 나는 놈' 있어서 '나는 놈'에게 '내 것'을 빼앗긴다. 비견과 겁재는 자기애가 강하다. 자기주관과 의지가 뚜렷하다. 사주에 한 두 개만 있어야지 팔자가 다 비겁이면 타인과 협력하지 못 한다. 독불장군처럼 자기만 믿고 일을 추진하다가 자기 꾀에 자기가 당하여 일에서 낭패를 본다. 사주에 비겁이 많으면 관성으로 비겁을 제압하거나 식상으로 힘을 빼내야 한다.

정인, 편인, 비견, 겁재는 사람과 즐겁게 사는 십성이다. 공부하고 마음을 다스리고 내면적인 자기관리를 한다. 반면에 식상과 재성과 관성은 사회적 관계에서 타인과 비교하며 '나'를 평가하는 기준이다. 큰돈(재성)이나 권력(관성)이 없어도 인성과 비겁은 돈보다는 사람을 보아야 잘 산다. 인성과 비겁이 돈과 권력을 탐하면 고생만 하지, 결국에는 돈이나 권력에게 회의를 느끼게 된다. 인성과 비겁은 소박하게 행복을 추구하는 자질이다. 돈과 권력을 추구하지 않으면, 정신적 자유인이고, 주관적인 행복감이 크다.

04. 사주팔자와 돈

 사주에서 사람들이 궁금해 하는 것 중 하나가 돈이다. '돈'은 살기 위해 필요한 사회적 자본이다. 돈 없으면 인간관계도, 자아실현도 불안하다. '내'가 노력을 해도 '돈' 있는 사람과 없는 사람의 결과가 다르다. 돈 있는 사람이 더 많은 결과물을 만들어 풍족하게 쓴다면, 돈 없는 사람은 현상만 유지할 뿐이다. 돈 있는 사람은 일을 해도 취미로 할 수 있지만, 돈 없는 사람에게 일은 생계이다. 사주에서 일은 재성이다. 일이 돈이다. 사람들은 오늘을 굶지 않고 내일을 대비하기 위해 일을 하고 돈을 번다. 돈이 사람의 정신세계까지 지배하고 조정한다. 사람들의 갈등상황도 따져 들어가면 '돈'이 문제이다. '돈' 때문에 싸우고 화합한다. '돈'을 벌기 위해 사회적 가면을 쓰고 일을 한다.
 사주에서 돈은 재성이다. 재성은 활동력이고, 일을 하는 부지런함이다. 몸을 쉬지 않는다. 쉬면 불안하다. 재성은 물질적이고 현실적이며 결과물을 중시한다. 목표 지향적이며 성실하게 노력한다. 재성은 성취욕망이 강하고, 적극적이며, 임기응변의 순발력이 있다. 일을 시작하면 끝까지 하는 승부욕망이 있다. 일이 잘 될 거라고 생각하며 끝장날 때까지 한다.

재성에 정재(正財)와 편재(偏財)가 있다. 정재는 주어진 업무를 성실하게 한다. 돈을 벌면 쓰지 않고 모은다. 필요한 지출만 한다. 안정적인 수입 내에서 소비와 저축을 균형 있게 한다. 허례허식이 없고 근면검소하다. 투기나 투자 같이 큰돈을 벌기 위해 사행심(射倖心)으로 모험을 하지 않는다. 인간관계도 안정적으로 맺는다. 남에게 피해주지 않고 올바르게 산다. 주고 받는 계산 관계가 정확하다. 노력한 만큼의 대가를 바란다. 정재는 정관(명예와 도덕)을 좋아한다. 정관은 사람들과 '돈'을 합리적으로 관리하는 능력이다. 자영업을 하더라도 정재는 일을 크게 벌이지 않는다. 알뜰하게 자기 가게를 운영한다. 욕심 내지 않고 절제한다.

편재는 돈에 대해서 모험적이고 투기적이다. 불안정한 수입이다. 벌 때는 많이 벌지만, 돈이 생기면 안정적으로 저축하는 게 아니다. 번 돈을 또 다른 일에 투자한다. 더 벌려고 하다가 가지고 있는 돈까지 잃을 수 있다. 돈이 '내' 손에 들어왔다 나갔다 하면서 유동한다. 돈은 있다가도 없는 것이라고 생각한다. 편재는 통이 커서 지출이 많고, 운에 따라 기복이 심하다. 요행심도 있다. 편재는 역마살이다. 자유분방하고 바깥으로 나돈다. 가정이나 조직에 얽매이면 괴로워한다. 유흥과 풍류를 즐기고 연애관계도 책임지는 관계가 아니라 좋으면 달려들고 싫으면 떠난다. 간섭을 싫어하는 자유영혼이다. 자유로움이 허용된 직장을 좋아한다. 금융, 주식, 부동산, 인센티브가 있는 연구원, 개인사업, 장사 같은 일을 한다. 한 달에 들어오는 돈의 액수도 고정적이지 않다. 정재가 현실적, 이성적이라면 편재는 낭만적, 감성적이다.

사주에 재성이 있으면 '일'을 당연하게 생각한다. 재성은 돈이 하늘에서 뚝 떨어지는 행운이 아님을 안다. 노력해서 몸을 움직여야 돈이 됨을 안다. 재성은 활동성이다. 재성이 식신(재능)과 상관(기획)을 만나면 제조업이나 기술지식으로 돈을 번다. 식상은 자기가 하고 싶은 일이다. 재성이 정관(책임감)과 편관(인내심)을 만나면 직장생활이나 자기사업으로 돈을 번다. 관성은 사람을 관리하는 능력이다. 자영업자도 관성이 있으면 손님 관리를 잘 한다. 재성이 정인(통용되는 지식)과 편인(창의적인 지식)을 만나면 지식정보에 관련된 일을 한다. 비견(친구)과 겁재(경쟁자)를 만나면 사람들과 함께 하는 일이다. 주식회사, 협동조합의 일을 한다.

돈은 생활의 필수품이다. 태어난 이상 일을 해야 한다. 일이 돈이다. 그래서 일중독자가 많다. 일이 좋아서라기보다는 돈이 되기에 일을 한다. 돈에 대한 욕망의 크기가 다를 뿐, 사람은 일을 하고, 일한 결과인 돈으로 살고 있다. 몸이 아파도 통장에 들어오는 돈 액수를 보면서 자기 삶을 위로한다. 사주에서 재성은 일복, 직업복이다. 정재가 정기적인 예금, 적금이라면, 편재는 불안정한 투자, 투기, 모험의 돈이다. 사주에서 돈의 유무(有無)는 재성이 어떤 운을 흐르고 있는지에 달려 있다.

05. 십성의 역학관계

　비견과 겁재는 건강한 몸과 의지력이다. 식신과 상관은 전문기술과 낙천성이다. 정재와 편재는 돈 벌기 위한 목표의식이다. 정관과 편관은 위계질서에 적응하며 사람관리를 잘 한다. 정인과 편인은 학문, 실력이다. 십성은 사주를 해석하는 기본 이론이다.
　십성은 비견(친구), 겁재(경쟁자), 식신(재능), 상관(언변), 정재(성실함), 편재(활동력), 정관(모범생), 편관(희생심), 정인(학력), 편인(융통성)이다. 비견은 형제, 친구, 동료이다. 자립심, 독립심으로 세상에 적응한다. 겁재는 승부욕, 경쟁심이다. 지기 싫어서 열심히 노력한다. 식신은 자기 전문성이며 아랫사람과 잘 지낸다. 식복, 수명복, 건강복이다. 여유와 덕망이다. 상관은 언변이고 설득력이고 처세술이다. 정재는 성실하고 근면하게 일한다. 편재는 여기저기 돌아다니며 영역을 넓히고 모험적인 경제활동을 한다. 정관은 타협적이며 사람들과 화합한다. 편관은 지배적 인간관계를 맺지만 희생적이다. 정인은 학교 공부를 잘하고 어른들에게 사랑받는다. 편인도 학교 공부를 잘하지만 눈치가 빠르다.

식신은 비견과 잘 어울리고, 재성을 생(生)해서 돈을 번다. 식신은 전문적인 능력이다. 식신은 편인을 무서워한다. 냉소적인 편인이 낙천적인 식신을 제압한다. 식신은 관성(규율, 법)을 보면 자기편으로 만든다. 식신생재(식신 재능이 재성 돈을 번다), 식신제살(식신 사랑이 편관 호랑이를 제압한다)을 잘 한다. 상관은 정인이나 편인의 학문적 지식이 있어야 좋다. 상관대살(상관 언변이 편관 강제성을 제압한다)을 잘 한다. 주관적인 상관이 객관적인 관성을 눌러버린다. 상관은 호승심이 강하다. 지기 싫어서 궤변도 잘 한다. 관성(정해진 규율)을 보면 불평한다. 그래서 관재구설시비가 있다. 상관패인(상관이 인성에게 다스림을 당한다), 상관생재(상관이 재성 돈을 생한다)가 좋다. 예술, 방송 연예에서 이름날 수 있다.

정재는 재생관(재성 돈을 관성이 지킨다), 식신생재(식신 재능으로 재성 돈을 번다), 상관생재(상관 언변으로 재성 돈을 번다)가 좋다. 정재는 돈을 강탈해가는 겁재를 싫어한다. 정재는 피땀 흘려 번 돈이다. 재생살(재성 돈을 벌려고 하다가 편관 호랑이에게 괴롭힘 당한다)이면 부도, 세금추징, 관재구설이 있다. 재극인(재성 돈 욕심을 내다가 인성 명예를 잃고 문서 문제가 생긴다)도 좋지 않다. 군겁쟁재(여러 명의 사람들이 재성 돈을 가지고 싸운다)이면 손에 쥘 돈이 없다. 편재는 유동재산이다. 비겁도 좋고 재성도 좋으면 돈을 벌 수 있다(신왕재왕). 편재는 역마(돌아다니며 돈 번다)살이고, 영역 확보 욕심이 있다. 부동산, 주식 투기도 잘 한다. 재생관(재성 돈도 벌고 관성 직업도 안정적이다), 식신생재(식신 재능으로 돈을 번다), 상관생재(상관 언변으로 돈을 번다)가 좋다. 편재가 편인을 극(剋)하면 아이디어로 돈을 번다.

정관은 재생관(재성이 번 돈을 정관이 지킨다), 관인상생(관성 직업을 인성 지식이 보호한다)이 좋다. 관성이 묘지(墓地)에 있으면 안정적이다. 관살회묘격(官殺會墓格)이라고 정관과 편관이 묘지에 있으면 직업 변동이 거의 없다. 고시합격, 문화 창달, 정신개발을 한다. 편관은 난세의 영웅이다. 편관도 묘지에 있으면 좋다. 살인상생(편관 직업이 인성 지혜로 보호된다), 식신제살(식신 사랑이 편관의 난폭함을 다스린다), 상관합살(상관 언변이 편관의 강제성을 제압한다), 양인합살(겁재 승부욕이 편관 인내심으로 변해서 성공한다)이면 사회생활을 잘 한다.

정인이 좋으면 학업 운이 좋다. 관인상생(정관 직업을 인성 지식이 보호한다), 살인상생(편관 직업을 정인 학력이 보호한다)이 좋다. 편인은 눈치가 빠르다. 편인은 편재를 보면 아이디어로 돈을 벌고, 관인상생, 살인상생을 한다. 정인, 편인은 공부이고 지식이고 정보이다.

비겁은 사람과 승부욕으로, 식상은 친절함과 호승심으로, 재성은 목표의식과 지배력으로, 관성은 화합력과 희생심으로, 인성은 학력과 지식으로 세상을 산다. 개개인의 사주팔자에 따라 사회에 적응하며 살아가는 무기가 다르다. 사주의 십성은 그 사람의 성격, 직업, 인간관계의 상호작용을 알게 한다.

06. 경자(庚子)년 운세

2020년, 경자년이다. 경자년은 십성으로 상관, 십이운성으로 사지, 십이신살로 육해살이다. 상관은 정관을 극한다(상관견관). 정관은 정해진 규율이다. 상관은 정해진 제도권의 부정부패, 비리, 불공정을 비판한다. 기존질서의 부조리를 파헤친다. 상관은 직설적으로 말하며 옳고 그름을 가린다. 상관은 비밀이 없다. 빠르게 판단하고 솔직하게 말한다. 그래서 구설수가 생긴다. 자기가 옳다고 우기다가 객관적인 정황에서 길을 잃기도 한다. 심사숙고하기보다는 일단 자기생각을 말해 놓고 본다. 싸움에서 지지 않으려고 목소리도 크게 낸다.

2020년, 경자년은 정해진 질서인 정관과 싸우는 해가 된다. 정치, 경제, 사회, 문화에서 갑을(甲乙)문제가 더 많이 폭로된다. 기존체제인 정관은 도마 위의 생선처럼 상관의 혀에 난도질당한다. 모든 분야에서 진흙탕 싸움이 심해진다. 온갖 풍문이 객관적 사실처럼 말해진다. 무엇이 옳고 그른지는 아무도 모른다. 그런 싸움이 상관견관(傷

官見官)이다. 경제적인 면에서 상관은 좋은 역할을 한다. 상관은 재성을 생한다. 상관생재(傷官生財)하기에 경제 분야는 내실을 활성화하며 실리적이 된다. 살기 위해 아이디어가 창출되고, 직업의 다양화가 있을 것이다. 사람들이 생활의 필수품인 돈을 벌기 위해 더 열심히 일한다. 개인 창업자도 늘어난다. 상관은 기술과 아이디어와 창조력이다. 그 힘으로 재성 돈을 활성화한다. 재성은 목표의식이고 결과물을 손에 쥐는 능력이다. 상관은 호승심이 강하고 화합력이 약하다. 그러나 돈이라는 목표 앞에서는 시너지 효과를 추구한다. 인간관계에서 동질감은 보이지만 애착하지 않는다. 무리에 섞이지만 자기 개성을 소중하게 생각하고 자기애(自己愛)를 잘 한다.

  2020년, 경자년(庚子年) 십이운성은 사지(死地)이다. 죽어 있다. 경금(庚金)이 자수(子水)로 씻기는 금생수(金生水)이지만, 경금이 한겨울 자수(子水)에서 차갑게 얼어버린다. 경금이 차가운 바위, 차가운 광석이 된다. 그래서 신체 활동을 활발하게 할 수 없는 사지(死地)가 된다. 사지는 정신활동이다. 지적, 정보적 활동이다. 정신세계에 대한 탐구가 활발하다. 출판계에서 마음이나 영혼을 위로하는 책들을 출간할 것이다. 물질이 극대화된 현대사회를 버티기 위해 꼭 필요한 정신 능력이 강조된다. 먹고, 입고, 자는 신체 영역의 편리성을 추구하기보다는 자기만의 자유영혼, 정신적 위안이 중요시 된다. 물질적 풍요보다는 정신적 소박함을 강조하는 철학이 유행한다. 사지(死地)는 영혼세계이다. 죽음을 앞둔 사람처럼 마음을 관리한다. 욕심을 비우고 집착도 없앤다. 너그러운 포용력으로 자기 자신으로 위로한다. 근면 검소하게 산다.

십이신살로 경자(庚子)는 육해살이다. 육해살은 가을 서리에 언 나뭇잎이다. 질병, 관재구설, 고난, 시련, 침체, 마음 아픔이다. 육해살은 피로감에 시달리고 잔병치레를 한다. 경자년(庚子年)이 호승심(好勝心)이 강한 상관이지만, 상관이 사지와 육해살에 처해 있다. 상관의 자리가 약하기에 승부사 기질이 제대로 나타나지 못 한다. 강하게 말하려고 하다가도 '인생 그렇지 뭐.'하며 체념한다. 상관패인(傷官佩印)이다. 상관의 표현력이 인성(印星) 지식이나 지혜로 조정 당한다. 말만 하면 구설수가 생기고, 오히려 자기가 공격당하는 상황에 처한다. 육해살은 신음살이다. 공황장애, 불안장애, 우울증, 조울증 환자가 더 많아진다. 육해살은 안정적으로 투자하고 조심스럽게 일한다. 큰돈을 벌기보다는 실리적인 소득을 중요시한다. 먼 미래를 보기보다는 현재의 이익을 충실하게 계산하여 행동한다.

2020년, 경자(庚子)년이 정치 경제적으로 호황일 수 없다. 정치적으로 말싸움이 심하고 경제적으로 현상 유지도 어렵다. 사지(死地)와 육해살에 처한 상관(傷官)은 힘이 없다. 상관생재(상관 재주가 재성 돈을 번다)도 제대로 할 수 없다. 시도해도 실질적인 이익이 적다. 그러나 사지(死地)이기에 정신능력은 발달한다. 개인적으로는 상관의 총명함과 처세술이 정신적 행복을 추구한다. 2020년, 경자년은 모든 분야에서 변화, 변동하면서 실제적인 내부결실이 강조될 것이다.

07. 사주 육친론

 육친(六親)은 혈육관계이다. 어머니, 아버지, 자식, 배우자, 형제자매, '나'이다. 가족 구성원이 육친이다. 사주에서 연주(年柱)는 조상, 월주(月柱)는 부모와 형제, 일주(日柱)는 '나'와 배우자, 시주(時柱)는 자식이다. 연월주가 재관인(財官印)이면 부모 복이 있다. 십성으로 보면 어머니는 정인, 아버지는 편재이다. 남자에게 자식은 관성, 여자에게 자식은 식상, 남자에게 아내는 정재, 여자에게 남편은 정관이다. 비겁은 형제자매이다.

 사주에서 재성이 좋으면 아버지 복이 있다. 남자는 아내 운이 좋다. 사주가 신왕(身旺)하고 재성이 좋으면 남녀 모두 배우자가 좋다. 아버지는 바깥에 나가서 돈을 벌어오는 사람이라서 편재이다. 현대사회에서는 여자도 밖에 나가서 돈을 벌기에 편재를 꼭 아버지라고 볼 수는 없지만, 사주학이 농경시대 때 완성 된 이론이기에 편재를 아버지로 본다.

정재는 남자에게 살림꾼 아내이다. 정재는 보수적이고 올바르고 순응적이다. 목표를 이루기 위해 계획적으로 생활한다. 남자 사주에서 정재가 좋으면 아내 복이 있다. 남자 사주에 편재가 아내일 때가 있다. 편재는 정재보다 아내에 대한 사랑이 약하다. 정재는 안정적인 사랑을 하고 편재는 감성적인 사랑을 한다. 편재는 아내가 좋으면 간까지 내어줄 정도로 잘 하지만 싫으면 금세 떠난다. 편재나 정재는 식상이 있어야 좋다. 식상의 능력으로 재성을 도와 돈을 벌 수 있다. 식신은 전문 기술이다. 상관은 외교 수완이다. 식상(생활능력)이 생(生)해 주는 재성은 부자가 된다. 여자 사주에서 자식은 식상이다. 여자 사주에 식상이 좋으면 자식이 잘 되고, 잘 되는 자식을 보면서 아버지(편재)는 더 열심히 일 한다.

여자 사주에 남편은 정관이다. 정관이 좋으면 남편 복이 있다. 편관은 스트레스를 주는 남편이다. 정관은 올바르게 가정을 책임진다. 정관은 정재 돈을 지키는 지킴이이다. 정재 같은 아내와 정관 같은 남편은 부부가 서로 아끼며 성실하게 산다. 여자 사주에 정관이 좋으면 돈 관리도 잘 하면서 사회적 지위가 있는 남편을 만난다.

남자 사주에 정관과 편관이 좋으면 자식 복이 있다. 자식이 사회적으로 성공한다. 관성은 남자에게 자식이다. 남자 사주에 관인상생(官印相生)이나 살인상생(殺印相生)이 잘 되면 자식이 말썽 없이 잘 큰다. 기존질서에 적응하며 합리적으로 자란다. 감정에 흔들리지 않고, 공정하게 행동한다. 정관은 사회가 정해놓은 규율이다. 관성은 여자에게는 남편이지만 남자에게는 자식이다. 남자는 자식에게 지배당한다. 남자 사주에 재성과 관성이 좋으면 알뜰한 아내와 훌륭한 자식을 둔다. 자식이 사회적으로 인정받는 학교를 다니고, 좋은 직장에 다닌다. 직위나 지위가 있는 자식을 둔다. 남자 사주에 편관도 자식이다. 편관이 좋으면 자식이 권력직업이나 생사여탈직업에서 성공한다. 검경, 의사, 정치인, 경제인이 된다. 정관이 순하고 합리적인 반면에 편관은 감성적이며 권력적이다. 자식이 편관적인 자식이면 카리스마가 있다. 편관은 직관력과 리더십이 좋다.

남녀 모두 인성이 좋으면 어머니 복이 있다. 정인은 현모양처이다. 여자 사주에 정인과 편인이 너무 많으면 자식이 없다. 인성이 식상을 극하기 때문이다. 여자 사주에 식상이 자식이기에 인성이 많은 여자 사주는 자식이 적거나 없을 수 있다. 여자 사주에 식신과 상관이 좋으면 자식이 잘 된다. 비견과 겁재는 형제자매이다. 비견은 형, 누나, 언니이다. 겁재는 동생이다. 사주에 비겁이 좋으면 형제자매가 좋다. 비겁은 '내' 편이기도 하지만, '나'의 경쟁자도 된다. 비겁이 극(剋) 당하거나 충(沖) 당하면 형제자매끼리 사이가 좋지 않다.

연월주(年月柱)에 재관인이 있으면 부모 복이 있다. 연월주에 상관, 겁재, 양인이 있으면 부모 복이 약하다. 연월주에 있는 재관(財官)은 아버지로, 인성(印星)은 어머니로도 본다. 일시주(日時柱)에 재관인(財官印)이 좋으면 자식이 잘 된다. 일시주에 양인, 겁재, 상관이 있으면 자식과 갈등이 있다. 사주 이론이 다 맞는 것은 아니지만 이런 방법으로 육친(六親)인 가족 관계를 읽을 수 있다

08. 사주의 재성은 양명지본

사람은 돈과 건강과 사랑을 추구한다. 사주에서 돈과 건강과 사랑은 재성이다. 재성은 양명지본(養命之本)이다. 양명지본은 의식주에 관련된 물질 욕망이며, 건강한 활동력이고, 인간관계욕망이다. 사주가 신왕재왕(身旺財旺)하면 돈과 건강과 사랑을 쟁취한다. 신왕은 비겁이 지지에 하나쯤 있는 사주이고, 재왕은 재성이 지지에 뿌리를 내리고 천간에 투출한 사주이다. 재성은 홀로 움직이지 못한다. 비겁, 식상, 관성, 인성과 유기적으로 움직인다. 관성은 직업, 사람관리 능력, 책임감이다. 인성은 지식, 학력, 졸업장, 문서이다. 비겁은 내 주변의 사람들이고, 식신은 내가 하고 싶은 일이다. 상관은 내가 하고 싶은 말이고, 정재는 성실하게 일하는 능력이고, 편재는 부지런한 활동력이다. 내 사주에 사람(비겁)이 있고, 일(식상)이 있고, 돈(재성)이 있고, 직업(관성)이 있고, 지식(인성)이 있다면 그 사람은 행복한 사람이다.

재성에는 정재와 편재가 있다. 정재는 정규직에서 안정적으로 돈을 번다. 정재는 성실함, 근면함, 합리성이다. 편재는 돈을 운용하는 능력이다. 편재는 활동력, 모험심, 역마살이다. 편재는 펀드나 부동산에 돈을 투자 하고, 사업적으로 재투자해서 돈을 번다. 정재에 비해 편재는 돌아다니는 돈으로 남의 돈을 내가 가져다 쓰는 형국이다. 사주가 신왕(身旺)하면 재성은 식신생재(식신 재능으로 재성 돈을 번다), 상관생재(상관 총명함으로 재성 돈을 번다), 재생관(재성 돈을 정관이 보호한다), 재자약살(재성 돈으로 관성을 살려 직업과 돈을 보호한다), 인다용재(공부만 하는 인성을 자극해서 돈을 번다)를 해서 돈을 벌 수 있다. 그래서 사주에서 재성이 좋으면 돈과 건강과 사랑을 쟁취할 수 있다. 재성은 내가 획득하는 결과물이기에 사주가 신왕하고 튼튼해야 한다. 비견이나 겁재가 지지에 하나쯤 있어야 한다. 그러나 비견과 겁재가 사주에 네 개 이상이면 돈 욕심을 내다가 남에게 내 돈마저 빼앗길 수 있다. 내 판단만 믿고 투자했다가 사기 당하거나 망할 수도 있다.

내가 신약(身弱)하고, 재다신약(財多身弱)이면 사업보다는 월급쟁이가 좋다. 재다신약은 사주에 재성이 너무 많아서 내가 힘이 없는 사주이다. 신약사주는 사주에 나를 돕는 비겁이나 인성이 없는 사주이다. 신약사주는 사업하려고 이일 저일 하다가 건강이 약해지고, 돈도 벌지 못하고, 사랑(결혼)도 하지 못할 수 있다. 사주가 신약한데 재성운이 오거나, 재성이 사묘절(死墓絶)에 처하면 돈과 사랑과 건강을 모두 잃을 수 있다. 사주가 신약하면 재다신약, 재생살, 재극인 운에 위험하다. 재다신약(財多身弱)과 재생살(財生殺)은 스트레스로 질병에 걸리고, 재극인(財剋印)은 망신당하거나 명예가 실추된다. 사주가 신약하면 순응적으로 살면 좋다. 일 열심히 하고(식상), 저축하고(재성), 관리당하면서(관성) 살면 된다. 신약사주는 사주에 식상, 재성, 관성이 많기 때문에 나를 돕는 인성 운이나 비겁 운이 올 때 좋다.

사주에서 사회생활을 활동적으로 하는 능력은 식신, 상관, 정재, 편재, 정관, 편관이다. 식상으로 일하고, 재성으로 돈 벌고, 관성으로 사람들과 잘 지내려면 신왕해야 한다. 그래야 일과 돈과 사람관계에서 만족할 수 있다. 신왕하고 재성이 좋으면 인간관계나 사회생활을 적극적으로 한다. 재성은 내가 극(剋)해서 내 소유물로 만드는 능력이다. 재성은 노력한 만큼의 소득을 손에 쥔다. 재성은 남자가 사랑하는 여자를 내 연인으로 만드는 힘이다. 재성(돈)을 내 것으로 만들려면 내가 신왕해야 한다. 사주가 신왕하며 일지(日支) 정재이면 배우자 덕이 있다. 남자는 아내 덕을 보고, 여자도 재생관(財生官)을 해서 남편을 돕는다. 일지 정재이면 남편은 아내에게 잘 하고, 여자 역시 남편에게 잘 한다.

사주에 재성이 없다고 걱정할 필요가 없다. 재성을 움직이게 하는 비겁, 식상, 관성, 인성이 있으면 된다. 사주에 비겁이 있으면 신왕하기에 식상운, 재성운, 관성운을 지혜롭게 넘긴다. 식상 운이 오면 식상이 재성을 생(生)하기에 좋고, 재성 운에는 돈과 건강과 사랑이 좋아진다. 관성 운이 오면 재성의 돈을 남에게 빼앗기지 않고 보호한다. 인성 운이 오면 번 돈을 문서로 바꿀 수 있다. 내가 사회생활을 잘 하려면 지지에 비겁이 하나쯤 있는 것이 좋다.

09. 사주 일주(日柱)의 심리

사주는 '년주60×월주12×일주60×시주12=518,400'가지이다. 남녀를 구분한다면 '1,036,800'가지이다. 우리나라만 해도 똑 같은 사주가 50명이 넘는다. 50명이 다 똑같이 살지 않는다. 부모환경과 지리적 공간이 다르면 다르게 산다. 사주는 환경과 운명의 상호작용이다. 환경이 70프로 작용하고, 운명이 30프로 작용한다고 보면 된다. 자유의지와 운명도 상호작용한다, 자유의지가 70프로, 운명이 30프로라고 보면 된다. 사주는 필연적인 운명이 아니고 '나'의 특성을 알려주는 대략적인 일반론이다.

내가 태어난 날이 일주(日柱)이다. 일주는 '나'와 배우자이고, '내' 본성이다. 일주 비견은 자신감, 자수성가, 협동심이다. 타인과 협력하지만 결정은 자기 주관으로 한다. 남의 말을 듣기는 하지만, 자기 확신과 자기 선택을 믿는다. 갑인(甲寅), 을묘(乙卯), 무진(戊辰), 무술(戊戌), 기미(己未), 기축(己丑), 경신(庚申), 신유(辛酉)일주이다.

일주 겁재는 경쟁심, 반항심, 대항심이다. 타인을 지배하려는 욕망이다. 겉은 부드럽지만 속마음은 경쟁자를 이기려는 심리가 강하다. 양간(갑병무경임)이면 양인(羊刃)살이다. 양인살은 칼을 휘두르는 용감함으로 경쟁에서 이기기 위해 노력한다. 병오(丙午), 정사(丁巳), 임자(壬子), 계해(癸亥)일주이다. 비견과 겁재는 친구와 사람을 좋아하고, 신체가 건강하고, 자신감으로 생활한다.

일주 식신은 표현력, 제조생산, 연구개발, 식복, 장수(長壽)이다. 타인에게 친절하다. 일을 놀이처럼 한다. 하는 일에서 스트레스를 받지 않고 자기 일에서 전문가가 된다. 병진(丙辰), 병술(丙戌), 정미(丁未), 정축(丁丑), 무신(戊申), 기유(己酉), 임인(壬寅), 계묘(癸卯)일주이다. 일주 상관은 개혁진보, 직관표현, 순발력, 우월감, 반항심이다. 머리회전이 빠르고 총명하다. 언변술이 좋아 임기응변이 있다. 자기주장이 강하고 다재다능하다. 하기 싫은 일은 하지 않아서 전문직이 아닐 경우에 직장변동이 많다. 갑오(甲午), 을사(乙巳), 경자(庚子), 신해(辛亥)일주이다. 식신은 비겁이 생하고, 상관은 인성이 극해야 재성을 생해서 돈을 벌 수 있다. 식신은 식신생재(食神生財)가 좋다. 상관은 상관패인(傷官佩印)으로 교육자, 기획자, 연구원이 될 수 있다.

일주 정재는 합리성, 계산능력, 근면함이다. 허례허식이 없고 현실적이다. 체면과 명예를 따진다. 무자(戊子), 기해(己亥), 임오(壬午), 계사(癸巳)일주이다. 비겁이 있고 식상이 있으면 식상생재(食傷生財)를 해서 돈을 번다. 활동력, 성취욕, 승부욕, 모험심이 있다. 일주 편재는 영역확장능력, 역마, 재물운용, 투기성이다. 돈과 사람을 지배하는 욕망이다. 돈은 돌고 돈다고 생각한다. 유동하는 돈을 더 벌려고 일을 벌이고, 대출도 받다가 실패할 수 있다. 갑진(甲辰), 갑술(甲戌), 을미(乙未), 을축(乙丑), 병신(丙申), 정유(丁酉), 경인(庚寅), 신묘(辛卯)일주이다. 정재와 편재는 신왕(身旺)해야 돈을 번다. 관성이 있으면 관성이 비겁을 극해서 돈이 보호 된다.

일주 정관은 소속의식, 정의로움, 원리원칙, 명예욕이다. 현실 적응력이 좋다. 인정욕구가 강해서 타인을 배려한다. 병자(丙子), 정해(丁亥), 경오(庚午), 신사(辛巳)일주이다. 사주가 신왕(身旺)하며 정관이 재성과 인성이 있으면 출세한다. 일주 편관은 생사여탈권, 의협심, 리더십, 영웅심이다. 소신과 원칙이 뚜렷하다. 지도자 기질이라서 인내심과 희생심이 강하다. 인정과 의리가 있으며 감성적이다. 갑신(甲申), 을유(乙酉), 무인(戊寅), 기묘(己卯), 임진(壬辰), 임술(壬戌), 계미(癸未), 계축(癸丑)일주이다. 정관과 편관을 인성이 보호하면 관인상생, 살인상생으로 사회생활을 잘 한다. 편관이 식상에게 조절당하면 상황 적응력이 좋다. 관성은 비겁을 제압하기에 인간 경영 능력이 좋다.

일주 정인은 학문, 자격, 문서이다. 자비롭고 여유롭다. 갑자(甲子), 을해(乙亥), 무오(戊午), 기사(己巳)일주이다. 정관이 생해주면 좋다. 일주 편인은 신비주의, 직관, 전문기술, 명예이다. 눈치가 빠르고 임기응변이 있다. 병인(丙寅), 정묘(丁卯), 경진(庚辰), 경술(庚戌), 신미(辛未), 신축(辛丑), 임신(壬申), 계유(癸酉)일주이다. 인성은 관성을 만나야 조직에서 지위를 얻는다. '내'가 태어난 일주의 십성을 알면 나의 적성과 배우자운, 대인관계를 알 수 있다.

10. 사주의 용신론

사주에서 용신은 월지(月支)이다. 월지는 '내'가 태어난 달이다. '자평진전'은 월지 십성을 격국(格局)으로 읽는다. 사주 월지가 정관인데 정관이 천간에 있으면 정관격(正官格)으로 읽고 정관을 용신이라고 한다. 정관을 돕는 정재나 정인을 상신(相神)이라고 한다. 상신은 용신을 도와서 사주의 격을 완성하는 글자이다. 예를 들어 '내'가 갑(甲)일간인데 월지(月支) 자월(子月)에 태어나서, 천간에 임수(壬水)가 투출되어 있다면, 편인격이다. 편인격에는 편재나 편관이 상신(相神)이다. 편인은 편재의 극(剋)을 받아서 아이디어 산업으로 돈을 번다. 편인은 편관의 생(生)을 받으면 천재, 수재이다. 생사여탈의 권력을 갖거나 똑똑한 관리자가 된다.

임계수(壬癸水)는 갑목을 생(生)하는 인성(印星)이다. 인성은 문서, 지식, 명예, 인덕, 어머니, 윗사람, 조력자이다. 일간 갑목에게 월지가 계수(癸水)이고, 천간에 계수가 투출(透出)되어 있으면 정인격이다. 정인이 용신이고 정인을 생하는 정관이 상신(相神)이다. 정인과 정관은 관인상생(官印相生)을 한다. 관인상생은 직장에서 인정받으며 사람들을 관리하며 조직생활을 잘 한다. 인성이 많은데 재성이 있으면 재극인(財剋印)이 되지 않고, 교수, 연구원, 기획자, PD가 된다. 인다용재(印多用財)로서 현금을 문서화하는 능력이다. 학위, 자격증, 인증서가 많고 머리가 좋다. 재다신약(財多身弱)이어도 인성운이나 비겁운에서는 인성이 재성에게 극을 당하지 않는다. 재성이 인성을 극하려고 하면, 인성이 비겁을 생해서 비겁이 재성을 극하게 만든다. 인성 학문으로 비겁 사람들을 움직여서 비겁이 재성을 극하면 재성이 인성을 극하지 못한다. 그럴 경우에 문서재산(부동산)이 생긴다. 편인은 편재나 편관을 만나면 금상첨화이다. 편인과 편재는 인다용재(印多用財)로서 기획, 연구, 컨설팅 일에서 천재이다. 편인과 편관은 살인상생(殺印相生)을 한다. 편관의 리더십과 편인의 지식이 합쳐지면 훌륭한 지도자가 된다. 생사여탈의 직업에서 자기 지위를 확보한다. 편인은 임기응변의 책략가이고, 편관은 타고난 지도자로 적군을 내 편으로 만드는 능력이다. 사주 용신을 돕는 상신이 사주에 건강하게 있으면 그 사람은 일생을 편안하게 산다.

용신의 종류에 조후용신(調候用神), 기후용신(氣候用神)이 있다. 조후용신이 기후용신이다. 추운 계절에 태어나면 따뜻한 병화(丙火)가 용신이고, 더운 계절에 태어나면 차가운 임수(壬水)가 용신이다. 사주가 추운지 더운지에 따라 계절을 중화시키는 글자가 조후용신이다. 대운에서 조후용신이 들어와서 사주를 중화시키면, 그 대운 기간 동안은 사는 일이 무난하다. 그리고 사주가 강한지 약한지에 따라 억부용신(抑扶用神)이 있다. 억부용신은 사주팔자 자체뿐만 아니라 세운에서 들어오는 글자에도 적용된다. 사주가 약하면 인성운으로 생하거나 비겁운으로 돕는다. 사주가 강하면 관성운으로 극하거나 식상운으로 설기한다. 억부용신을 도와주는 신을 희신(喜神)이라고 한다. 희신은 후원자, 토대, 좋은 환경이다.

또한 사주에서 가장 강한 천간을 용신으로 보고 그 천간을 돕는 글자를 희신(喜神)으로 본다. 용신은 직업, 성격, 취미, 수명, 부귀, 명예를 결정한다. 예를 들어 천간에 식상이 강하면 식상을 용신으로 보고 식상이 좋아하는 재성을 희신으로 본다. 천간에 관성이 강하면 관성을 용신으로 보고 관성이 돕는 인성을 희신으로 본다. 천간에 식상, 재성, 관성이 강하면 내가 신약해진다. 그럴 때는 나를 돕는 비겁과 인성이 희신이다. 사주 천간에 인성과 비겁이 많으면 신왕하기에 내 기운을 빼거나 나를 조절하는 식상과 관성이 용신이다. 양일간(陽日干)은 사주가 강하면 관성이 용신이고 약하면 인성이 용신이다. 음일간(陰日干)은 사주가 강하면 상관이 용신이고 약하면 겁재가 용신이다. 양일간은 신왕하면 극(剋)하거나 충(沖)하는 게 좋고, 음일간은 신왕해도 생(生)하거나 설기(洩氣)하는 게 좋다. 사주를 놓고 용신이 무엇인지 왈가왈부 따질 필요가 없다. 보통 사주에서 용신은 두서너 개 된다. 격국용신, 조후용신, 억부용신, 십성 용신을 다 뽑으면 용신은 네 개가 된다.

사주에 용신이 뚜렷하면 성격(成格)되었다며 좋다고 하지만 용신으로 사주를 읽다보면 한계에 부딪친다. 세운에서 해마다 다른 글자가 들어오면서 사주가 변하기 때문이다. 용신으로는 성향, 기질, 부모의 환경 정도만 읽으면 좋다. 천간의 생극제화, 지지의 합형충파해도 세밀하게 읽어야 한다. 사주팔자보다는 부모의 환경이나 국가 사회적 상황이 더 결정적으로 개인의 운명을 좌우한다.

11. 신왕, 신약, 좋은 운

'내' 일간이 지지에 뿌리가 있으면 사주가 신왕(身旺)하다. 신왕은 지지에 비견과 겁재가 하나쯤 있는 사주이다. 그래야 독립심이 있고, 자수성가 하고, 친구도 많다. 내 사주의 천간 글자가 지지에 뿌리 내리고 있으면 좋다. 지지에 뿌리가 있는 천간은 자기 역할을 분명하게 한다. 천간이 지지에 뿌리가 없다면, 지장간(지지 속의 천간)에라도 뿌리를 내려야 그 천간이 활동하는데 제약이 없다.

신왕재왕(身旺財旺)은 '나'도 강하고 재성도 강한 사주이다. 이런 사주는 건강과 생활력이 좋다. 식상생재(食傷生財)를 잘 한다. 건강해야 식신과 상관의 재주로 돈(재성)을 벌 수 있다. 신왕은 몸과 마음이 건강하다는 의미이다. 신왕살왕(身旺殺旺)한 사주도 건강하기에 직장에 잘 적응한다. 신왕은 건강함이고, 관성은 조직생활 능력. 사람관리 능력이다. 신왕살왕은 큰 조직에서 자기 능력을 인정받고 명예를 얻는다. 대표자, 대기업직원, 공기업 직원, 전문직이다. 편관이 강한 사주에 식신이 있거나(식신제살), 인성이 있다면(살인상생) 조직에서 인정받는 지위를 확보한다. 편관은 식신(일, 실력)에게 조절당하고, 인성(지위, 명예)을 생하고, 양인겁재(경쟁자)를 제압한다.

신왕 사주는 지지에 일간(나)을 돕는 인성이나 비겁이 하나쯤 있는 사주이다. 예를 들어 '내'가 갑(甲)일주이면 지지에 인묘진미해(寅卯辰未亥)가 있는 사주이다. '갑' 일간이 지지에 뿌리가 있다면 자립심과 독립심이 좋고, 인간관계를 잘 한다. 그런데 사주에 비견과 겁재가 세 개 이상이면 비견과 겁재가 주관적 고집으로 작용해서 독불장군처럼 행동하다가 외로워지고 몸에 질병이 생긴다. 그럴 경우를 태왕(太旺)하다고 한다. 신왕 사주는 사주에 내 편이 하나쯤 있는 사주이다. 사주가 신왕해야 식상운, 재성운, 관성운을 감당할 수 있다. 식상생재(食傷生財), 시상일위편재(時上一位偏財), 재자약살(財滋弱殺), 재관쌍미(財官雙美), 살중용인(殺重用印), 식상제살(食傷制殺)도 신왕해야 긍정적으로 작용한다.

사주가 신약(身弱)하면 인성운과 비겁운이 좋다. 인성은 조력자이고 비겁은 친구들이다. 신약사주는 일간 '나'를 돕는 비겁과 인성이 하나도 없는 사주이다. 예를 들어 '갑' 일간이 지지에 신유술사오(申酉戌巳午)'가 있어 '갑'의 기운을 빼거나 '갑'을 극하고 있는 사주이다. 신약 사주에는 비견, 겁재, 인성이 도움이 된다. 비겁은 친구, 동료이다. 인성은 학문, 자격, 후원자이다. 신약 사주가 아픈 사람이라면 비견운, 겁재운, 인성운에 건강을 회복한다. 신약 사주에서 비겁과 인성은 좋은 역할을 한다. 반면에 신왕 사주라면 비견운과 겁재운이 나쁜 역할을 한다. 남자 사주가 신왕한데 일지(日支) 겁재이면 아내와 아버지와 사이가 좋지 않고, 돈을 벌 수 없다. 겁재가 세 개 이상이어서 사주가 태왕(太旺)하면 경쟁자에게 돈을 빼앗기고, 아내와 이별하고 아버지와 다툼이 있다. 그러나 사주가 신약하면 남자 사주에 일지(日支) 겁재도 좋게 작용한다. 사주가 신약한데 상관운이 오면 구설수와 관재수가 생긴다. 재성운에서 일을 하는데도 돈이 모아지지 않는다. 관성운에는 몸이 아프다. 자신감이 없고 피해의식이 작용한다. 타인의 눈치를 보며, 타인에게 맞추려고 하다가 마음 아픈 일만 겪는다. 사주가 신약하면 부지런히 노력하다가도 건강이 받쳐주지 못해서 중도 포기할 수 있다. 신약사주는 식상운에는 내 기운을 빼앗기고, 재성운에는 남에게 내 돈을 뜯기고, 관성운에는 내 몸이 아프다. 이럴 경우에는 마음의 도(道)를 닦는 게 좋다. 물질적 욕심을 버리고 마음의 풍요로움을 추구하면 된다. 신약 사주는 흘러가는 대로 흘러가면서 사는 게 좋다. 사업보다는 남 밑에서 직원으로 일하는 게 좋다. 무엇을 어떻게 해 보려고 자기 의지를 내세우지 말고 타율적으로 살면 좋다.

사주를 볼 때 사주가 신왕한지 신약한지를 판단하고 사주를 중화시키는 글자를 찾아야 한다. 대부분 힘든 것은 '돈' 때문이기에 사주에서 재성의 힘을 보는 것이 중요한다. 운이 매해 변하기에 새로 들어오는 글자가 어떤 십성인지 알아보고 사주의 연월일시에 순서대로 대입한다. 들어오는 글자가 사주의 기신(忌神)을 합하면 좋고, 희신(喜神)은 합하면 좋지 않다. 희신 글자를 합하거나 충(沖)하는 운도 나쁘다. 대운의 기신을 간합(干合)하는 글자나 세운의 기신을 간합하는 글자가 들어오면 좋다. 대운과 세운에서 희신이 겹치면 아주 좋고,

기신이 겹치면 건강과 돈과 사람을 잃는다. 또한 세운에서 합은 충이 풀고, 충은 합이 푼다. 좋은 운은 용신에 맞는 희신운이 올 때, 용신의 뿌리가 강할 때, 기신의 간합운이 있을 때이다.

12. 십이신살의 긍정적 의미

사주보다 관상, 관상보다 심상이라는 말이 있다. 태어난 생년월일시(生年月日時)보다 살아온 흔적이 얼굴에 새겨지기에 관상이 중요하고, 관상보다 중요한 것은 마음이다. 마음의 의지가 사주와 관상을 뛰어넘는다. 그래서 사주는 재미로 보면 된다. 사주가 다 맞는 것은 아니다.

십이신살(十二神殺)은 지지끼리의 관계로 삼합운동이다. 십이신살은 일간 '나'를 기준으로 지살, 장성살, 화개살 운동을 한다. 예를 들어 '내'가 갑목(甲木)일주면 갑목은 해묘미(亥卯未) 봄 운동을 한다. 해(亥)가 지살이고, 묘(卯)가 장성살이고, 미(未)가 화개살이다. 지살은 활동을 시작한다. 광고, 홍보, 변화, 이사, 이동, 무역이다. 인신사해(寅申巳亥)가 지살이다. 장성살은 어떤 일에서 전문가가 된다. 자기 직업에서 뚜렷하게 성과를 낸다. 지휘자, 고집, 뚝심, 용감함, 승진, 출세이다. 자묘오유(子卯午酉)가 장성살이다. 화개살은 일을 마무리하고 싶다. 저축, 보관, 기억, 창고, 전두엽, 총명함, 신하, 아랫사람, 지원군, 예체능, 문화 활동이다. 화개살은 진술축미(辰戌丑未)이다. 일간 '나'는 지살에 일을 시작하고 장성살에 일을 완성하고, 화개살에 일을 갈무리한다.

  '나'를 기준으로 '내' 앞에 있는 삼합의 계절이 겁살, 연살(도화살), 반안살이다. 내가 봄에 태어났으면 겨울이 겁살, 연살, 도화살이다. 겁살은 '내' 것을 빼앗아가는 겁재(劫財)이다. 스트레스, 손재, 사고, 강탈이다. 겁살은 인신사해(寅申巳亥)라서 운동성이 강하다. 행동할 때 조심해야 한다. 연살은 도화살이다. 인기, 매력, 유흥, 연애, 방송, 통신, 백화점, 도시, 왕자병, 공주병이다. 연살은 자기 매력을 뽐내다가 창피당할 수도 있다. 연살은 자묘오유(子卯午酉)이다. 반안살은 편안함, 승진, 상복, 출세, 명예, 배경, 후원자, 호위무사, 귀인, 유산상속, 의외의 소득, 보호받음, 인정받음이다. 십이신살 중 가장 긍정적이다. 진술축미(辰戌丑未)가 반안살이다.

  '나'를 기준으로 '내' 뒤에 있는 계절이 망신살, 육해살, 천살이다. 내가 봄에 태어났으면 여름이 망신살, 육해살, 천살이다. '나'의 상전이다. '내' 힘으로 어떻게 할 수 없는 천재지변이고 외부환경이다. 순리적으로 받아들여야 한다. 망신살은 실수, 봉변당함, 허언장담, 허세, 보증 선 일이 잘못됨, 관재구설, 시비, 싸움, 굴욕, 스캔들, 인기, 매력, 방송, 연예이다. 인신사해가 망신살이다. 육해살은 저승사자, 체력 약화, 수술, 몸 아픔, 만성질환, 종교 귀의, 정신세계에 빠짐이다. 자묘오유가 육해살이다. 천살은 천재지변, 조상, 윗사람, 상사, 극복할 수 없는 현실, 걱정근심, 홍수, 가뭄, 태풍, 벼락, 지진, 마비,

중풍, 해외이다. 천살은 진술축미이다. 망신살, 육해살, 천살은 '나'를 부리는 조직, 사회, 부모이다. '내'가 타율적으로 조정된다.

'나'를 기준으로 '나'와 반대되는 계절이 역마살, 재살, 월살이다. 내가 봄에 태어났으면 가을이 역마살, 재살, 월살이다. 역마살은 인신사해이다. 역마살은 돈을 벌기 위해 타율적으로 움직이는 편재(偏財)이다. 자율적 활동인 지살과 충(沖)한다. 역마살은 이동, 무역, 운송, 해외, 방송, 통신, 전화, 컴퓨터, 관광, 텔레비전이다. 재살은 '나'를 제압하는 적병이다. 장성살과 충(沖) 한다. 변화, 변동, 구속, 감금, 송사, 사고, 질병이다. 자묘오유가 재살이다. 월살은 가뭄, 고통, 시련, 질병, 별거, 이별, 이혼, 허무, 우울, 공황장애, 메마른 낙엽이다. 월살은 진술축미이다. 역마살, 재살, 월살은 살면서 겪는 시련이다. 지살, 장성살, 화개살과 부딪치기에 '내'가 견뎌내야 할 고통이다.

12신살은 누구나 겪는 성공과 실패를 삼합의 운동성으로 해석한 이론이다. 희로애락(喜怒哀樂), 호사다마(好事多魔) 같은 일상이다. 12신살의 긍정적 의미만 보아도 좋다. 지살은 시작으로, 장성살은 성공으로, 화개살은 편암함으로, 겁살은 경쟁으로, 연살은 연애로, 반안살은 의외의 소득으로, 망신살은 멋내기로, 육해살은 질병으로, 천살은 해외여행으로, 역마살은 변화변동으로, 재살은 갈등으로, 월살은 고독으로 읽어도 된다. 사주는 나쁜 점이 잘 맞기보다는 좋은 점이 더 잘 맞는다. 인신사해(寅申巳亥) 운에는 새로운 움직임으로, 자묘오유(子卯午酉) 운에는 하던 일의 성과가 나타나고, 진술축미(辰戌丑未) 운에는 일의 결과물을 잘 관리하며 살면 좋다.

13. 천간의 생극제화 운동

　천간은 생극제화 운동을 한다. 생(生)은 생해주고 극(剋)은 제압하고, 제(制)는 제압당하고, 화(化)는 화합해서 변한다. 예를 들어 목생화, 화생토로 생(生)한다. 갑을목 나무는 병정화 불을 생하고, 병정화 불은 무기토 흙을 생한다. 갑목 나무는 자기를 희생해서 병화 불을 살리고, 병화 불은 기토 땅의 곡식을 알차게 익힌다. 극(剋)도 좋은 일을 한다. 예를 들어 토극수, 금극목이다. 무토 흙은 임수 물이 넘치지 않게 제방이 되어 준다. 경금 도끼는 갑목 나무를 베어 생활도구를 만든다. 생이든 극이든 살기 위해 좋은 쪽으로 작용한다. 생이 좋고 극이 나쁜 것은 아니다. 신금 칼날이 을목 꽃잎을 베는 금극목은 부정적이지만, 꽃잎이 떨어질 때 떨어져야 이듬해 새 꽃이 핀다.
　극은 상대방을 제압해서 '내' 것으로 만드는 힘이다. 재성(財星)이다. 재성은 재화(財貨)를 '내' 소유물로 만드는 능력이다. '내' 것으로 만들려면 생(生)도 해야 하지만 극(剋)하는 힘으로 열심히 노력해야 한다. 제(制)는 상대방에게 제압당해주는 관성(官星)이다. 관성은 사회질서를 지키는 정의감이고, 사람관리 능력이다. 사람은 어느 사회에 태어났든 관성(사회질서)에 지배당한다. 사회적 규율과 법을 지켜야 한다. 법과 규율이 관성이다. 예를 들어 임수 입장에서 무기토가 관성이다. 병화 입장에서 임계수가 관성이다. 임수 물이 넘칠 때 무토가 제방이 되어 물길을 제압한다. 병화가 불기운으로 타오를 때 임수 물이 불을 제압하는 일이 관성이다. 극(剋)은 재성이고 제(制)는 관성이다. 정화 불이 일간일 때 경금 쇠를 녹여 생활도구로 만드는 일은 화극금으로 극(剋)하는 활동이다. 갑목 나무가 일간일 때 갑목을 경금이 자르는 행동은 금극목으로 제(制)하는 활동이다. 극제(剋制)는 극제해서 죽이려는 게 아니라 극제해서 조절하고 살리는 일을 한다. 사주팔자에 극(克)이나 제(制)가 있어야 돈운(재성)과 직업운(관성운)이 좋다. 극해야 돈을 벌고, 제압당해야 사회인이 된다.

화(化)는 화합하면서 서로의 이익을 취한다. 예를 들어 임정(壬丁) 합목, 병신(丙辛)합수가 있다. 임수 물과 정화 불이 만나면 나무라는 생명이 탄생한다. 최초의 생명은 임수 물속에서 정화 온기로 탄생한 생명체이다. 병화 불과 신금 쇠가 만나면 계수 물방울이 생긴다. 이렇게 합화(合化)는 자기 본 모습을 버리고 서로 화합하여 새로운 모습으로 탄생된다. 고유의 자기성격을 버리고 상대방과 맞추어서 다른 존재로 변한다. 합은 자기를 버리기에 인간관계를 부드럽게 만든다.

양간(갑병무경임)은 양간끼리 극하고, 음간(을정기신계)은 음간끼리 극한다. 충(沖)은 극제(剋制)이다. 양간은 충극제(沖剋制)가 사주를 좋게 만든다. 음간은 충(沖)보다는 생(生)이나 설기(洩氣)가 사주를 좋게 만든다. 음간은 부딪치기보다는 서로를 생해주는 일을 잘 한다. 인성이 비겁을 생하고 비겁이 식상을 생하면 좋다. 음간은 인성과 식상이 좋게 작용한다. 양간은 충(沖)이 변화발전의 동기가 된다. 충을 받아야 활동적으로 움직인다. 사주팔자가 생극제화, 충극, 생, 설기가 잘 되어야 사는 모습이 좋다. 운에 따라 변할 때 변하고 화합할 때 화합해야 사는 일이 순탄하다. 생한다고 해서 좋은 것도 아니고, 충한다고 해서 나쁜 것도 아니다. 생할 때 생하고, 극할 때 극해야 사주가 좋아진다.

　천간은 겉으로 보이는 모습이다. 천간의 생극제화가 좋으면 책임과 의무를 다하면서 열심히 산다. 갑을목(甲乙木)과 병정화(丙丁火)는 생명을 기르고, 무기토(戊己土)는 다 자란 생명의 속을 영글게 한다. 경신금(庚辛金)은 다 자란 열매를 거두어 씨앗으로 만들며, 임계수(壬癸水)는 씨앗을 보호해서 이듬해 새로운 생명으로 순환시킨다. 예를 들어 인월(寅月)의 갑목에게 경금은 쓸모없지만 가을의 갑목에게 경금은 꼭 필요하다. 인월의 갑목은 봄이라서 병화의 기운으로 무토에 뿌리내리며 임수로 자라야 한다. 다 자란 가을의 갑목은 경금으로 베어져서 생활도구로 쓰여야 좋다. 그리고 가을과 겨울의 경금은 병화와 정화가 조후용(調候用)과 연금용(鍊金用)으로 꼭 필요하다. 경금은 임수를 보면 생해서 맑은 물이 되고, 정화를 보면 제화(制化)당해서 예리한 도구가 된다. 여름의 신금은 화기를 흡수하는 기토가 좋고, 겨울의 신금은 추위를 녹이는 정화가 좋다. 이런 식으로 천간끼리 계절에 맞게 생극제화가 되어야 사주가 잘 돌아간다.

　인간 혼자서는 사회생활을 할 수 없다. 인간과 인간이 만나서 천간의 생극제화 운동처럼 관계가 생겨야 살 수 있다. 인간도 자기와 맞는 사람과는 생(生) 운동을 하고, 자기가 경쟁할 대상이라면 극제(克制)를 하면서 매일매일 새롭게 변하고 있다. 그 변화가 짧은 기간 동안에는 나타나지 않지만 시간이 지나고 나면 자기가 변해있음을 알 수 있다. 누구도 헤라클레이토스가 말한 것처럼 똑 같은 강물에 두 번 들어 갈 수 없다. 들뢰즈의 말처럼 무수히 똑 같은 환경에서 똑 같은 일을 하고 있지만 세월이 지나면 변해 있음을 안다. 생극제화(生剋制化) 운동을 하면서 살기 때문이다.

14. 비겁운, 식상운, 재성운

 십성(十星)은 비견, 겁재, 식신, 상관, 정재, 편재, 정관, 편관, 정인, 편인이다. 십성이 십신(十神)이다. 육신(六神)은 식신, 상관, 재성, 정관, 편관, 인성이다. 육친(六親)은 혈연관계로 어머니, 아버지, 형제자매, 배우자, 자식, '나'이다. 십신(十神)으로 성격, 성향, 직업을 알 수 있고, 육친(六親)으로 부모, 배우자, 형제자매, 자식의 동향을 알 수 있다.
 남녀 모두 비견운이 들어오면 독립심이 강해지며 새 사람과 인연 맺는다. 비견은 재성을 극하기에 배우자, 돈, 아버지에게 문제가 발생한다. 사주에 식신이 있으면 비견이 좋게 작용하고, 사주가 신왕한데 비견운이 오면 돈 문제, 인간관계 문제가 발생한다. 겁재운에는 투쟁심, 투기심, 새 사람이 생긴다. 추진력과 승부욕으로 재성을 극하기에 아내, 아버지, 돈, 건강 문제가 생긴다. 사주에 양인이 있는데 겁재운이 오면 질병에 걸리거나 수술할 수 있다. 겁재운에는 식신과 상관이 사주에 있으면 제일 좋다. 식상생재해서 일하고 돈 벌 수 있다. 사주에 편관이 있으면 비겁운을 제압할 수 있어서 비겁이 내편이 된다. 경쟁자를 물리치고 승진할 수 있다. 사주가 신약하면 비견, 겁재운이 좋게 작용하고 사주가 신왕하면 비견겁재운에 사람, 건강, 돈 조심을 해야 한다.

　식신운에는 좋은 일이 생긴다. 식신운에는 합격, 승진, 취직이 된다. 자영업자는 새로운 개업을 하거나 일을 확장한다. 식신이 편관(스트레스)을 제압해서 좋다. 식신은 재성을 살려서 의식주 문제를 해결한다. 사주에 편인이 있어서 식신을 도식(倒食)한다면 재성으로 편인을 극하고 식신을 살려야 한다. 상관운에도 상관견관(직장을 그만둠)만 아니면 새로운 일이 생겨서 좋다. 상관은 정인이나 편인이 있으면 상관패인(傷官佩印)이 되어 총명하고 똑똑하게 일처리를 한다. 문화예술 분야에서 성공한다. 사주에 정인과 편인이 있어서 관성을 보호하고 있으면 상관견관이 되지 않고 좋게 작용한다. 식신은 '나'를 살리기에 비겁이 좋고, 상관은 '내' 힘을 빼기에 인성으로 극하는 게 좋다. 식신은 놀면서 돈 벌고, 상관은 인성에게 제압당하면서 돈을 번다. 식신은 수명복, 건강복이다. 식신과 상관은 비겁이 한두 개 있어서 재성을 생하는 것이 제일 좋다. 신약하면 상관운에 구설수가 따른다. 신약하면 상관견관운에 관재수가 있고 직장을 그만 둔다. 그러나 사주에 인성이 있어서 상관을 제압하면 상관의 총명함이 발휘되어 말하는 직업에서 재능을 펼칠 수 있다. 식신과 상관은 신왕(身旺)해야 재성을 생하고 돈을 번다. 사주가 신왕신강(비겁과 인성이 있는 사주)하면 식상운, 재성운, 관성운을 두려워 할 게 없다. 식신은 비겁과 재성이 좋고, 상관은 인성과 재성이 좋다. 편인도식이라면 몸이 아프고 상관견관이 일어나면 하던 일이 중단되거나 직장을 잃는다.

편재운에는 돈 운용이 활발하다. 편재는 열심히 일하는 활동력이다. 그러나 정재처럼 '내' 돈이 되지 않고 돈이 유통 된다. 군겁쟁재(群劫爭財)이면 일만 하지 내 돈이 없다. 돌고 도는 돈처럼 편재의 돈은 남의 돈이 된다. 편재는 역마살이기에 모험적으로 투자했다가 빚을 지기도 한다. 편재는 유흥, 쾌락, 과시, 낭비이다. 사주가 신왕재왕(身旺財旺)이면 수완도 좋고 일한 돈이 '내' 돈이 된다. 신왕재왕은 비겁과 재성의 기운이 균등하다. 신왕재왕해야 식상생재, 재생관(財生官), 재극인(財剋印), 재생살(財生殺)을 감당한다. 신왕하면 내가 극(剋)하는 재성의 결과물을 다 내 것으로 취할 수 있다. 편재가 편인을 극해도 활동력과 천재성으로 주어진 일을 지혜롭게 완수할 수 있다. 그러나 재다신약(財多身弱)이면 공부도 중단되고 돈을 벌 수 없다. 재다신약일 때는 비견과 겁재가 도움이 된다. 정재는 내가 신왕하고 돈을 지키는 정관이 있어야 좋다. 재극인이 될 경우에도 정관이 통관해주고, 비겁으로 과한 재성을 극하면 좋다. 인다용재(印多用財)는 공부를 잘한다. 만사태평인 인성을 재성이 자극해서 노력하게 만든다. 재성운에는 사주가 신왕인지 신약인지 먼저 판단하고 사주를 해석해야 한다. 신약하면 재성운에 건강이 약해진다. 재성은 관성이 있어야 돈이 보호된다. 재성이 일간과 합하면 '내' 돈이 되고, 다른 천간과 합하면 '남'의 돈이 된다. 관성 역시 일간과 합하면 '내' 직업, '내' 자식이 잘 되고, 다른 천간과 합하면 승진이나 기회를 다른 사람에게 빼앗긴다.

15. 관성운, 인성운

　사주를 읽을 때는 먼저 사주팔자를 읽고 신왕인지 신약인지 판단한다. 그 다음에 사주의 희신(喜神)과 기신(忌神)을 결정하고 대운이나 세운을 읽는다. 대운과 세운이 희신이면 좋고, 대운과 세운이 기신이면 나쁘다. 사주를 읽을 때는 천간을 먼저 읽고 지지를 나중에 읽으며, 연월일시 순서로 운에서 들어오는 글자로 대입하여 읽는다.
　정관운에 사주에 정인이 있으면 승진한다. 정관은 승진, 합격, 보너스이다. 정인은 인정받음, 명예이다. 관인상생은 직장에서 인정받는다. 정관은 사회적 규율을 잘 지키는 도덕심이다. 정관운에 여자는 남편이 출세하거나, 미혼인 경우에 결혼할 수 있다. 남자는 자식이 잘 되거나, 자식에게 좋은 일이 생긴다. 정관은 정재가 생하고 정인이 보호하면 직장도 좋고, 저축도 잘 하고, 자식도 잘 된다. 정관은 상관을 만나지 않아야 좋다. 상관은 정관을 깨부수는 적군이다. 상관은 정관의 보수적인 질서를 바꾸려는 혁신기질이다. 상관이 정관을 만나면 타협하는 게 아니라 지배하기에 직업 변동, 부서 이동, 구설수, 관재수가 생긴다. 정관은 상관만 만나지 않으면 무난하게 산다.

편관운에는 조직 내에서 인정받고 승진하지만 인간관계에서 스트레스가 있다. 편관은 적장을 내 편으로 만드는 능력이다. 적장을 내 편으로 만들어야 하기에 힘들다. 주어진 업무량이 많고, 부서 이동도 있어 새로운 일에 적응하는 스트레스도 있다. 편관을 보호하는 인성이 있거나, 편관을 다스리는 식신이 있으면 좋다. 인성은 업무에 대한 지식이고, 식신은 업무를 완수하는 실행력이다. 지식(인성)과 실력(식신)으로 눈앞에 놓인 스트레스(편관)를 해결할 수 있다. 편관의 좋은 점은 양인(羊刃)과 겁재를 제압하는 능력이다. '내' 것을 빼앗아가는 경쟁자를 제압하기에 편관은 리더십이 있고 카리스마가 있다. 편관은 순한 정인보다도 꾀돌이 편인을 더 좋아한다. 편관과 편인은 생사여탈의 직업에서 큰일을 결정하는 관리자이다. 편관은 군겁쟁재로 돈을 빼앗길 때 비겁을 제압해서 돈을 보호한다. 정관이나 편관은 '내' 돈을 지키는 능력이다.

정인격이나 편인격은 사주가 신왕하지 않아도 좋다. 정인과 편인이 일간 '나'를 지식과 지혜로 보호한다. 반면에 식상격, 재성격, 관성격은 사주가 신왕(身旺)해야 좋다. 신왕해야 식상으로 내 힘을 빼서 재성 돈을 벌고 관성으로 돈을 지킬 수 있기 때문이다. 식상격, 재성격, 관성격이 신약하면 몸이 약하고, 직업변동이 많고, 돈이 모아지지 않는다. 정인운과 편인운은 인성이 보호자이며 조력자이기에 신왕하지 않아도 좋다. 정인운에는 학문적 성취와 문서운이 순조롭다. 어머니에게 좋은 일이 생긴다. 사주가 신약하면 정재가 재극인으로 정인을 극할 수 있다. 돈 욕심을 내다가 명예를 잃는다. 이럴 때 관성이 있어서 정재와 정인을 통관하거나, 비겁이 있어서 재성을 극하면 괜찮다. 재다신약으로 몸이 아프고 고생하는데 인성운이 들어오면 건강이 회복되고, 좋은 쪽으로 일이 진행된다. 정인운에는 합격, 승진, 취업 등이 순조롭다. 편인운에는 도식(倒食)만 하지 않으면 좋다. 편인이 식신을 도식하면 몸이 아프다. 먹을 것을 제대로 먹지 못해 병에 걸린다. 편인도식은 식신격에 편인이 옆에 붙어 있어야 발생한다. 편인격에 식신은 도식되지 않고 학자, 교육자, 상담가가 된다. 편인이 앞에 있고 식신이 뒤에 있어야 좋다. 편인격에 상관은 똑똑하다(상관패인). 예술가, 문화 창조자, 학자, 철학자이다. 편인격에 편관은 지도자이고, 편재는 인기인이고, 식상은 교수, 연구원이다. 정인운과 편인운은 요령과 기획력이다. 관인상생, 살인상생, 상관패인, 인다용재가 좋다.

관성은 재성을 보호하고 인성을 생하며 비겁을 제압해서 돈과 명예를 보호한다. 인성은 관성을 보호하고 상관을 제압해서 건강과 명예를 지킨다. 관성은 인간관리 능력이고, 인성은 사람들에게 사랑 받는 능력이다. 정관은 공정함과 합리성, 편관은 의협심과 참을성, 정인은 자상함과 지혜로움, 편인은 임기응변과 외교력이 있다. 상관견관할 때 구원자는 인성이고, 군겁쟁재할 때 구원자는 관성이다. 인성은 상관의 날뛰는 반항기를 제압하고, 관성은 내 것을 빼앗아 가는 비겁을 제압한다.

운에서 들어오는 글자가 월지와 합하면 무난하고, 월지를 충하거나 극하거나, 월지가 묘지에 들면 일도, 돈도, 사람도 건강도 조심해야 한다. '내' 운은 일주(日株)에서 보고, 부모형제나 사회생활은 월주(月株)에서 보고, 자식운은 시주(時株)에서 본다.

16. 정인, 정관은 사주를 믿지 않는다

사길신(四吉神)은 식신, 정재, 정관, 정인이다. 사길신은 사는 일이 무난하다. 그래서 정관격과 정인격은 사주팔자를 믿지 않는 편이다. 자기노력과 자기의지가 삶을 좌우한다고 생각한다. 정관은 합리적 이치를 믿고, 정인은 보편적 지식을 믿는다. 정관과 정인은 천재지변이나 자연재해도 학문적, 이론적으로 해석한다. 정관과 정인은 기존질서 내에서 말 잘 듣고 반항하지 않고 주어진 의무와 책임을 자기실력으로 이루어낸다. 사회적 규율을 지키고 모범적이고 올바르게 산다. 경쟁사회에 적응하며 타인과 협력하며 사회가 인정하는 직업에서 자기 꿈을 성취하며 산다. 이런 과정에서 중요한 요인은 사주팔자가 아니라 의지와 노력이라고 생각한다.

반면에 편관격, 편인격, 양인격, 상관격은 사주를 믿는 편이다. 이들은 명리학에서 사흉신(四凶神)이다. 편관은 경쟁자를 제압하는 외교력이고 힘든 일을 해내는 의지력이다. 편인은 사람의 심리를 꿰뚫

어보는 직관력이고 배운 지식을 기억하는 총명함이다. 양인과 상관은 경쟁자를 이기려는 승부욕망이다. 편관, 편인, 양인, 상관은 세상과 경쟁적으로 대항하며 산다. 타인의 도움 없이 혼자서 분투노력하며 자수성가하는 의지력이다. 그래서 사흉신(양인, 상관, 편관, 편인)은 사주팔자를 믿는 편이고, 자유의지나 자기노력도 사주에 있다고 생각한다.

편관(偏官)은 경쟁자를 제압하는 능력이다. 안이나 바깥이나 싸워서 이겨야 할 경쟁자들이 많고 하는 일도 힘들다. 편관은 힘든 사람을 통제하고 힘든 일을 완수하며 산다. 편관은 제압해야 할 사람들(비겁)을 관리한다. 편관은 자기보다 힘센 사람을 관리하는 지략(智略)이다. 힘든 일을 끈기 있게 완수하는 책임감이다. 항상 싸워야 할 사람(비겁)이나, 어려운 일과 대치하는 상황이라서 편관을 스트레스라고 한다. 편인(偏印)은 의심이 많다. 일이 잘 진행되어도 불안해하고 안절부절 한다. 일의 승패가 확연하게 결정 날 때까지 고민하고 걱정한다. 편인은 부정적인 사고를 하고 비관적인 가치관을 가지고 있다. 사물의 겉보다는 속을 보며 인간의 이중적인 모습을 보는 혜안이 있다. 세상은 보이는 게 다가 아니라고 생각한다. 상관(傷官)은 정관이 하는 일이 일이 옳지 않다고 생각한다. 옳지 않기에 고쳐야 한다고 생각하고 자기 생각이나 느낌을 정관에게 주장하다가 구설수와 관재수에 시달린다. 마음에 상처를 입는다. 양인(羊刃)은 지고 싶지 않은 심리이다. 자기 앞에 주어진 일을 잘 해서 돈(재성)을 많이 벌고 싶고, 대장이 되고 싶은 심리이다. 양인은 자기 힘만 믿고 일을 하다가 빚을 질 수도 있고, 질병에 시달릴 수도 있다. 인간관계에서 배신하기도 하고 배신당하기도 한다. 세상살이가 마음대로 되지 않고, 한 가지 일이 해결되면 또 다른 일이 발생한다. 결과적으로는 힘든 상황에 처한다. 주변이나 혈육에게 인생을 저당 잡히는 일도 흔하게 생긴다. 편관, 편인, 상관, 양인은 일이 힘들고 잘 안 풀릴 때 사주팔자가 있나보다 한다. 운명을 믿는 편이다. 사길신(정인, 식신, 정재, 정관)보다 더 열심히 노력했는데도 사흉신(편인, 상관, 편관, 양인)은 결과가 보잘 것 없이 주어질 수 있기에 '내 팔자'인가보다 한다.

    정인(正印)은 하고 싶은 공부를 전문가가 될 때까지 파고드는 능력이다. 정인은 공부 운이 순조롭고 어머니나 윗사람의 조력이 있다. 공부하기를 좋아하고, 학습결과도 생각보다 좋다. 정인은 노력한 만큼의 결과가 순조롭게 주어진다. 학자나 교수나 연구원이 될 수 있다. 사람들하고 부딪치는 일도 적고, 조직 질서에 잘 적응한다. 정인은 자식을 사랑하는 어머니 마음이다. 어머니의 사랑 속에서 자라는 아이는 피해의식도 열등감도 없이 잘 자란다. 이런 정인은 사주팔자를 믿지 않는다. 정관(正官)도 어른들 말 잘 듣고, 경쟁사회에서 경쟁하면서 자기 나름의 위치를 점유한다. 어느 공간에서나 리더십을 발휘하며 인간관계도 잘 한다. 정관은 조직 내에서 승진할 때 승진하고 자기 앞에 주어진 일도 사람들과 시너지 효과를 내면서 일처리를 잘 한다. 그런 긍정적인 결과가 사주팔자가 아니라 자기 의지와 노력이라고 생각한다. 정관은 좌절이나 절망도 극단적으로 경험하지 않는다. 하는 일에서 실패하면 금세 다시 일어나며 희망적으로 일 한다. 사회적 소외감이 생겨도 사람들과 잘 지내면 된다는 소신이 있다. 외로움이나 우울함도 긍정적으로 해결한다. 정관이나 정인은 사주팔자를 재미있는 심리 철학으로 생각한다. 정인과 정관은 관인상생(官印相生)이 잘 되기에 사회생활이나 인간관계에서 큰 상처를 받지 않는다. 그래서 정인과 정관은 사주팔자를 믿지 않는 편이다.

17. 사주 변화의 묘미

명리학은 역이다. '역(易)'은 바뀌고 변한다는 의미이다. 도마뱀은 위험에 닥쳤을 때 꼬리를 잘라내고 자기 모습을 변화시키며 생존한다. 사람도 어려움에 처했을 때 마음을 변화시키며 살아남기 위해 처세술을 펼치고 정체성을 바꾼다. 정체성은 관계 속에서 만들어졌다 사라지는 일시적인 자아상(自我象)이다. 불교의 제법무아(諸法無我)이다. 현대철학의 노마드(유랑) 자아이고, 리퀴드(액체) 영혼이다. 개인의 정체성은 살아남기 위해 기체나 액체처럼 변하면서 정글 같은 세상에서 살아남는다. 사주팔자도 시간과 공간 속에서 생극제화(生剋制化), 합형충파해(合刑沖破害) 하며 살아남는다.

사주팔자는 '내' 환경이다. 대운 십 년은 '내' 공간이고, 세운 일 년은 '내' 시간이다. 걱정근심 없이 사는 사람은 없다. 누구나 자기만의 불안과 고민을 가지고 살고 있다. 일간 '나'는 갑을병정무기경신임계 중 하나이다. '내'가 갑목이면, 기토(己土) 운이 올 때, 갑목 나무(木)

의 자질을 버리고 기토 흙(土)의 자질로 변해서, 토생금 하며 금기운을 살린다(갑기합토). 을목(乙木)이면 경금(庚金)운이 들어올 때 을목 넝쿨이 살기 위해 경금(金)을 닮아 금생수 한다(을경합금). 병화(丙火)이면 신금(辛金)운이 올 때 병화 태양과 신금 보석이 수(水) 기운으로 변해 수생목으로 나무를 살린다(병신합수). 정화(丁火)이면 임수(壬水)운이 들어올 때 정화 온기와 임수 물이 목(木)기운으로 변해 목생화(木生火)하며 불을 살린다(정임합목). 무토(戊土)이면 계수(癸水)운이 올 때 무토 흙과 계수 이슬이 화(火)기운으로 변해 화생토(火生土)하며 토 기운을 살린다(무계합화). 사주가 신왕하고 천간의 뿌리가 지지에 있으면 다른 기운으로 변하지 않지만, 사주가 신약하고 지지에 천간의 뿌리가 없다면 변한다. 사주팔자도 변하면서 자기 삶을 살게 된다.

 '내' 일주가 갑자(甲子)일주라면, 대운이나 세운에서 경금(庚金)운이 들어올 때, 갑목은 경금에게 베어진다(금극목). 경금 도끼가 갑목 나무를 베어서 생활도구로 만든다. 봄의 갑목은 자라는 게 의무이지만, 가을의 갑목은 베어져서 유용한 도구로 쓰이는 게 좋다. '내'가 처한 환경에 따라 갑목 나무가 생목(生木)인지 사목(死木)인지로 역할이 바뀐다. 일간 갑목은 경금이 들어오는 운에 직장 변동, 건강문제, 사람 문제, 자식문제, 남편문제가 발생한다. 경금은 갑목에게 편관이다. 편관 운에는 스트레스가 많고 주어진 업무량이 버겁다. 힘들어도 책임지고 완수해야 한다. 신금(辛金) 운에도 일간 갑목은 신금에게 베어진다. 금극목(金剋木)을 당한다. 하지만 신금은 갑목을 편관처럼 심하게 벨 수 없다. 신금은 정관이다. 정관은 타협하고 조절하며 벤다. 정관은 승진, 보너스, 취업, 합격 같은 좋은 쪽으로 변화를 일으킨다. 일간 갑목에게 대운이나 세운에서 어떤 천간이 오느냐에 따라 갑목은 모습을 바꿔가면서 살아남는다. 고유한 갑목으로 있을 수 없다.

지지도 운세에 따라 변한다. 갑자 일주에게 지지(地支) '자수(子水)'는 자오충(子午沖), 자묘형(子卯刑), 자유파(子酉破), 자축합(子丑合), 신자진합(申子辰合), 해자축합(亥子丑合) 등으로 변한다. 갑목에게 자오충은 자수(子水) 정인과 오화(午火) 상관의 싸움이다. 자수 정인이 오화 상관을 극(剋)한다. 정인은 지식, 정보, 어머니, 윗사람이다. 상관은 자식, 재주, 언변, 아랫사람이다. 상관은 정인에게 극을 당하면 상관의 반항심이 좋은 쪽으로 나타난다. 사회에서 유용한 사람으로 변한다. 상관패인(傷官佩印)이다. 갑자일주(甲子日柱)가 자오충 운에서는 정인의 합리성으로 상관의 창의성을 조절하여 사람들에게 인정받는 아이디어를 만들어낸다. 극(剋)이나 충(沖)이라고 해서 나쁘지 않다. 기신(忌神)을 극하거나 충하면 좋다. 극이나 충할 때 합격, 승진, 취업, 결혼 같은 좋은 일이 생길 수 있다.

사주해석은 카오스 이론이다. 정확하게 어떤 일이 일어날 것이라고 맞출 수 없지만 대략 추정할 수 있다. 대운이나 세운이 겁재, 양인, 상관, 편관 운이면 돈 조심, 사람조심, 말조심, 건강 조심을 해야 한다. 겁재, 양인, 상관, 편관은 자신감이 강해서 자기도 모르게 자기생각만 믿고 일을 추진하다가 몰락할 수 있다. 그러나 식신, 정재, 정관, 정인 운이면 하고 있는 일이나 인간관계, 돈 문제가 순조롭게 변한다. 식신, 정재, 정관, 정인 운은 일을 크게 벌이지 않는다. 현상유지를 하면서 일을 진행한다. 사주가 세면 극이나 충도 감당하지만, 사주가 약하면 극이나 충 운에 조심하면 된다. 극이든 충이든 살아남기 위한 변화이다. 변하지 않으려고 고집 피우면 사는 일이 더 힘들다. 변화만이 살아남는 길이다.

18. 십이운성의 묘지

태어나서 살다가 죽고 환생하기까지의 과정이 십이운성(十二運星)이다. 엄마뱃속에 잉태되는 태(胎), 엄마뱃속에서 자라는 양(養), 태어난 후 사람들에게 사랑받는 장생(長生), 발가벗고 뛰어노는 시절 목욕(沐浴), 늠름한 청소년기 관대(冠帶), 사회활동을 하는 성인기 건록(建祿), 지위와 명예를 얻는 제왕(帝旺), 은퇴하는 쇠(衰), 노환으로 아픈 병(病), 기운이 죽는 사(死), 무덤에 묻히는 묘(墓), 새롭게 환생하기 위해 환골탈태(換骨奪胎)하는 절(絶)이다.

십이운성에서 중요하게 해석하는 글자는 장생과 묘지이다. 장생은 시작, 창조, 건강함이다. 장생은 사랑받으며 자기가 하고 싶은 대로 사는 어린이이다. 양간 장생은 인신사해(寅申巳亥)이고, 음간 장생은 자묘오유(子卯午酉)이다. 인신사해는 활동성과 호기심과 모험심이 강하다. 자묘오유는 자기 개성이 강하고 사람들에게 휘둘리지 않는다. 장생은 타인의 눈치를 보기보다는 자기 느낌과 생각대로 산다.

자기 활동에서 자신감을 보이며 자기감정을 자유롭게 표현한다. 어린이가 천방지축으로 잘 먹고 잘 놀고 숙제도 의무도 없이 사는 모습이다. 아프면 부모가 보호해주고, 사랑스런 행동을 하면 사람들이 예뻐해 준다. 장생은 보호자, 후원자, 인덕(人德)이다.

묘지는 동굴 속의 삶이다. 동굴 속에 살기에 근면 검소하며 성실하다. 묘지는 진술축미 토 기운이다. 진술축미는 만나는 글자에 따라 자기 모습을 바꾼다. 타인과 협력하며 조화하는 기질이다. 자기 고집도 있지만 타인에게 맞추어서 자기감정을 조절한다. 장생이 자유영혼으로 제 멋대로라면 묘지는 타인과 시너지 효과를 내기 위해 화합하는 능력이다. 장생이 자기 재능을 개성적으로 드러낸다면, 묘지는 자기 재능을 사회가 인정하는 방향으로 드러낸다. 장생이 자기를 내보이며 밝고 명랑하게 감성적(感性的)으로 산다면, 묘지는 자기만의 세상을 숨기고 타인의 세계도 인정하며 이성적(理性的)으로 산다. 장생이 낭만적 긍정적이라면 묘지는 현실적 순응적이다.

묘지는 진술축미(辰戌丑未)이다. 운에 따라 십간(갑을병정무기경신임계)도, 십성(비견, 겁재, 식신, 상관, 정재, 편재, 정관, 편관, 정인, 편인)도 묘지 운(運)에 들어갈 때가 있다. 대운이나 세운에서 진술축미(辰戌丑未) 운이 올 때이다. 천간 갑계(甲癸)는 미(未)가 묘지이고, 천간 을병무(乙丙戊)는 술(戌)이 묘지이고, 천간 정기경(丁己庚)은 축(丑)이 묘지이고, 천간 신임(辛壬)은 진(辰)이 묘지이다. 각각의 천간은 묘지 운에서 활발하게 활동하던 일을 멈추고 자체 점검을 한다. 에너지를 비축하며 상황에 순응하며 성실하고 근면하게 산다. 묘지 다음이 절지인데, 절지는 그 동안 살아온 삶을 마감하고 새로운 삶으로 변화하는 시기이다. 환골탈태(換骨奪胎), 와신상담(臥薪嘗膽), 권토중래(捲土重來)하는 시기이다. 그래서 절지가 절처봉생(絶處逢生)이다. 그 동안의 삶의 습관을 버리고 새롭게 변모한다. 고통과 시련을 이겨내며 새로운 정체성으로 거듭난다. 흔히 사주를 볼 때 묘지와 절지를 부정적으로 보는데 그럴 필요 없다. 묘지와 절지는 일을 확장하지 말고, 현상유지하거나 자기 건강을 돌보는 운으로 읽으면 된다.

비견과 겁재가 묘지 운이면 '나', 형제자매, 경쟁자, 친구에게 문제가 생긴다. 생각대로 일이 추진되지 않고, '나'와 주변인들이 힘든 시기를 겪는다. 하는 일이 지체되거나 발전이 더디다. 이런 때는 마음을 수련한다. 사주가 신왕하고, 비겁이 묘지운에 드는 해에는 돈, 배우자, 아버지한테 문제가 생긴다. 비겁 묘지 운에는 투자하지 말고, 인간관계에서 말조심과 행동 조심을 해야 한다. 식신과 상관이 묘지 운이면 여자인 경우 자식 문제가 있다. 자식이 아플 수 있다. 하는 일도 지체될 수 있다. 식상 묘지운에는 새로운 일을 벌이지 말고 현상유지에 힘쓰면 된다. 실속적으로 살아야 한다. 정재와 편재가 묘지 운이면 남자인 경우에 아내 문제가 생기고, 남녀 모두에게 아버지 문제가 생긴다. 좋은 점은 재성이 묘지에 들기에 돈이 모아질 수 있다. 재성 묘지운에는 이사도, 결혼도, 직장변동도 심사숙고해야 한다.

정관과 편관이 묘지에 들면 사회성이 약해진다. 여자일 경우에 남편 문제가 생긴다. 남자일 경우 자식 문제가 생긴다. 남녀 모두 직장을 잃거나 아플 수 있다. 관성이 묘지에 들면 스트레스를 받아도 굴종하며 참아야 한다. 책임져야 할 일도 많다. 건강도 약해진다. 정인과 편인이 묘지에 들면 어머니에게 문제가 생긴다. 학업이 중단되기도 한다. 문서운도 약해진다. 묘지 운이라고 해서 걱정할 필요가 없다. 묘지 운에는 눈에 띄는 활동을 줄이고, 자숙하는 의미로 미래대비 공부를 하거나 마음공부를 하면 좋다. 묘지 운에 자기계발을 하면 그 다음에 오는 운에서 좋은 결과가 생긴다.

19. 사주와 인연론(因緣論)

　인연론(因緣論)은 모든 현상이 원인과 결과로, 다시 결과와 원인으로 관계 맺으면서 생겼다가 소멸하는 과정이다. 사주도 그렇다. 천간과 지지가 생극제화, 합형충파해 하면서 어떤 원인으로 어떤 결과를 만들고, 다시 그 결과가 새로운 원인이 되고, 새로운 일로 발생했다가 소멸하면서 흐르고 있다. 천간과 지지 스물네 자는 서로에게 원인과 결과로, 결과와 원인으로 작용하면서 움직인다.
　사람은 구체적 환경에 존재한다. 먹고살기 어려운 환경이면 자기가 이루고 싶은 꿈을 이룰 수 없다. 먹고살기 힘들면 먼저 돈벌이를 하면서 생계를 유지해야 하고, 나중에 자기 꿈을 이루어야 한다. 이런 상황들이 원인과 결과가 되어서 인연이 펼쳐진다. 현대사회는 돈이 모든 것의 기준이기에 돈 없으면 사람이 자기 꿈을 이룰 수 없다. 사주가 아무리 좋아도 부모가 경제적으로 받쳐주지 못 하면 그 사주는 평범해진다. 물론 의지가 강한 개인은 먹고사는 현실을 떠나서 자기가 하고 싶은 일만 하면서 언젠가는 자기 꿈을 이루기도 한다. 그런 경우는 예외적이다.

사주에서 천간은 겉으로 나타난 '나'의 모습이다. 일간 '내'가 봄여름에 태어난 '갑목(甲木)'이라면, 갑병임(甲丙壬)의 천간 구성이 좋다. 갑목(甲木) 나무가 병화 태양과 임수 물이 있으면 봄여름에 잘 자란다. 이렇게 맺어지는 일이 좋은 인연이다. 일간이 을목(乙木) 꽃이라면, 병화 태양과 갑목이 있으면, 을목이 갑목에 의지해서 태양빛을 받으면서 잘 자란다. 좋은 인연은 일간이 '을목'일 때 을병갑(乙丙甲), '병화'일 때 병갑임무(丙甲壬戊), '정화'일 때 정갑경(丁甲庚), '무토'일 때 무병갑(戊丙甲), '기토'일 때 기병갑(己丙甲). '경금'일 때 庚丙丁甲壬(경병정갑임), '신금'일 때 신임갑(辛壬甲), '임수'일 때 임병갑무(壬丙甲戊), '계수'일 때 계병갑(癸丙甲)이다. 이렇게 천간이 구성되어 있으면 인연이 좋다. 반면에 좋지 않은 인연도 있다. '갑목'이 기경신(己庚辛)을 보면 꿈을 이루기가 힘들다. 갑목이 습토인 기토에 뿌리내리고 있는데 경금 바위가 막고 있고, 신금 칼날이 갑목의 뿌리를 자르면 갑목이 자랄 수 없다. 마찬가지로 '을목'이 경신임(庚辛壬), '병화'가 기신계(己辛癸), '정화'가 신계(辛癸), '무토'가 을계(乙癸), '기토'가 경임(庚壬), '경금'이 기계(己癸), '신금'이 정경(丁庚), '임수'가 정기계(丁己癸), '계수'가 무(戊)를 만나면 꿈을 이루기가 힘들다.

지지는 처해진 현실이다. 지지는 합형충파해로 인연 맺어져 끊임없이 움직인다. 자수(子水)가 축토(丑土)를 만나 육합을 하면 축축한 땅이 된다. '자수'가 해자축(亥子丑) 방합을 하면 겨울물이라서 너무 차갑다. 자수가 신자진(申子辰) 삼합을 하면 물 기운이 넘쳐 저수지가 된다. '자수'가 '묘목'을 만나면 자묘(子卯)형이 되고, '자수'가 '유금'을 만나면 자유(子酉)파가 된다. '자수'가 '오화'를 만나면 자오(子午)충이 되고, '자수'가 '미토'를 만나면 자미(子未)해, 자미(子未) 원진이 된다. 자수가 이런 글자들을 운에서 인연으로 만나면 자수 본연의 모습은 변한다. 자수 고유성으로 있을 수 없고, 인연에 따라 변하면서 자수의 삶을 살게 된다. 하고 싶은 일이 외부상황으로 인해서 자꾸 변질 된다.

　현대사회가 개성을 중시하지만 개성도 타인들이 인정해주어야 개성이 된다. 자기 혼자만의 개성은 개성이 아니라 외톨이이다. 타인들이 인정하지 않는 개성은 사회적 의미가 없다. 사람은 타인과의 인연 속에서 자기 삶을 인정받으면서 사는 존재이다. 타인들에게 인정받지 못하면 외롭고 우울하다. 가족이든, 직장이든, 친구이든 간에 사람들과 인연 맺으면서 살아야 행복감도 느끼고 살맛이 난다. 혼자 사는 사람도 일할 때는 사람들과 함께 일을 한다. 일에서 주어진 자기 역할에 맞게 가면(假面) 자아를 내보인다. 혼자 사는 사람도 일터를 떠나면 스마트폰 속에서 가상의 인간관계를 맺고 있다. 사람들 속에서 혼자 살지, 진정한 의미에서 혼자 사는 사람은 없다. 혼자 작업하는 예술가나 창조자나 발명가도 머릿속에는 사람들을 상정(想定)하면서 창작품을 만들어낸다. 사람과 관계 맺지 않은 사람은 없다. 대부분의 사람들은 타인의 개성을 인정해주면서 자기도 타인에게 인정받으면서 살고 있다. 타인들과 인연 맺으면서 연기(緣起)처럼 생겨났다 사라지며 자아정체성을 변화시키며 살고 있다. 사주도 그렇다. 생극제화와 합형충파해가 연기(緣起) 속에서 원인과 결과로 일어났다 사라지며 변하고 있다.

 사람은 외모(비겁), 일(식상), 돈(재성), 권력(관성), 명예(인성)를 추구한다. 이 다섯 가지는 살기 위한 필수 욕망이다. 이런 욕망들도 각각이 따로 노는 게 아니라 인연 맺어진 관계 속에서 움직인다. 예를 들어 좋은 외모는 돈과 관련되어 있고, 돈은 권력과 관련되어 있고, 권력은 명예와 관련되어 있다. 연관되지 않는 존재는 이 세상에 단 하나도 없다. 공기의 흐름조차 그 날의 바람에 따라 변하듯이 사주팔자는 그 날의 일진과 아침, 오후, 밤에 따라서 상황이 인연처럼 변하고 있다.

part 2

여름

자립과
독립의
성장기

20. 12지지의 물상과 지장간

십이지지는 자축인묘진사오미신유술해(子丑寅卯辰巳午未申酉戌亥)이다. 각각의 지지는 천간을 지장간으로 가지고 있다. 지장간은 지지 속에 들어 있는 천간이다.

자수(子水)의 지장간은 임계수(壬癸水)이다. 자수(子水)는 십이지지의 처음으로 씨앗, 정자, 난자이다. 자수(子水)는 우리 눈에 보이지 않지만 양력 1월의 땅 속에서 봄을 기다리고 있다. 자수는 계수가 본기(주된 기운)이다. 계수(癸水)는 봄날의 새싹을 틔우는 이슬이다. 봄비이다. 계수(癸水)와 자수(子水)는 비밀, 숨겨진 재능, 눈치 빠름, 지식과 정보의 창고, 종자, 씨앗, 검은색, 근면, 신장, 생식, 애정, 절약, 실속, 총명함이다. 검은 물이라서 속을 알 수 없다. 자시(子時)는 한밤중이다. 가버리는 오늘과 새로 오는 내일이 겹쳐 있다. 밤 11시 반에서 새벽 1시 반이다. 하루를 정리하는 마음과 하루를 시작하는 마음이 함께 있다.

축토(丑土)는 언 땅, 지하, 묘지, 농토, 인고, 기다림이다. 축토(土)의 자장간은 계신기(癸辛己)이다. 계수는 물방울, 신금은 씨종자, 기토는 습토이다. 자수에서 보호된 씨앗이 축토에서 자라는 중이다. 겨울을 매듭짓고 봄을 열려고 한다. 끈기 있으며 희생적이다. 새벽 1시 반에서 3시 반이다. 사람들이 깨어나는 시간이다. 축토는 정기경(丁己庚)의 창고이며 묘지이다. 정화는 온기, 기토는 농토, 경금은 생활도구이다. 온기 있는 농토이고 그 농토를 개간할 농기구를 보관하고 있다. 알부자일 수 있다. 자축(子丑)의 시기가 가장 어둡고 춥다.

인목(寅木)은 호랑이, 새벽, 초봄, 시작, 용맹함, 문화의 발상, 동쪽, 머리이다. 인목(寅木)의 지장간은 무병갑(戊丙甲)이다. 태양이 비추고 있는 산에서 큰 나무들이 자라고 있는 모습이다. 지장간 중 갑목이 본기이다. 갑목(甲木)은 우두머리, 자존심, 선두, 직진, 승부욕, 리더십, 명예 욕망이다. 인목은 땅을 뚫고 나오는 새싹이다. 추진력, 의욕, 폭발적 기운, 급함, 반항, 의협심, 모험, 도전, 예측불허이다. 사람은 자축(子丑) 밤 시간에 잠을 자고, 인시(새벽 3시 반에서 5시 반)에 깨어나서 하루를 시작한다. 떠오르는 해를 보고 땅을 뚫은 새싹으로 힘이 넘치는 시간이다. 푹 자고 일어난 신체는 기분이 좋다.

묘목(卯木)은 토끼, 꽃, 넝쿨, 새, 초목, 잔디, 바람, 패션, 인테리어이다. 묘목(卯木)의 지장간은 갑을(甲乙)이다. 을목이 본기이다. 넝쿨식물처럼 뻗어나간 초목이 땅을 덮는 기세이다. 봄날의 초록이다. 초봄의 새싹은 번식력이 강하다. 토끼처럼 작고 여려서 불안과 두려움이 있지만, 생명력, 끈기, 유연성, 환경적응력이 있다. 을목(乙木)은 기획, 예술, 제조, 출판, 화가, 곡선, 사치, 서비스이다. 사람들은 묘시

(아침 5시 반에서 7시 반)에 학교나 직장에 가기 위해 집을 나선다. 거울 앞에 서서 자기 모습을 아름답게 꾸민다. 의욕과 희망의 심리이다.

진토(辰土)는 용, 젖은 땅, 농토, 변화무쌍, 조화, 생식, 위장, 허리, 임기응변, 변화, 재물, 창고이다. 진토(辰土)의 지장간은 을계무(乙癸戊)이다. 봄에 나온 새싹이 어린 몸체를 벗어나서 청소년의 몸으로 바뀐다. 초목이 더 무성해진다. 무토가 본기이다. 무토(戊土)는 중앙, 중재, 추진력, 뚝심, 저장, 절제, 안개, 노을이다. 과감하게 행동한다. 자신감, 자존감, 사회성, 통합성이 좋다. 용이라서 비현실적이고 이상적이지만 현실적으로 어려운 일에 과감하게 도전하여 성취하기도 한다. 평소에는 미꾸라지처럼 살지만 언젠가 용이 되려고 한다. 진은 임신(壬辛)의 창고이고 묘지이다. 임수는 큰물이고, 신금은 씨종자이다. 물속에서 씨종자가 보호받고 있다. 씨종자를 가지고 있기에 먹을 것으로는 걱정할 게 없다.

사화(巳火)는 뱀, 태양, 전기, 전자, 비행기, 변화무쌍, 독, 이중성, 화려함, 사거리, 역전, 극장, 문화, 교육이다. 사화(巳火)의 지장간이 무경병(戊庚丙)이다. 무토는 큰 산, 경금은 도끼, 기계, 중장비, 병화는 태양빛이다. 병화가 본기이다. 병화(丙火)는 명랑, 드러남, 화려함, 대인관계, 예절, 공평함, 문화이다. 금속이 활활 타는 불에 녹아서 자동차나 기계문명으로 변하는 물상이다. 만물이 완전히 자란 모습이다. 키가 클 만큼 커서 성장 판이 닫힌 시기이다. 화려한 도시 문명이다. 1차 산업이다. 뱀의 독처럼 권모술수와 지략이 있다. 명석하고 용의주도하다. 현대문명을 시작하고 발전시킨다. 자유주의와 자본주의의 시작이다.

오화(午火)는 말, 불, 조명기구, 전등, 촛불, 번화가, 정신문화, 시력, 화약이다. 오화(午火)는 여행, 유학, 유목, 역마, 이민, 예술, 공공성, 교육, 언론, 밝힘이다. 오의 지장간은 병기정(丙己丁)이다. 병화는 태양, 기토는 젖은 땅, 정화는 온기이다. 정(丁)이 본기이다. 정화는 짝짓기, 장정, 여름의 뙤약볕에서 땅이 녹고 있는 형상이다. 매우 덥다. 형광등, 등대, 전등불, 별, 달, 인정, 표출, 문명, 헌신, 희생심이다. 2차 산업이다. 만물과 오곡을 따뜻한 기운으로 길러낸다. 문화와 문명으로 세상에 도움을 준다.

미토(未土)는 양(羊), 뜨거운 땅, 시멘트, 황무지, 사막, 맛, 미완성, 고집, 3차 산업, 갑계(甲癸)의 창고, 묘지이다. 지장간에 정을기(丁乙己)가 있다. 정화는 온기, 을목은 초목의 생명력, 기토는 젖은 땅이다. 온기와 습기가 있는 땅에서 초목이 자라는 땅이다. 기토가 본기이다. 기토(己土)는 논밭, 전원, 전답, 앞산, 야트막한 땅, 구름, 먼지, 시내, 시장이다. 기토는 성실하고 중재적이고 보수적이다. 양(羊)은 온순함과 고집이 있다. 아닐 미(未)의 미라서 미완성이지만 만물이 맛이 들고 숙성되는 시기이다. 양(羊)은 자식과 농사가 잘 되기를 바라는 희생 제물로 쓰였기에 희생심과 책임감과 공동체 의식이 있다. 위로 뻗는 갑목(甲木)과 생명수인 계수(癸水)의 창고라서 더 이상 자라기를 멈추고 실속을 다진다. 알맹이를 만들고 일의 결과물을 정리하고 마무리한다.

신금(申金)은 원숭이, 엽전, 동전, 쇠, 금속, 현금, 역마, 능수능란, 정신, 혼, 수확물이다. 원숭이는 영리하고 재능이 있다. 산만하지만 적응력과 임기응변이 뛰어나다. 신금의 지장간은 무임경(戊壬庚)이다. 무토는 큰 산, 임수은 큰 바다, 경금은 큰 금이다. 바위산에서 물이 멈춤 없이 흐르고 있다. 저수지 물을 경금 바위가 깨끗하게 만들고 있다. 신금의 본기는 경금이다. 경금은 철강, 도끼, 기계, 중장비, 쇠 종, 자동차, 4차 산업, 혁명, 위엄, 무력진압, 단단함, 외고집, 이상, 꿈, 달이다. 신금(申金)은 만물이 완전히 숙성한 모습이다. 맛이 완전하게 든 모습이다. 신시부터 사람들은 하루 일을 정리한다. 끝낼 업무는 끝내고, 퇴근 준비를 한다. 숙살지기(肅殺之氣)의 시간이라서 거둘 것은 거두고 버릴 것은 버린다. 미신(未申)의 시기가 열매도 가장 많고, 먹을 것도 풍성하다.

　유금(酉金)은 닭, 술, 보석, 장신구, 화폐, 종, 침, 흰색, 서리, 까다로움, 피부, 치아, 폐, 기관지, 종소리, 구름, 마이크이다. 유금(酉金)의 지장간은 경신(庚辛)이다. 경금은 철강, 암석, 중장비, 무기, 생활연장, 자동차, 혁명, 의리, 위엄, 단단함, 이상(理想)이다. 신금은 송곳, 칼, 침, 보석, 예리함, 서리, 구름, 매서움, 완벽주의이다. 유금(酉金)의 본기는 신(辛)금이다. 간섭을 싫어하고 예민하고 직선적이다. 가공된 금속으로 병정화(丙丁火) 불에 녹는 일을 두려워한다. 병화과 만나면 병신합수(丙辛合水)로 변하고, 정화과 만나면 보석의 형태가 녹아 버린다. 유시는 오후 5시 반에서 7시 반이다. 사람들이 퇴근하는 시간이다. 유시부터 하늘의 별과 달이 떠오른다. 하늘의 별과 달은 정화이다. 정화가 유금에 장생하는 근거이다. 유월(양력 9월)에 사람들은 추수할 생각을 하고 봄여름에 농사지은 농작물을 거둔다. 성과물이나 결과물인 씨종자로서 실용적인 자산이다. 가을의 낭만 같은 예술적 기질도 있지만 마무리 하는 기운도 강하다.

술토(戌土)는 개, 충성심, 제방, 사찰, 기도, 종교이다. 술토의 지장 간은 신정무(辛丁戊)이다. 신금은 씨종자, 완벽함이고, 정화는 온기, 자상함이고. 무토는 중재, 고집, 안개, 노을이다. 술토(戌土)의 본기 는 무토이다. 술토은 을병무(乙丙戊)의 창고, 묘지이다. 을목은 꽃, 병화는 태양, 무토는 노을이다. 술시에는 꽃도, 태양도, 노을도 진다. 낮 시간에 활동한 만물이 저녁을 먹고 쉬는 시간이다. 술시(오후 7시 반에서 9시 반)에는 사람들이 퇴근해서 집에 들어가거나 친구들과 술 한 잔을 하는 시간이다. 술토(戌土)는 물을 막는 제방이다. 술월(양력 10월)은 수확이 끝난 땅이다. 다음 해 농사짓기 위해 쉬는 땅이다. 정리, 전환, 바뀜, 새로운 시작이다. 술해(戌亥)는 천문성이라서 정신세계를 상징한다. 신체보다는 정신을 수련하는 시간으로 하늘 문이 열린다. 술해는 정신적으로 성숙한 영혼이다.

해수(亥水)는 돼지, 호수, 큰 물, 밤, 종교이다. 해수의 지장간에 무갑임(戊甲壬)이 있다. 무토는 제방, 산이다. 갑목은 큰 나무, 우두머리, 시작이다. 임수(壬水)은 과단성, 지혜, 소통, 원만, 구름이다. 해수의 본기는 임수(壬水)이다. 깊은 물처럼 어두운 한 밤중이다. 시간으로 오후 9시 반에서 11시 반이다. 잠잘 시간이다. 불이 현실세계를 밝게 한다면 물은 어둠 세계를 지배한다. 예술, 문학, 종교, 정신세계이다. 해시 다음에 자시라서 오늘의 의무를 마무리 하고 내일을 새로 시작하기 위해 몸과 마음을 쉬게 한다. 해수는 이듬 해 돋아날 씨앗을 간직하고 있다. 해수(亥水)에서 갑목(甲木) 씨앗이 장생하는 이유이다. 새날의 시작인 갑목이 해시부터 장생해서 인시에 생명체로 나타난다.

십이지지(十二地支)는 시작과 끝이 순환한다. 오늘 좌절과 절망을 겪은 사람도 내일이면 다시 시작하려고 새 마음을 갖는다. 십이지지가 새롭게 변하며 순환을 반복하듯이 사람도 자연의 순환에 따라 태어나고 살고 죽고를 반복한다. 끝났다고 끝이 아니다. 자연의 순환처럼 언제든지 새로 시작할 수 있는 게 만물이고 사람이다. 십이지지가 변하듯이 만물과 사람의 생애도 변하면서 조금씩 성숙해진다.

21. 갑 일간의 사계절

'갑'은 큰 나무, 봄, 시작, 출발, 생명, 우두머리이다. 십 천간(갑을 병정무기경신임계)의 처음이라서 일등 의식이 있다. 생명체이기에 현실적, 실제적이다. 봄에 갑목(甲木)이 뿌리 내리려면 무기토(戊己土)가 있어야 하고, 광합성을 하려면 병화(丙火)가 있어야 하고, 쑥쑥 크려면 임수(壬水)가 있어야 한다. 가을이 되면 갑목은 경금(庚金)에게 베어져서 생활의 목재가 되면 좋고, 겨울이면 경금에게 베어져서 정화(丁火) 불을 살리면 좋다. 갑목은 오행이 모두 갖추어지면 아름답다.

봄은 인묘진(寅卯辰)월이다. 양력으로 2월, 3월, 4월이다. 봄에 '갑목'은 새잎을 쑥쑥 낸다. 줄기도 자란다. 뿌리 내릴 무기토와 광합성을 할 병화가 있어야 좋다. 메마르지 않기 위해 임수가 꼭 필요하다. 봄의 갑목은 십성으로 비견, 겁재, 편재이다. 비견, 겁재는 자수성가 능력, 자립심, 경쟁심이다. 봄 나무는 키도 키우고, 두께도 넓히느라 바쁘다. 꽃도 피워야 하고, 열매 맺을 씨앗도 만들어야 한다. 병화와 임계수가 필요하다. 진월은 갑목에게 편재이다. 진월은 임수의 물창고이다. 묘진 월의 갑목은 너무 잘 자라기에 가지치기 할 경금이 있어야 한다. 12운성으로 갑목의 인묘진은 록왕쇠(祿旺衰)이다. 건록은 다 자란 성인이다. 제왕은 인생의 전성기이고, 쇠에서 은퇴한다. 인묘진 월의 갑목은 자랄 대로 자란 나무이다.

여름은 사오미(巳午未)월이다. 양력으로 5월, 6월, 7월이다. 여름이 시작되면 '갑 나무'는 줄기의 성장을 멈추고 나뭇잎을 풍성하게 키운다. 나뭇잎이 깊은 그늘을 만들고 풍성한 숲을 형성한다. 다가올 가을을 준비하며 열매 맺는 일에 에너지를 집중한다. 여름의 갑목은 물이 모자라서 임수(壬水)가 꼭 필요하다. 십성으로 식신, 상관, 정재이다. 식신과 상관은 어머니가 자식을 사랑하고 보호하고 기르는 마음이다. 자기가 하고 싶은 일을 하고, 하고 싶은 말을 한다. 식신은 식복이고, 상관은 총명함이다. 정재는 저축하며 알뜰살뜰하게 살림살이를 잘 한다. 돈 욕심이 많아 성실하게 일한다. 여름 나무는 십이운성으로 병사묘(病死墓)이다. 병(病)은 아프고, 사(死)는 힘이 없고, 묘(卯)는 일을 멈추고 쉰다. 사오미 월의 갑목은 병사묘에서 어른이 되어 노련한 경험자가 되고, 지혜의 완숙함으로 가을에 추수할 생산물을 만들어낸다.

가을은 신유술(申酉戌)월이다. 양력으로 8월, 9월, 10월이다. 가을 나무는 열매를 단단하게 익힌다. 잎사귀보다는 열매나 씨앗으로 모습이 변한다. 새로운 모습으로 바뀐다. 나뭇잎이 아니라 나뭇가지로, 꽃잎이 아니라 열매로 바뀐다. 단풍이 들고 잎이 떨어진다. 후손을 남기기 위해 줄기의 에너지를 열매에게 집중한다. 가지치기할 경금(庚

金)과 경금을 제련할 정화(丁火)가 필요하다. 십성으로 정관, 편관, 편재이다. 정관은 조직관리를 잘 하고, 편관은 조직을 위해 불필요한 경쟁자를 제압한다. 편재는 추진력 있게 일을 하며 돈을 유통하는 활동력이다. 십이운성으로 절태양(絶胎養)이다. 절은 새로운 모습으로 변하고, 태는 새롭게 잉태되고, 양은 엄마 뱃속에서 보호받는 모습이다. 가을나무는 경금 도끼로 베어져서 생활의 목재, 도구, 건설 자재가 되며, 정화를 살리는 땔감으로 유용한 생활 수단으로 쓰인다.

겨울은 해자축(亥子丑)월이다. 양력으로 11월, 12월, 1월이다. '갑목'은 앙상하게 줄기와 가지만 남는다. 이듬해 봄에 새로 낼 새싹을 위해 영양분을 모으는 중이다. 나무가 겨울 삼 개월을 잘 버텨야 다가올 새봄에 새로운 이파리를 건강하게 낼 수 있다. 겨울나무는 인내와 인고를 상징한다. 정인, 편인, 정재의 모습이다. 정인과 편인은 나를 보호하는 어머니의 마음이다. 미래를 준비하며 공부한다. 정재는 근검절약하며 성실하게 산다. 십이운성으로 장생, 목욕, 관대(長生, 沐浴, 冠帶)이다. 장생은 막 태어나서 사람들에게 사랑받는다. 목욕은 어린이가 즐겁게 노는 모습이다. 관대는 힘차게 자라는 청소년이다. 갑목은 해월(양력 11월)에 나뭇잎 하나 없지만 앙상한 가지마다 새 잎눈으로 살아 있다. 자월(양력 12월) 목욕에서는 잎눈 몇 개가 얼어 죽을 수 있다. 축월(양력 1월)에는 나무가 완전히 응축한 모습으로 서 있다. 겨울나무가 강해 보이는 모습이다. 겨울나무는 사목(死木)이라서 생활도구로 쓰이려면 경금과 정화가 필요하다.

십 천간 중에서 갑목은 생명체이다. 인묘진 봄에 태어난 갑목은 무기토에 뿌리를 내리고 병정화와 임계수로 잘 자라다가, 신유술 가을에 경신금으로 베어져서 생활의 목재가 되면 좋다. 사오미 여름 나무는 그늘을 만들고, 해자축 겨울나무는 실생활에 도움이 되는 땔감이 된다.

22. 을 일간의 사계절

을(乙) 목은 새, 꽃, 잎사귀, 바람, 넝쿨, 간, 신경, 수족이다. 겉은 여리지만 속은 생명력이 강하다. 갑목이 꺾이지 않는 고집과 우두머리 기질이라면, 을목은 융통성 있게 자기를 구부리거나 펴면서 환경에 적응하는 담쟁이이다. 을목은 바람처럼 변화가 많고 새처럼 자유롭다. 꽃은 건강하게 피기도 하고, 벌레 먹혀 피기도 하고, 쓸쓸하게 피기도 하지만 적응력이 강하다. 바람 따라 퍼진 꽃씨가 어떤 환경에서도 한 번은 꽃으로 피어난다. 바람을 닮은 을목은 역마살이다. 을목 꽃은 여기저기 돌아다니며 태양 병화(丙火)와 물 계수(癸水)와 땅 무기토(戊己土)가 있으면 어디서든 살아남는다.

봄은 인묘진(寅卯辰) 월이다. 양력으로 2월, 3월, 4월이다. 봄꽃은 귀엽고 예쁘다. 개나리 진달래이다. 봄날에는 꽃들이 병화 태양의 기운과 임계 수(水)의 기운으로 연이어 피어난다. 십성으로 비견, 겁재, 정재의 모습이다. 비겁은 독립적이고 건강하다. 정재는 알뜰살뜰 살림꾼이다. 십이운성으로 제왕, 건록, 관대이다. 제왕은 삶의 전성기이다. 꽃 중에 봄꽃이 가장 아름답다. 건록은 자수성가, 출세, 자립 의지이다. 관대는 칠전팔기 정신이다. 봄꽃은 사람들에게 사랑받고 어디를 가도 환영 받는다. 가혹하게 내리는 빗물과 날카로운 신금(辛金)을 두려워한다. 너무 많은 빗물(壬癸水)은 꽃을 죽게 하고, 날카로운 칼날(辛金)은 꽃잎에 상처를 입힌다.

여름은 사오미(巳午未)이다. 양력으로 5월, 6월, 7월이다. 여름 꽃은 장미, 모란이다. 풍성하고 화려하다. 꽃 피우기 좋은 환경이지만 너무 뜨거우면 타 죽는다. 을목과 합(合)이 되는 경금이 사(巳)에서 장생한다. 그래서 양력 5월인 사월(巳月)의 꽃이 가장 아름답다. 6월(午月)에는 병화 태양의 기운이 너무 세다. 이때는 임수가 있어야 한다. 봄꽃이 수줍은 어린이라면 여름 꽃은 강렬한 여인이다. 십성으로 식신, 상관, 편재이다. 식상은 자식을 잘 키우려는 어머니의 마음이다. 손재주와 말재주가 있다. 편재는 돈 욕심과 지배 욕망이다. 십이운성으로 목욕, 장생, 양지이다. 목욕은 어린이가 목욕하며 즐겁게 놀다가 창피당하는 모습이다. 장생은 행동과 말이 귀엽고 예쁘다. 양지는 엄마 뱃속에서 보호 받으며 편안하게 잘 자란다. 봄꽃이 사람의 눈을 사로잡는다면, 여름 꽃은 사람의 마음을 아름답게 한다.

가을은 신유술(申酉戌)이다. 양력으로 8월, 9월, 10월이다. 가을꽃은 서리를 맞고 꿋꿋하게 피어 있는 국화이다. 벌도 나비도 없이 외롭게 핀다. 십성으로 정관, 편관. 정재이다. 관성은 사회질서에 자기를 맞추며 사람들을 관리하며 주어진 일을 성실하게 수행한다. 정재는 알뜰한 살림꾼이다. 십이운성으로 태지, 절지, 묘지이다. 태지는 막 잉태된 태아라서 두려움과 겁이 많다. 절지는 새로운 모습으로 변하며 낯선 상황에 적응하려고 노력한다. 묘지는 외부 활동을 접고 내면 세계에 집중하며 정신세계를 즐긴다. 가을 을목은 연구원, 학자, 관리직이다. 바깥으로 자기를 나타내지 않는다. 고요함 속에서 자기 길을 끈기 있게 가는 선비이다.

겨울은 해자축(亥子丑)이다. 겨울 꽃은 매화, 복수초이다. 꽃이 귀한 시기라서 사람들이 반긴다. 겨울의 을목은 눈서리를 맞아가며 꽃을 피워서 사군자(四君子)이다. 십성으로 정인, 편인, 편재이다. 인성은 학력, 졸업장, 자격증, 학자, 선비이다. 편재는 돈을 융통하는 능력이고 사업가 기질이다. 십이운성으로 사지, 병지, 쇠지이다. 사지는 힘이 없고, 병지는 아프고, 쇠지는 늙은이이다. 몸을 쓰기보다는 정신과 머리를 쓴다. 외면적으로 화려하지 않다. 물질적이기보다는 정신적이다. 과학자, 연구원, 사무직, 관리직이다. 겨울 꽃은 인내하고 버티기를 잘 한다. 사주에 병화(丙火)가 있다면 겨울 꽃의 환경이 아주 좋다.

을목은 꽃, 생명체이다. 해가 뜨면 피고 해가 지면 진다. 사람의 삶과 비슷하다. 사람도 아침에 일어나서 일을 시작하고, 점심시간에 점심 먹고, 오후 시간에 남은 일을 하다가 저녁에 퇴근해서 집에 돌아와 휴식을 취한다. 꽃과 사람은 봄, 여름에 활발하게 활동한다. 가을, 겨울에는 추수하고 쉰다. 봄, 여름에 외면을 부풀리고 가을, 겨울에 정신세계를 발달시킨다. '을목 꽃'이 잘 자라려면 병화(丙火) 태양이 필요하다. 을목에게 병화는 상관이다. 상관은 상관생재하는 일을 제일 잘 한다. 사람도 살려면 병화 태양이 꼭 필요하다. 태양이 없으면 지구도 사람도 꽃도 없다.

23. 병 일간의 사계절

'병'화(丙火)는 태양, 빛, 에너지, 광선, 전기, 전선, 고층건물, 소장, 눈, 어깨, 활동성, 발산이다. 임수(壬水)를 만나서 갑목(甲木)을 기르는 게 의무이다. 교육, 문명, 문화를 상징한다. 병화는 하늘에서 강렬한 빛을 내쏘며 생명체들을 살린다. 옳고 그름을 밝히는 공명정대함이다. 희생적이며 진취적이다. 그러나 갑목이나 경금처럼 손으로 만져지는 구체물이 아니다. 추상적이고 개념적이다. 뜬구름 잡는 공상도 병화이다.

봄은 인묘진(寅卯辰) 월이다. 양력으로 2월, 3월, 4월이다. 봄날의 태양은 생명을 기른다. 봄에 싹을 틔운 생명들에게 병화로 빛 에너지를 주면 쑥쑥 큰다. '인묘진' 월은 병화에게 정인, 편인, 식신이다. 정인, 편인은 공부, 보호받음, 사랑받음, 어머니의 자애로운 마음이다. 식신은 자식을 사랑하는 어머니의 헌신이다. 인묘진 월의 태양은 사람과 식물과 생명체를 사랑으로 키운다. 모든 생명체가 반기는 존재이다. 봄에 만물이 활발하게 일어나고, 병화 태양은 만물을 보호하고 길러낸다. 십이운성으로 장생, 목욕, 관대이다. 장생은 막 태어난 아기가 가족에게 사랑받으며 사는 모습이다. 목욕은 어린이가 발가벗고 즐겁게 노는 모습이다. 관대는 자기 꿈을 펼치려고 도전하는 청소년기이다. 봄날의 태양은 어린이를 키우는 어머니의 마음이다. 성장하는 어린이, 청소년을 파릇파릇하게 키운다. 겉모습은 쑥쑥 키우지만 속마음은 미숙한 사춘기이다.

여름은 사오미(巳午未) 월이다. 양력으로 5월, 6월, 7월이다. 여름 태양은 햇빛이 강렬하다. 지구가 무더위로 몸살을 앓는다. 십성으로 비견, 겁재, 상관이다. 비견은 독립심, 자주성, 평등 의식이다. 겁재는 승부욕, 경쟁심, 투지력이다. 상관은 기존질서를 바꾸려는 혁신 의지이다. 양력 5월, 6월, 7월의 태양은 너무 강렬하여 생명과 사람들을 지치게 한다. 그러나 태양빛을 받고 이 시기에 곡식이나 채소는 한껏 성장한다. 과일이나 채소가 풍성하게 생산되고 수확된다. 십이운성으로 건록, 제왕, 쇠지이다. 건록은 자립심, 독립심, 자수성가이다. 제왕은 고집, 뚝심, 완성, 전문성이다. 쇠지는 융통성, 노련함, 축적된 경험과 지혜이다. 여름의 태양 볕 때문에 어떤 생명은 타 죽지만, 어떤 생명은 성숙하게 자기 모습을 완성한다. 온갖 생명체와 무생명체가 여름에 열매 맺고 한껏 성장한다.

가을은 신유술(申酉戌) 월이다. 양력으로 8월, 9월, 10월이다. 가을 태양은 지상의 열매를 숙성시킨다. 불필요한 이파리는 떨어뜨리고, 열매 속을 알차게 만든다. 겉 크기를 여름 내내 키웠다면 가을에는 열매의 속을 채운다. 십성으로 편재, 정재, 식신이다. 편재는 열심히 일하고 움직이고 돈을 유통하는 능력이다. 정재는 차곡차곡 결과물을 쌓는 성실함이다. 식신은 하고 싶은 일을 하며 먹고 싶은 음식을 먹는 복이다. 가을 태양은 먹을 식량을 풍부하게 생산한다. 십이운성으로 병지, 사지, 묘지이다. 병지는 병들어 누워 있는 모습으로 외부 활동보다는 정신활동을 한다. 사지(死地) 역시 신체활동을 하기보다는 내면세계에 집중하여 정신력을 키운다. 마음의 도를 추구하고 죽음을 사색한다. 묘지는 무덤에 사는 모습으로 작게 움직이고, 알뜰하게 살며, 일을 벌이지 않고, 현상 유지를 한다. 가을 태양은 수확한 농작물을 말리며 푹 쉬면서 내면을 성찰한다.

겨울은 해자축(亥子丑) 월이다. 양력으로 11월, 12월, 1월이다. 겨울 태양은 힘이 없다. 낮 동안 하늘에 떠 있는 시간도 짧고, 햇살도 뜨겁지 않다. 겨울 태양은 에너지를 활동적으로 쓰기보다는 새봄을 위해 에너지를 비축한다. 십성으로 정관, 편관, 상관이다. 관성은 바깥 질서와 규칙에 자기를 맞추어 살아남는 능력이다. 함께 사는 타인들을 관리하는 능력이다. 인내심과 희생심이 있다. 상관은 잘못된 일과 사물을 바로 잡으려는 총명함이다. 십이운성으로 절지, 태지, 양지이다. 절지는 이전 모습을 버리고 새로운 모습으로 탈바꿈한다. 태지는 엄마 뱃속에 새롭게 잉태된 아기씨이다. 양지는 엄마 뱃속에서 잘 자라는 아기이다. 절지, 태지, 양지에서는 신체가 활동적이지 않다. 정신문화를 습득한다. 사무직, 학자, 연구원, 기획자이다.

병화 태양은 을목과 생명주기가 같다. 인오술(寅午戌) 삼합 운동을 산다. 인시(寅時)에 태어나서 오시(午時)에 절정에 달했다가 술시(戌時)에 쉰다. 태양은 아침에 떠서, 낮 동안 세상을 밝히고, 밤에 진다.

'을목 꽃'도 아침에 꽃잎을 열고, 낮 동안 활짝 피어 있다가, 저녁이면 꽃잎이 진다. 사람도 아침에 일어나 출근하고 낮 동안 일을 하고, 저녁이면 집에 들어와 쉰다. 십 천간 중 을목(乙木), 병화(丙火)가 사람의 삶과 닮아 있다.

24. 정 일간의 사계절

정(丁)화는 모닥불, 횃불, 전등, 별, 달, 촛불, 전깃불, 네온사인, 온기, 심장, 눈이다. 정화는 은근하고 명랑하고 사교적이다. 밤을 밝히는 불이라서 희생적이다. 정화 불이 꺼지지 않게 갑목(甲木)을 경금(庚金)으로 잘라서 땔감으로 써야 한다. 갑목과 경금만 있으면 정화는 편안하게 살 수 있다. 가을의 정화도 경금을 제련하여 예리한 연장으로 만들 수 있고, 경금으로 갑목을 베어 갑목을 땔감으로 쓰면 좋다. 정화는 생활에 필요한 불, 문명, 문화이다. 을목은 습목이라서 정화의 땔감이 되지 못한다. 정화는 사오미(巳午未) 월보다 해자축(亥子丑) 월에 그 쓰임이 더 실용적이다. 한여름에는 병화 태양에 가리어져서 존재가 미미하지만, 한겨울에는 실내를 덥히는 따뜻한 온기로 작용한다. 또한 사오미 시(時)인 낮에는 별빛이나 달빛이 보이지 않지만, 해자축 시(時)인 한밤중에는 별빛과 달빛이 밝음의 가치를 드러낸다.

봄은 인묘진(寅卯辰) 월이다. 양력으로 2월, 3월, 4월이다. 봄의 정화는 사람들에게 사랑 받는다. 십성으로 정인, 편인, 상관이다. 정인 편인은 어머니나 윗사람에게 보호 받는 인덕이다. 인성은 공부를 잘 한다. 온화하고 인정이 많고 예의가 바르다. 상관은 총명함, 논리성, 혁명성, 교육자이다. 12운성으로 사지, 병지, 쇠지이다. 사지(死地)는 신체 활동보다는 정신 활동을 한다. 사무직, 기획 일이다. 병지(病地)는 아픈 마음이라서 다정다감하다. 쇠지(衰地)는 퇴직한 사람의 마음으로 위축되어 있지만 인생경험이 풍부해서 지혜롭다. 봄날의 정화는 따스한 온기처럼 부드럽고 다정하며, 사람들에게 사랑받는다.

여름은 사오미(巳午未) 월이다. 양력으로 5월, 6월, 7월이다. 여름의 정화는 불이 활활 타오른다. 병화 옆에서 정화의 존재 가치가 보이지 않는다. 그러나 정화는 인류문명으로 과학과 연구개발에서 업적을 내고, 기술을 발전시킨다. 십성으로 비견, 겁재, 식신이다. 비견은 자립심, 독립심, 자수성가이다. 자기 앞에 주어진 일을 묵묵하게 성취한다. 겁재는 경쟁심, 승부욕, 도전정신이다. 자기가 하고 싶은 일을 열정적으로 한다. 식신은 하고 싶을 일을 해도 먹고 살 수 있는 직업복이다. 12운성은 제왕, 건록, 관대이다. 제왕은 자기가 하는 일에서 업적을 내는 뚝심이며 자존감이다. 건록은 자립심과 독립심이다. 사람들과 어울리지만 자력으로 산다. 제왕이나 건록은 전문가이다. 관대는 꿈을 향해 전진하는 청소년의 힘이다. 기죽지 않고, 칠전팔기하며 하고자 하는 일을 성취한다. 여름의 정화는 자기 할 일을 성취하는 뚝심이 있다.

가을은 신유술(申酉戌) 월이다. 양력으로 8월, 9월, 10월이다. 가을의 정화는 봄, 여름의 정화보다 가치가 높다. 선선해지면서 사람들이 따뜻한 온기를 좋아한다. 정화는 병화와 함께 추수할 곡식을 익힌다. 정화는 유시(저녁 5시 반에서 7시 반)부터 하늘에서 달빛, 별빛으로 빛나기에 유금(酉金)에 장생한다. 정화는 갑목과 경금이 있으면 자기 역할을 다하는 봉사자이다. 신유술 월은 경금(庚金)의 계절이다. 정화는 갑목을 땔감으로 쓰며 경금을 제련해서 생활연장으로 만든다. 십성으로 정재, 편재, 상관이다. 재성은 돈을 벌고, 모으고, 투자해서 돈을 더 버는 능력이다. 상관은 개혁적인 총명함이다. 십이운성으로 목욕, 장생, 양지이다. 목욕은 어린이가 발가벗고 뛰어놀다가 창피 당한다. 연예인, 예술가이다. 장생은 사람들에게 사랑받으며 자라는 어린이이다. 순수하고 귀엽다. 양지는 엄마 뱃속에서 안정적으로 자란다. 보호받으며 느긋하게 삶을 즐긴다. 가을의 정화는 갑목과 경금만 있으면 세상을 밝게 빛낸다.

겨울은 해자축(亥子丑) 월이다. 양력으로 11월, 12월, 1월이다. 겨울의 정화는 가치가 높다. 추운 겨울을 따뜻하게 한다. 반드시 불이 꺼지지 않게 갑목이 있어야 한다. 정화는 한 밤중을 밝히는 전깃불이다. 정화는 인간이 만든 불로 문명, 문화이다. 십성으로 정관, 편관, 식신이다. 관성은 바깥 질서에 순응하며 사람들을 관리하는 능력이다. 바깥 상황에 맞게 '나'를 조정하면서 사람들과 타협하며 산다. 식신은 베푸는 사랑이다. 십이운성으로 태지, 절지, 묘지이다. 태지는 엄마 뱃속에 잉태된 모습이다. 안정감도 있지만 불안하고 초조하다. 절지는 예전의 모습을 버리고 새로운 모습으로 거듭나려는 전환기이다. 겉으로는 기운 없어 보이지만, 내면은 새로운 에너지를 만들고 있다. 절처봉생(絶處逢生)이다. 묘지는 무덤 속에서 산다. 좁은 공간에 갇혀 있기에 근면하고 검소하다. 쉬지 않고 일을 하며 미래를 대비해서 식량과 물질을 축적한다. 병화는 갑목을 기르고, 정화는 갑목을 땔감으로 사용하여 사람들의 삶을 편리하게 만들어주는 문화 문명의 빛이다.

25. 무 일간의 사계절

　무토(戊土)는 산, 흙, 광산, 포용, 신뢰, 자존감, 고집, 리더십, 황무지, 벌판, 노을, 바람막이, 위비(胃脾), 보수적, 과묵함, 중재자이다. 무토는 병화(丙火)를 만나서 갑을목(甲乙木)을 기르면 산이 아름답다. 천간에 무갑병(戊甲丙)이 있고, 지지에 신진(申辰), 즉 임수의 장생지와 묘지가 있으면 최상의 구조이다. 무토는 갑목과 비슷한 삶을 산다. 병화와 무토는 '화토공존'(火土共存)이어서 십이운성과 십이신살을 같이 쓴다. 사주학에서는 병화가 태양이라면 무토는 태양주변의 빛, 노을이라서 화토공존이다. (풍수에서는 토를 수토(水土) 공존으로 쓴다.)

　인묘진(寅卯辰) 봄의 무토는 갑을 목(나무)을 기른다. 양력으로 2월, 3월, 4월이다. 봄에 새로 돋아난 줄기와 이파리들을 키운다. 봄의 무토는 십성으로 편관, 정관, 비견이다. 관성은 '내' 앞에 주어진 일거리를 책임지고 완수하고 생명체를 관리한다. 인월의 무토는 갑을목의 싹을 내며, 묘월의 무토는 갑을목의 줄기를 튼튼히 키운다. 봄의 무토는 갑을목이 잘 자라도록 토양이 되어 준다. 진월(양력 4월)의 무토가 가장 아름답다. 진토에 뿌리 내린 갑목 나무와 을목 꽃이 태양빛을 한껏 받으며 봄 산을 아름답게 만든다. 십이운성으로는 장생, 목욕, 관대이다. 장생은 즐겁게 노는 어린이이다. 귀엽고 예쁘다. 목욕은 어린이가 발가벗고 놀다가 창피 당한다. 도화살이다. 관대는 청소년기의 당당함으로 꿈을 좇는 자신감이다. 질풍노도(疾風怒濤)를 겪으며 무서움과 두려움 없이 자기 정체성을 형성한다. 십이신살로는 지살, 도화살, 월살이다. 지살은 시작, 움직임, 변화이다. 도화살은 인기살이다. 월살은 고초살로서 속이 타는 상황이다. 인묘진 봄의 무토는 갑을목(甲乙木)을 키우며 봄 산을 아름답게 만든다.

사오미(巳午未) 여름의 무토는 산의 절정기이다. 양력으로 5월, 6월, 7월이다. 산이 가뭄으로 타 죽을 수도 있다. 지지에 신자진(申子辰) 물 창고가 있어야 한다. 여름의 무토는 십성으로 편인, 정인, 겁재이다. 인성은 받는 사랑으로 윗사람이나 부모의 보호를 받는다. 학력, 자격증, 인증서이다. 겁재는 투지력이며 경쟁적인 승부욕망이다. 십이운성은 건록, 제왕, 쇠지이다. 건록은 자립성, 독립성, 인간애이다. 제왕은 고집, 뚝심, 전문가이다. 쇠지는 은퇴하는 시기이다. 나이 들어 노련한 경험지식을 가지고 온화하게 쉬는 모습이다. 여름의 무토는 성장할 만큼 성장한 산이기에 임수(壬水) 물이 있어준다면 금상첨화이다.

신유술(申酉戌) 가을의 무토는 단풍이 들기 시작한다. 양력으로 8월, 9월, 10월이다. 다람쥐는 도토리를 모아 겨울 날 준비를 한다. 동물과 사람에게 가을산은 휴식과 단풍의 아름다움을 선사한다. 가을의 무토는 십성으로 식신, 상관, 비견이다. 식신과 상관은 주는 사랑이다. 사람들의 마음을 기쁘게 한다. 가을 산은 겨울잠을 자는 동물에게도 먹이를 준다. 십이운성으로 병지, 사지, 묘지이다. 병지는 아프다, 사지(死地)는 죽어 있다, 묘지는 근검절약하며 산다. 병사묘(病死墓)지는 물질적 성장을 하지 않는다. 있는 것을 아끼며 정신적 행복을 추구한다. 가을의 무토는 외면적 성장을 멈추고 내실을 관리한다. 십이신살은 역마살, 육해살, 화개살이다. 역마살은 이동, 이사, 변화이다. 나무에서 나뭇잎이 떨어져서 어디론가 가 버린다. 육해살은 만성질환, 마음의 고통이다. 헤어짐과 이별의 시간이다. 화개살은 무덤 위에 얹힌 꽃이다. 외면은 화려하고 아름답지만 가을의 무토는 내면을 돌보며 평온하게 지낸다. 가을 산은 자기 성찰을 하며 봄여름에 자라난 줄기와 나뭇잎과 헤어진다.

해자축(亥子丑) 겨울의 무토는 잠을 잔다. 양력으로 11월, 12월, 1월이다. 봄여름가을만큼 사람들이 찾지 않는다. 십성으로 편재, 정재, 겁재이다. 재성은 돈을 벌기 위해 열심히 일 한다. 새봄에 아름다운 잎사귀를 내기 위해 겨울 땅 속에서 생명을 키운다. 모으고 아끼며 미래를 대비하여 영양분을 축적한다. 겁재는 추운 겨울을 이겨내겠다는 승부욕망이다. 십이운성으로는 절지, 태지, 양지이다. 절지는 새로 태어나기 위해서 과거의 삶을 버린다. 태지는 새로운 아기로 엄마 뱃속에 잉태된다. 양지는 엄마 뱃속에서 느긋하게 자라고 있는 아기이다. 절지, 태지, 양지는 신체활동보다는 정신활동을 한다. 사무, 연구, 기획 일을 한다. 십이신살로는 겁살, 재살, 천살이다. 겁살은 '내'

것을 남에게 빼앗긴다. 재살은 질병과 고통에 시달린다. 겨울 독감이나 폐렴 같다. 천살은 '내'가 거역할 수 없는 운명이다. 바깥에서 주어진 자연재해, 종교심, 정신활동이다. 겨울산은 병화 태양이 있으면 산이 아름답다. 인월(양력 2월)이 되면 산은 다시 아름다워진다. 인(寅) 속에 병화(丙火)가 장생한다. 무토는 산이라서 갑을목이 있어야 아름답다.

26. 기 일간의 사계절

기토(己土)는 곡식을 키우는 촉촉한 땅이다. 화단, 정원, 흰 구름, 논밭, 먼지, 신뢰, 보수성, 중재자, 혈관, 근육, 의식주이다. 기토는 병화(丙火)를 만나서 갑을목(甲乙木)을 기르며 토생금을 해서 경금을 만든다. 기토는 임수(壬水)를 보면 무서워한다. 큰물인 임수가 농지에 가득 차면 농작물이 물에 잠겨 농사를 망치기 때문이다. 기토가 경금(庚金)이 너무 많으면 돌밭이 되어 농작물을 키울 수 없다. 기토는 갈아서 일군 논밭으로 충(沖)을 좋아한다. 파헤쳐진 토양이 윤택하고 보기 좋다. 사주에 축미충(丑未沖)이 있는 기토는 똑똑하다. 기토는 봄, 여름에 농사짓고, 가을에 수확하고, 겨울에 봄을 기다리며 인내한다.

인묘진(寅卯辰) 봄의 기토는 바쁘다. 양력으로 2월, 3월, 4월이다. 땅을 파헤치고 씨앗을 뿌리고 생명체인 갑을목(甲乙木)을 병화(丙火) 태양으로 길러낸다. 십성으로는 정관, 편관, 겁재이다. 관성은 타인을 위해 자기를 희생하며 책임감 있게 기존 사회를 관리 유지한다. 관성은 타인의 규율에 맞추어 타율적으로 생활한다. 겁재는 승부욕, 경쟁력이다. 봄의 기토는 은근히 리더십이 있다. 십이운성은 사지, 병지, 쇠지이다. 사지는 죽음이고, 병지는 아픔이고, 쇠지는 노쇠함이다. 사지, 병지, 쇠지는 허세와 과시가 없다. 겸손하고 자기 절제를 잘 한다. 봄의 기토는 만물을 기르느라고 기운이 약하다. 타인에 맞춰서 자기를 조절하지만 내면은 자식을 키우는 어머니처럼 강인하다. 사지, 병지, 쇠지는 신체활동보다는 정신활동을 잘 한다. 타인과 비교하며 열심히 살기보다는 자기 기준으로 세상을 산다. 연구원, 지식 창출자, 사무직, 관리직 일이다. 인묘진 월의 기토는 농사짓기 위해 파헤쳐져야 땅이 좋다.

사오미(巳午未) 여름의 기토는 바쁘다. 양력 5월, 6월, 7월이다. 봄, 여름은 농사철이다. 여름의 기토는 갑을목(甲乙木)을 병화(丙火)로 양육한다. 너무 더워서 임계수(壬癸水)가 필요하다. 기토는 임수를 싫어하지만, 여름에 계수가 부족할 경우에는 임수도 필요하다. 십성으로 정인, 편인, 비견이다. 정인은 어머니의 사랑이 풍족하다. 공부운, 문서운이 좋다. 자격증이나 졸업장, 증명서를 취득할 수 있는 머리이다. 편인은 머리가 정인보다 더 좋다. 눈치 빠르고 계산적이다. 정인과 편인은 인덕이다. 여름의 기토는 봄, 여름에 뿌려진 씨앗(갑을목)을 자식처럼 키운다. 십이운성은 제왕, 건록, 관대이다. 제왕은 자기가 하는 일에서 전문가이다. 건록은 주체성, 자립성, 독립의지이다. 자기에게 주어진 일을 스스로 해결한다. 관대는 칠전팔기 정신이다. 여름의 기토가 생명을 풍성하게 길러내려면 항상 계수(癸水)가 있어야 한다. 반면에 여름 장마(壬水)는 싫어한다. 애써 일군 농작물이 물에 침수된다. 비가 많이 내린 농토는 흙탕물이 되어 농작물을 망친다.

신유술(申酉戌) 가을의 기토는 봄, 여름에 농사지었던 곡식을 수확한다. 양력으로 8월, 9월, 10월이다. 병화 햇살이 곡식을 맛있게 익히는데 가을 태풍과 장마(壬水)가 망칠 수 있다. 그래서 가을의 기토는 임수를 싫어한다. 농작물이 물에 침수되어 기토탁임(己土濁壬)이 되면 먹을 것을 수확할 수 없다. 가을의 기토는 십성으로 식신, 상관, 겁재이다. 식신은 주는 사랑이다. 좋아서 하는 일이다. 한 분야만 깊이 팔 경우 학자나 연구원, 발명가가 될 수 있다. 상관은 잘못된 제도를 고치면서 좋은 쪽으로 나아가려는 의지이다. 제도개혁, 교육, 컨설팅 일이다. 겁재는 투지력, 승부욕이다. 십이운성은 목욕, 장생, 양지이다. 목욕은 발가벗고 즐겁게 노는 어린이이다. 부끄러움을 모르고 자기가 하고 싶은 대로 행동하다가 창피 당한다. 장생은 모든 사람들에게 사랑받는 어린이이다. 양지는 엄마 뱃속에서 느긋하게 자란다. 평온하고 안정적이다. 가을의 기토는 사람들에게 먹을 것을 풍부하게 나누어주며 사랑받고 인정받는다. 가을장마(임수)에 침수되지만 않으면 가을의 기토는 수확물이 좋은 땅이다.

해자축(亥子丑) 겨울의 기토는 차갑게 얼어 있다. 양력 11월, 12월, 1월이다. 따스한 봄이 오기를 기다리면서 땅속의 온기를 유지하고 있다. 해(亥)에 장생하는 갑(甲)을 보호하면서 씨앗 자수(子水)를 축토(丑土)에 잘 저장하고 있다. 십성으로 정재, 편재, 비견이다. 정재는 알뜰살뜰 살림꾼이다. 성실하고 근면하게 일한다. 편재는 돈을 활용한다. 여기저기에 투자하고 활발하게 움직이면서 자기 영역을 넓

한다. 비견은 자립심, 독립심이다. 겨울의 기토는 겉으로는 얼어 있지만 땅 속에서는 재산이 될 씨앗을 보호하고 있다. 십이운성은 재살, 겁살, 화개살이다. 재살은 타인의 지배를 받고 있으며 경쟁자 속에서 살아남기 위해 꾀를 낸다. 겁살은 불안과 두려움이다. 적장과 대적하고 있어서 좌불안석이지만 살기 위해 지혜를 짜내는 꾀돌이이다. 화개살은 묘지 안에서 산다. 근면검소하게 절약하며 산다. 겨울의 기토는 이듬해 봄에 새로 날 새싹을 잘 보호하는 일꾼이다.

　기토는 생명체들이 먹을 곡식을 길러내는 논밭이라서 기본적으로 희생적이다. 그래서 기토 일간은 무서운 백호살이나, 대장이 되려는 괴강살이 없다. 착하고 순한 어머니이다.

27. 경 일간의 사계절

경금(庚金)은 제련되지 않은 금이다. 경금은 쇠, 바위, 암석, 열매, 도끼, 총, 칼, 마무리, 숙살지기, 자동차, 중장비, 우박, 뼈, 대장, 척추, 의리이다. 경금 원석을 제련해서 필요한 도구로 만들려면 정화(丁火)와 임수(壬水)가 필요하다. 정화로 경금(金)을 제련하고, 임수로 씻어내면 빛이 난다. 경금은 사목이 된 갑목(甲木)을 쪼개서 정화(丁火) 불을 살리는 땔감으로 만든다. 경금이 임수를 만나면 맑고 깨끗한 물을 만들고 그 물로 갑목을 기른다. 갑목은 경금에게 편재 돈이다. 경금이 정화로 제련되면 칼이 되고 그 칼로 갑목을 벨 수 있어서 생활에 유용한 도구가 된다. 경금의 짝꿍은 임수와 갑목과 정화이다.

인묘진(寅卯辰) 봄의 경금은 땅속에 묻힌 금이다. 양력으로 2월, 3월, 4월이다. 경금은 봄에 힘이 약하다. 십성으로 정재, 편재, 편인이다. 정재는 성실하고 근면하게 일하며 저축한다. 편재는 돈을 활용하여 더 큰돈을 만들려고 여기저기 돌아다니는 활동력이다. 편인은 공부하는 머리이다. 자격증, 졸업장, 학력이다. 십이운성으로 절지, 태지, 양지이다. 절지는 절처봉생(絶處逢生)이다. 이전 모습을 버리고 새롭게 태어난다. 태지는 엄마 뱃속에 잉태된 아기이다. 겁이 많고 두려움이 있다. 양지는 엄마 뱃속에서 안전하게 자라는 태아로 유산상속 복이 있다. 인묘진 봄에 태어난 경금은 열심히 일하는 일꾼이다. 경금이라고 허세 부리지 않는다.

사오미(巳午未) 여름의 경금은 불기운에 제련된다. 양력 5월, 6월, 7월이다. 경금이 병정화에 녹아버린다. 임수(壬水)가 필요하다. 십성으로 편관, 정관, 정인이다. 다행히 경금이 사화(巳火)에 장생해서 사월(巳月)에는 편관이라도 잘 버틴다. 편관은 힘들고 어려운 일을 해내는 희생심이다. 책임감과 참을성을 발휘하여 주어진 일을 해결한다. 사월(巳月)의 경금은 명예심이 강하다. 정관은 기존 질서를 지키면서 자기 할 일을 성실하게 수행한다. 정인은 학력, 조력자, 어머니 복, 문서재산이다. 십이운성으로 장생, 목욕, 관대이다. 장생은 순수하다. 자기가 하고 싶은 일을 해도 사람들에게 사랑받는다. 목욕은 발가벗고 즐겁게 놀다가 창피당하는 도화살이다. 연예인이나 예술인 기질이다. 관대는 칠전팔기 정신이다. 좌절하지 않고 꿋꿋하게 자기가 하고 싶은 일을 한다. 경금은 완고하고 고집이 세지만 여름의 경금은 사오미 월의 불기운에 녹을 수 있다. 이런 때에는 임수(壬水)가 있어야 경금이 녹지 않고 생활 도구로 쓰일 수 있다.

신유술(申酉戌) 가을의 경금은 마무리 기운이다. 양력으로 8월, 9월, 10월이다. 가을의 경금은 과감하고 냉철하다. 숙살지기(肅殺之氣)이다. 엄숙하고 살기가 있으며 강직하고 원칙을 준수하며 맺고 끊는 결단성이 있다. 십성으로 비견, 겁재, 편인이다. 비견은 자기주장과 의지가 강하다. 독립심, 자립심, 자수성가, 공동체 의식, 평등 의식이다. 겁재는 승부욕, 경쟁력, 투지력, 운동선수 체력이다. 편인은 어머니 복, 공부 복이다. 가을의 경금은 열매(甲乙木)를 거두는 도구가 된다. 십이운성으로 건록, 제왕, 쇠이다. 건록은 독립심, 자립심, 자수성가이다. 제왕은 고집, 뚜렷한 성과, 전문성, 성공, 유명해짐이다. 쇠지는 은퇴하여 평온하게 사는 경험지식인으로 처세술이 좋다. 신유술(申酉戌) 가을의 경금은 경금을 제련할 정화와 경금이 벨 갑목과 경금을 씻을 임수가 있어야 좋다.

해자축(亥子丑)의 경금은 차갑게 얼어 있는 금속, 단단하게 굳은 바위이다. 양력 11월, 12월, 1월이다. 고집이 세며 무생명체이다. 십성으로 식신, 상관, 정인이다. 식신은 자기가 하고 싶은 일을 하는 직업복이며 수명복이다. 교육, 제도 개혁, 컨설팅, 제조 일에 알맞다. 상관은 고치고 개혁하고 개선한다. 기존질서의 부당한 부분을 뜯어 고치려고 한다. 그 과정에서 구설수와 관재수가 있다. 정인은 자격증, 학력, 조력자, 윗사람 복이다. 십이운성으로 병지, 사지, 묘지이다. 병지는 아픈 마음으로 동정심과 연민이 있다. 사지는 죽어 있는 마음으로 겸손하다. 묘지는 묻혀 있는 마음으로 알뜰살뜰하며 허세가 없다. 겨울의 경금은 활동적인 일보다는 머리를 쓰는 연구직이나 사무직 일이 좋다. 해자축 월의 경금은 병화(丙火)가 있어서 경금을 녹여야 한다. 그리고 임수로 깨끗이 씻으면 경금이 생활 도구로 빛날 수가 있다. 정화(丁火)도 경금을 제련하기에 도움이 된다. 겨울의 경금은 병정화가 다 좋다. 갑목을 땔감으로 한 정화는 꺼지지 않는 불이 되고,

그 불로 경금을 제련해서 생활도구로 만들면 좋다. 그리고 임수로 깨끗이 씻으면 겨울 경금이 빛이 난다. 금수상관(金水傷官)하는 겨울의 경금에게는 병정화 편관과 정관이 훌륭한 조후용신이 된다.

28. 신 일간의 사계절

　신금(辛金)은 보석, 낫, 송곳, 서리, 구름, 날카로움, 예민함, 깔끔함, 섬세함, 배려심, 자기 책임감, 씨종자, 완성된 모습, 해탈, 완벽주의, 기관지, 폐이다. 신금은 가을에 수확된 딱딱한 열매 씨앗이다. 신금은 씨종자로서 겨울을 잘 나면 봄에 새싹(寅木)으로 변화된다. 누가 건드리거나 바꾸려고 하면 화를 낸다. 신금은 이미 불에 담금질 되었기에 정화(丁火)를 싫어한다. 이미 제련된 보석이고 완성된 그릇이기에 깨끗한 물(壬水)에 씻기는 것을 좋아한다. 신금은 임수(壬水)가 있으면 빛난다. 병화(丙火)와 합이 될 경우에 병화 불빛으로 보석이 빛나기도 하지만 녹아 없어질 수도 있다. 무토(戊土)를 보면 땅에 묻히고, 기토(己土)를 보면 보석에 흙먼지가 앉게 된다.

　인묘진(寅卯辰) 봄의 신금은 할 일이 많다. 양력으로 2월, 3월, 4월이다. 신금(辛金) 씨종자가 새싹으로 변해서 갑을목(甲乙木)이 된다. 신금이 갑을목으로 변하면서 쑥쑥 자란다. 십성으로 정재, 편재, 정인이다. 정재는 일을 열심히 한다. 근면하고 검소하게 씨앗을 새싹으로 만든다. 편재는 활동적으로 돈을 운용한다. 돈 쓰는 일도 돈 버는 일도 잘 한다. 투기도 투자도 하면서 열심히 산다. 정인은 공부, 인증서, 자격증, 졸업장이다. 십인운성은 태지, 절지, 묘지이다. 태지는 엄마 뱃속에 막 잉태되어서 안착하려고 애쓴다. 떨어질지 몰라서 불안하고 초조하다. 절지는 새로운 모습으로 다시 태어난다. 죽을 위기에서 새 생명을 만나는 절처봉생이다. 묘지는 무덤 속에서 근면하게 산다. 봄의 신금은 성실하게 일하며 자기 할 일을 잘 하는 사무직이나 회사원 일이 좋다.

사오미(巳午未) 여름의 신금은 불에 녹는다. 양력으로 5월, 6월, 7월이다. 이미 제련된 보석이 불에 녹아 형체가 없어질 수 있다. 십성으로 정관, 편관, 편인이다. 정관은 조직질서에 자기를 맞추며 성실하게 산다. 타인과 협력하며 산다. 위계질서에 복종하며 자기지위를 확보한다. 편관은 힘든 일을 완수하는 책임감으로 스트레스가 많다. 편인은 사회에서 유용하게 쓰이는 특수한 기술지식이다. 여름의 신금은 공무원, 회사원, 학자, 기획자, 사무직 일에 알맞다. 여름의 신금은 병정화 불에 녹기 때문에 체력이 약하다. 건강관리에 힘써야 한다. 지지(地支)에 신자진(申子辰)이 있거나 천간에 임수가 있어서 신금이 불에 녹지 않게 보호해야 한다. 십이운성으로 사지, 병지, 쇠지이다. 사지(死地)는 죽음이고, 병지(病地)는 아픔이고, 쇠지(衰地)는 늙음이다. 사지, 병지, 쇠지는 신체적으로 힘이 없기에 정신적인 일을 하면 좋다. 학자, 연구원, 교수 일이 좋다. 여름의 신금은 주어진 상황에서 자기만의 정신세계로 적응하며 살아남는다.

신유술(申酉戌) 가을의 신금은 힘이 세다. 양력으로 8월, 9월, 10월이다. 십성으로 비견, 겁재, 정인이다. 비견은 자립심, 독립심, 자수성가, 동료의식이다. 겁재는 승부욕, 경쟁심, 투지력이다. 정인은 어머니의 보호, 학력, 자격증, 인증서이다. 가을의 신금은 가을 열매를 따는 숙살 기운이 있다. 봄에 나온 나뭇잎과 꽃이 단단한 씨앗으로 변한 모습이 신금이다. 신금은 완숙하게 익은 씨종자이다. 가을의 신금은 이듬 해 봄에 인목(寅木)으로 변하기 위해 완전한 씨앗으로 응축된다. 십이운성으로 제왕, 건록, 관대이다. 제왕은 인생의 절정기이며 자기가 하는 일에서 전문가이다. 고집과 뚝심으로 자기 일에서 성공한다. 건록은 자기가 하는 일을 완성하기 위해 밀고 나가는 추진력이다. 관대는 칠전팔기 정신으로 목표를 이루기 위해 좌절하지 않고 희망으로 매진한다. 가을의 신금은 좋은 씨앗이 되기 위해 자립심과 독립심이 강하다.

해자축(亥子丑) 겨울의 신금은 차갑지만 빛을 발할 수 있다. 양력으로 11월, 12월, 1월이다. 신금은 해(亥)월에 갑목(甲木)으로 장생하고 자월(子月)에 씨앗이 되어 임수(壬水)에 의해 보호된다. 축월(丑月)에 한껏 응축된 모습으로 있다가 인월(寅月)에 땅을 뚫고 튀어 오른다. 신금은 보석이라서 타인의 관심을 받으며 자기 개성을 한껏 드러낸다. 겨울의 신금은 병화(丙火)가 있으면 좋다. 신금 바로 옆에 있기보다는 연간(年干)으로 있어야 신금이 녹지 않고 빛날 수 있다. 십성으로 상관, 식신, 편인이다. 상관은 총명함이고 말을 잘 한다. 개혁, 고침, 바로 잡음, 참신함이다. 식신은 하고 싶은 일을 하는 즐거움이며 말보다는 행동으로 보여주는 실천가이다. 편인은 똑똑한 실용지식이다. 식상과 편인은 예술가, 창조자, 교육가, 아이디어, 전략가, 디자이너, 창작자이다. 십이운성은 목욕, 장생, 양지이다. 목욕은 발가벗고 뛰어노는 어린이이다. 사람들에게 사랑받는다. 연예인 기질이다. 장생은 걱정근심 없이 부모에게 사랑 받으며 뛰어노는 어린이이다. 양지는 엄마 뱃속에서 편안하게 살고 있는 태아로 느긋하게 먹고 논다.

신금(辛金)은 십 천간 중 가장 완성된 모습이다. 창고 속에 잘 간수된 씨종자이다. 아기가 어머니 자궁에서 잘 자라듯이 신금은 임수로 씻기는 모습이 가장 아름답다. 신금은 칼날 같은 자존심이 있지만, 음간이기에 부드럽고 온순하다. 외유내강이다. 신금(辛金) 일간과 기토(己土) 일간은 백호살과 괴강살이 없다.

29. 임 일간의 사계절

임수(壬水)는 큰 물, 바다, 저수지, 댐, 호수, 흐름, 총명함, 용기, 속을 알 수 없음, 소용돌이, 태풍, 먹구름, 저기압, 대뇌, 정신세계, 방광, 신장이다. 임수는 갑을목(甲乙木)을 키우지만, 임수의 가장 좋은 짝꿍은 병화이다. 병화 태양빛이 비치는 바닷물은 반짝반짝 물결이 아름답다. 임수는 생명수이다. 물이 차기 때문에 따뜻한 병화(丙火)를 좋아한다. 임수가 넘치면 무토(戊土)가 제방 구실을 하면 좋다. 임수는 자유자재로 움직이기에 환경적응력이 좋다.

인묘진(寅卯辰) 봄의 임수는 할 일이 많다. 양력으로 2월, 3월, 4월이다. 새싹을 내기 시작하는 갑을목에게 충분한 수분이 되어 준다. 봄의 임수는 십성으로 식신, 상관, 편관이다. 식신은 자기가 하고 싶어서 하는 일이 직업이 되고 취미가 되는 직업복이다. 한 가지 분야를 집중적으로 파서 전문가가 되며 말보다 행동으로 실천한다. 상관은 교육, 개혁, 개선, 언어능력이다. 아랫사람을 사랑하고 부하직원을 아낀다. 어린이를 보호하고 사랑한다. 편관은 경쟁자를 물리치는 강력한 힘이다. 희생심이고 책임감이다. 십이운성은 병지, 사지, 묘지이다. 병지는 아프다. 사지는 죽어 있다. 묘지는 묻혀 있다. 아프고, 죽어 있고, 묻혀 있는 상황은 신체활동보다는 정신활동 일을 하는 직업이 좋다. 사무실이나 연구실에서 지적, 정신적인 일을 한다. 인묘진 봄의 임수(壬水)는 봄에 태어난 생명체를 사랑과 희생으로 기른다.

사오미(巳午未) 여름의 임수는 사람들에게 인기가 있다. 양력으로 5월, 6월, 7월이다. 한창 더울 때 임수 물은 지상의 기온을 시원하게 하고, 기후를 맑게 한다. 십성으로 정재, 편재, 정관이다. 정재는 부지런하고 알뜰하게 일 한다. 꼼꼼하게 돈 관리를 한다. 성실하고 정직하다. 편재는 돈을 더 벌기 위해 투자하고 투기한다. 돈을 활용하고 운용한다. 돈을 모으기보다는 쓰면서 벌려고 한다. 편재는 역마살이라서 돈이 생기는 곳이면 달려간다. 자기 영역 표시를 확실하게 하며 열심히 산다. 정관은 올바르고 성실한 관리자이다. 여름의 임수는 세상을 관리하고 평정하려는 심리가 있다. 십이운성은 절지, 태지, 양지이다. 절지(絶地)는 옛 모습을 버리고 새 모습으로 바뀌는 절처봉생이다. 죽을 위기에서 새로운 삶을 선택한다. 태지(胎地)는 엄마뱃속에 막 잉태한 아기이다. 불안하고 조심스럽다. 양지(養地)는 엄마 뱃속에서 안전하게 자란다. 유산상속의 의미도 있다. 절지, 태지, 양지는 신체활동보다는 정신활동을 잘 한다. 여름의 임수는 연구, 기획, 아이디어, 전략 세우기 같은 정신적인 일을 하면서 돈을 번다.

신유술(申酉戌) 가을의 임수는 맑고 깨끗하다. 양력으로 8월, 9월, 10월이다. 인격 수양을 열심히 하는 선비이다. 가을의 임수는 십성으로 정인, 편인, 편관이다. 정인은 공부, 어머니의 보호, 자격증, 부동산, 안정적 기반이다. 정인은 인정받고 사랑받는다. 편인은 계산적인 두뇌이다. 공부도 실리적으로 하며, 창의적인 아이디어가 있다. 편인은 자격증 공부를 잘 하며 철학이나 기술 학문도 좋아한다. 편관은 자기 앞에 주어진 힘든 일을 완수하며, 경쟁자를 물리치는 관리자이다. 가을의 임수는 공부에 소질이 있는 학자이다. 십이운성은 장생, 목욕, 관대이다. 장생은 어린이처럼 즐겁게 산다. 목욕은 어린이가 발가벗고 뛰어 노는 모습이다. 부끄러움을 모르고 자기표현을 하는 연예인, 예술가이다. 관대는 청소년의 꿈이고, 칠전팔기 정신이다. 지치지 않고 도전한다. 신유술 가을의 임수는 공부하며 자격증을 얻고, 사람들에게 사랑받으며 행복하게 산다.

해자축(亥子丑) 겨울의 임수는 차갑고 춥다. 양력으로 11월, 12월, 1월이다. 깊은 바닷물이다. 깊은 물이 쉬지 않고 흐르듯이 내면은 열정적이다. 겨울의 임수는 십성으로 비견, 겁재, 정관이다. 비견은 친구, 고집, 자립심, 독립심이다. 겁재는 승부욕, 경쟁자, 시기심이다. 정관은 사회질서를 원리원칙대로 잘 지키며 산다. 겨울의 임수는 속을 알 수 없는 권력자이다. 십이운성으로 건록, 제왕, 쇠이다. 건록은 사회에서 자기 지위가 있다. 제왕은 자기 직업이나 직위에서 전문가이다. 고집과 뚝심이 강해서 하고자 하는 일은 끝까지 완수한다. 쇠는 노련한 지식인이다. 인생의 생로병사를 알며, 타인과 자기 삶을 비교하지 않는다. 융통성 있고 느긋하다. 타율적이지 않고 자율적인 삶을 산다. 겨울의 임수는 병화가 있어야 자기 역할을 충분히 발휘하며 자기 분야에서 전문가가 된다.

임수는 진술축미(辰戌丑未)가 관성이다. 관성은 비겁을 관리하는 능력이다. 관성은 직위이고 상사(上司)이다. 진술축미가 관성 역할을 하는지는 사주 구성을 보고 판명해야 한다. 진은 봄나무(인묘진 방합일 때)도 되고, 겨울물(신자진 삼합일 때)도 된다. 술은 가을쇠(신유술 방합일 때)도 되고, 여름불(인오술 삼합일 때)도 된다. 축은 겨울물(해자축 방합일 때)도 되고, 가을쇠(사유축 삼합일 때)도 된다. 미는 여름불(사오미 방합일 때)도 되고, 봄나무(해묘미 삼합일 때)도 된다. 진술축미가 사주에서 어떤 기운으로 작용하는지 꼭 분석해야 한다. 임계수는 진술축미가 관성으로 작용하기에 사람관계도 융통성 있게 하며, 인간 관리 능력도 좋다.

30. 계 일간의 사계절

계수(癸水)는 십 천간의 끝이다. 십 천간은 갑목(甲木)으로 시작해서 계수(癸水)로 끝난다. 끝이 시작이듯이 계수는 곧 바로 갑목으로 이어진다. 그래서 계수와 갑목은 삼합의 해묘미(亥卯未) 운동을 한다. 갑(甲)이 해(亥)에서 장생하고, 계(癸)가 묘(卯)에서 장생한다. 미(未)에서 계수와 갑목이 묘지(墓地)에 든다. 십 천간 중 양간(陽干)의 대표자가 병화이고, 음간(陰干)의 대표자가 계수이다. 계수는 천기(天氣)라서 생명을 살리는 기운이다. 안개, 수증기, 샘물, 봄비, 생명수, 온화함, 여림, 내성적, 예민함, 신장, 방광이다. 계수는 병화를 만나서 갑을목 나무를 키운다.

인묘진(寅卯辰) 봄의 계수는 새싹을 키운다. 양력으로 2월, 3월, 4월이다. 봄비는 생명수이다. 지지(地支)에 인묘진(寅卯辰)이 있고, 천간에 계수와 병화가 있으면 사주가 좋다. 봄의 계수는 십성으로 식신, 상관, 정관이다. 식신은 먹고사는 기술이며 활동력이다. 아랫사람을 보호하고 기른다. 주어진 일을 말없이 실천하여 그 분야에서 전문가가 된다. 상관은 교육, 상담, 컨설팅, 내리사랑이다. 상관은 직설적이라서 구설수가 있다. 식신과 상관은 밥벌이를 할 수 있는 전문기술이다. 정관은 도덕, 윤리, 절제, 배려이다. 합리적이고 타율적으로 사회생활을 잘 한다. 십이운성은 목욕, 장생, 양지이다. 목욕은 어린이가 발가벗고 행복하게 뛰어놀다 창피당하는 도화살로 인기인, 연예인이다. 장생은 자기 좋은 일만 하면서 즐겁게 살아도 사람들이 사랑해준다. 남의 눈치를 안 보고 잘 먹고 잘 자고 잘 논다. 양지는 엄마 뱃속에서 느긋하게 안정적으로 자라며 부모의 유산을 물려받는다. 봄의 계수는 만물을 활발하게 키우는 생명수이다.

사오미(巳午未) 여름의 계수(癸水)는 사람들에게 사랑받는다. 양력으로 5월, 6월, 7월이다. 한창 더울 때 내리는 여름비이다. 더위를 식혀주고 가문 곡식과 식물을 살려 준다. 여름의 계수는 십성으로 정재, 편재, 편관이다. 정재는 환경에 적응하며 성실하고 근면하게 일한다. 알뜰살뜰 살림꾼이다. 편재는 돌아다니며 돈을 버는 역마살이다. 돈이 있으면 투자하고, 재테크 하고, 사업을 벌인다. 영역확보 욕망과 지배 욕망이 강해서 일을 열심히 한다. 편관은 스트레스 문제를 해결하고, 경쟁자를 관리하는 능력이다. 책임감과 희생심이 있다. 십이운성으로 태지, 절지, 묘지이다. 태지는 엄마뱃속에 잉태된 아기이다. 생명의 초기 단계라서 불안하고 두렵다. 살아남기 위해 눈치가 발달한다. 절지는 새로운 모습으로 탈바꿈한다. 과거를 버리고 새롭게 시작한다. 묘지는 무덤 속에서 안정적으로 산다. 알뜰하게 재산을 모으며 남에게 피해주지 않는다. 혼자만의 동굴에서 자족적으로 산다. 여름의 계수는 열심히 일하는 일꾼으로 여름 가뭄을 해결하는 해결자이다.

　신유술(申酉戌) 가을의 계수는 가을비이다. 양력으로 8월, 9월, 10월이다. 가을햇살에 익어 가는 농작물(甲乙木)에게 수해를 입힐 수도 있지만 가을 가뭄에 도움이 된다. 깨끗한 가을비라서 결벽증이 있다. 가을의 계수는 십성으로 정인, 편인, 정관이다. 정인은 자격증, 학위, 어머니의 보호, 공부 잘함이다. 편인은 공부, 자격증, 철학, 비평가, 의심, 불안이다. 정인보다 편인이 창의적이고 천재적이다. 정관은 사회 질서를 지키며 경쟁자와 타협하며 산다. 합리적인 관리자이다. 십이운성은 사지, 병지, 쇠지이다. 사지는 죽어 있기에 비활동적이다. 신체활동보다는 정신활동을 한다. 병지는 아파서 누워 있기에 정신적인 일, 사무직 일을 한다. 의사, 간호사, 보호사, 관리직 일이다. 쇠지는 인생의 희로애락을 모두 경험한 노년기이다. 가을의 계수는 차가운 기운으로 생명체를 죽일 수도 있지만, 맑고 깨끗한 정신으로 자기성찰을 하는 철학자이다. 가을의 계수는 공부하는 학자이다.

　해자축(亥子丑) 겨울의 계수는 차갑다. 양력으로 11월, 12월, 1월이다. 눈서리, 우박, 얼음이다. 차가운 겨울하늘에서 봄을 기다리는 습기이다. 겨울의 계수는 십성으로 비견, 겁재, 편관이다. 비견은 자립심, 독립심, 동료의식이다. 겁재는 승부욕, 경쟁력, 투지력이다. 비견과 겁재는 사람을 좋아한다. 비견은 평등하게 좋아하지만, 겁재는 지배하면서 좋아한다. 비견과 겁재는 재성 돈을 극하기에 돈 관리를 잘 해야 한다. 돈 관리를 못 하면 빚을 질 수 있다. 사업보다는 조직의 일원, 공무원, 회사원, 연구원, 학자, 기획자 일을 하면 좋다. 편관은 적장을 내 편으로 만드는 관리자로 희생적이고 책임감이 강하다.

십이운성은 제왕, 건록, 관대이다. 제왕은 자기가 하는 일에서 전문가이다. 고집과 뚝심으로 일인자가 된다. 건록은 독립심, 자립심이다. 남의 도움 받지 않고 자수성가 한다. 관대는 칠전팔기 정신이다. 무너져도 다시 일어나며 도전을 멈추지 않는다. 겨울의 계수는 차가운 현실에서 살아남으려고 자기를 냉혹하게 관리한다.

  계수는 십 천간의 끝이다. 그러나 끝이 시작이듯이 계수는 시작인 갑목을 바라보며 산다. 희망적이고 긍정적이다. 십 천간의 끝에 자리하는 계수이지만 마음만은 시작에 있다.

31. 지장간과 지지물상

지지(地支)는 자축인묘진사오미신유술해이다. 지지에는 지장간이 있다. 지장간(地藏干)은 지지가 가지고 있는 천간이다. 자(子)는 임계(壬癸), 축(丑)은 계신기(癸辛己), 인(寅)은 무병갑(戊丙甲), 묘(卯)는 갑을(甲乙), 진(辰)은 을계무(乙癸戊), 사(巳)는 무경병(戊庚丙), 오(午)는 병기정(丙己丁), 미(未)는 정을기(丁乙己), 신(申)은 무임경(戊壬庚), 유(酉)는 경신(庚辛), 술(戌)은 신정무(辛丁戊), 해(亥)는 무갑임(戊甲壬)이 지장간이다. 지장간을 인원용사지신(人元用事之神)이라고 한다. 천간은 하늘, 지지는 땅, 지장간은 인간이다. 지지는 땅을 나타내지만 내면에는 천간 하늘을 품고 있다.

인신사해(寅申巳亥)는 생지(生支)로 장생(長生)과 지살(地殺)이다. 시작, 움직임, 가능성, 준비, 기회, 새 일이다. 인신충을 해서 지장간이 개고(開庫) 되었을 때, 천간이 모두 양간이면 지장간들이 살아 움직인다. 반면에 사해충은 지장간이 음간과 합을 할 경우에는 글자들이 합거(合去) 되어 자기 할 일을 하지 않는다. 인신사해는 무토(戊土)로 시작해서 인목(寅木)은 병갑(丙甲), 신금(申金)은 임경(壬庚), 사화(巳火)는 경병(庚丙), 해수(亥水)는 갑임(甲壬)을 가지고 있다. 인신사해는 양간을 품고 있기에 활동력이 크다. 겁 없이 시작하고 실패해도 절망하지 않고 새로 일어난다. 인신사해는 각 계절의 시작을 장생시키고 있다. 장생은 자기가 하고 싶은 일을 하는 즐거움이며 사람들에게 사랑받는다. 사주에 인신사해가 많으면 집안에 있지 못하고 바깥 활동을 한다. 바깥일을 하지 않으면 여행이나 배움을 즐기며 사람들과 즐겁게 논다. 움직임이 커서 사고 날 확률도 있고, 일을 해서 돈을 벌려고 하는 힘이 강하다.

자묘오유(子卯午酉)는 장성살(將星殺)이며 제왕지(帝旺地)이다. 제왕과 장성은 하는 일이 뚜렷하고, 한 분야에서 자기만의 능력을 눈에 띄게 발휘한다. 고집, 뚝심, 주체성, 자존심이다. 음간이라서 겉으로는 활발하게 드러나지 않지만, 사무실이나 연구실에서 자기가 일하는 분야에서는 전문가가 된다. 십이운성으로 보면 인신사해에서 시작한 일을 자묘오유에서 완성시킨다. 자수(子水)는 계수(癸水), 묘목(卯木)는 을목(乙木), 오화(午火)는 정화(丁火), 유금(酉金)는 신금(辛金)이 본기(本氣)이다. 인신사해의 양기운으로 시작한 일을 자묘오유의 음기운에서 완성시킨다. 자묘오유는 도화살이기에 사람들에게 인기가 있다. 자오충, 묘유충일 때 지장간끼리 완전히 깨진다. 충이 올 때는 돈문제, 사람문제, 건강문제를 조심해야 한다. 지지가 천간과 합이나 충이 되는 순서가 있다. 합의 순서는 노출된 천간끼리 먼저 한다. 그 다음에 개고된 천간이 합을 하고, 마지막으로 지장간의 천간이 합을 한다. 글자가 합이 되면 서로 화합하고 사랑한다. 자기를 낮추며 타인과 협력한다. 합이 된 사주는 사회성이 좋다. 자수(子水)는 이슬, 물방울, 종자, 씨앗, 한밤중, 귀, 신장, 비밀이다. 묘목(卯木)은 꽃, 넝쿨, 새, 토끼, 초목, 바람, 섬세함, 패션, 인테리어, 도화이다. 오화(午火)는 불, 촛불, 온기, 조명기구, 전등, 변화가, 문화창달, 시력, 화약, 도시이다. 유금(酉金)은 술, 보석, 장신구, 화폐, 종, 침, 낫, 의술, 서리, 피부, 치아, 폐, 부패, 발효, 기관지, 종소리, 구름이다. 자묘오유는 음간이지만 제왕지라서 자기가 하는 일에서 뚜렷한 성과를 보인다.

진술축미는 묘지(墓地)와 화개살(華蓋殺)이다. 묘지는 일을 끝내고 쉬는 상황이고, 화개살은 장원급제 했을 때 머리에 꽂는 화관이며, 관을 덮는 꽃이다. 인신사해가 일을 시작하면, 자묘오유가 일을 완성시키고, 진술축미는 일을 마무리한다. 진술축미는 중재자이기에 사람들과 화합하며 산다. 축미충(丑未沖)이 되었을 때, 천간이 모두 음간이면 개고된 지장간이 합거(合去)되어 사라지지 않는다. 개고된 지장간이 제 역할을 하며 활동적으로 움직인다. 진술축미는 휴식과 보관이라서 사주에 진술축미가 많으면 돈과 재산이 있다. 진술축미 토는 땅이라서 안정된 재산이다. 중앙, 중재, 고집, 저장, 절제, 자기관리, 성실, 포용력이다. 진토(辰土)는 신령, 권력, 변화무쌍, 조화, 위장, 허리, 임기응변, 만물을 싹 틔우는 봄의 토양, 재물이다. 술토(戌土)는 문지기, 충성심, 화로, 제방, 사찰, 기도, 종교, 추수가 끝난 들판이다. 축토(丑土)는 언 땅, 묘지, 인고, 고집, 비밀, 지하실, 숨김, 저축, 어머니 자궁이다. 미토(未土)는 고집, 미완성, 사막, 황무지, 변화한 시내, 문화 발전, 화려한 도시, 열정적으로 일하는 토양이다. 진술축미는 돈을 움켜쥐고 땅에 묻는다. 땅을 소중하게 여기며 지배하려고 한다.

　인목(寅木)은 우두머리, 대장, 시작, 선두, 직진, 경쟁, 고집, 외로움, 명예이다. 묘목(卯木)은 바람, 화원, 멋 내기, 패션, 교육, 섬세함, 서비스, 인테리어이다. 진토(辰土)는 뚝심, 고집, 저장, 안개, 노을, 변화무쌍, 믿음, 큰 산이다. 사화(巳火)는 밝음, 명랑, 쾌활함, 화려, 대인관계, 예절, 공평무사, 문화, 적극성이다. 오화(午火)는 따뜻함, 인정, 표출, 자상함, 문명, 헌신, 희생심, 형광등, 등대, 달이다. 미토(未土)는 기록, 중재, 보수적, 자기관리, 중앙, 성실, 포용력, 구름, 먼지, 논밭이다. 신금(申金)은 혁명, 의리, 위엄, 전쟁, 무력, 살상, 단단함, 외고집, 달, 칼, 도끼, 자동차, 중장비이다. 유금(酉金)은 칼, 송곳, 보석, 반도체, 완벽함, 예리함, 서리, 구름이다. 술토(戌土)는 안개, 노을, 큰 산, 중앙, 중재, 고집, 저장, 절제이다. 해수(亥水)는 저수지, 환경적응, 과단성, 지혜, 먹구름, 겨울우박, 원만, 어둠, 댐이다. 자수(子水)는 이슬, 물방울, 인내, 눈물, 서리, 정보, 지식, 조정력이다. 축토(丑土)는 습기 찬 땅, 중재, 보수, 자기관리, 중앙, 성실, 논밭이다.

32. 사주보는 순서

사주를 보려면 첫째, 신왕인지 신약인지 판단한다. 일간이 지지에 뿌리가 있는지 살피고, 뿌리가 있다면 신왕(身旺)이다. 지지에 일간의 뿌리가 없으며 사주에서 일간을 돕는 글자가 없으면 신약(身弱)이다. 그 다음 지지의 형충을 본다. 지지가 형충(刑沖)하고 있으면 그 위의 천간은 불안하다. 지지가 합을 하고 있다면 합한 오행과 같은 천간은 힘이 있다. 천간의 글자가 힘이 있는지 없는지를 분석하고 그 천간이 희신(喜神)인지 기신(忌神)인지 판단한다. 희신은 나를 돕는 신이고, 기신은 나를 방해하는 신이다.

둘째, 격국과 조후와 억부를 살펴서 용신(用神)과 상신(傷神)과 희신(喜神)과 기신(忌神)을 결정한다. 격국용신은 월지(月支)이다. 월지에서 천간으로 투출된 십성이 격국용신이다. 월지의 지장간이 천간에 투출되었는지 살피고, 격국을 정한다. 그 다음에 격국용신에 맞는 상신을 찾는다. 격국용신이 월지이고 상신은 격국용신을 돕는 신이다. 그 다음, 사주가 너무 추운지 너무 더운지를 확인한다. 너무 추우면 혈관질병에 걸려 뇌종양, 뇌출혈, 중풍, 심장이 위험하고, 너무 더우면 암이나 종양이나 피부병으로 고생한다. 추우면 병화가 용신이고, 더우면 임수가 용신이다. 사주의 기후를 적절하게 만들어주는 용신이 조후용신이다. 그 다음, 억부용신을 찾는다. 억부용신은 신왕하면 식상이나 관성을 희신으로 본다. 신약하면 인성이나 비겁을 희신으로 정한다. 마지막으로 사주에서 가장 강한 천간을 찾는다. 그 천간이 나에게 희신(喜神)인지 기신(忌神)인지 결정한다.

셋째, 지지끼리 합충형파해(合刑沖破害)를 살핀다. 순서는 선합후충(先合後沖)이다. 먼저 합을 하고 나중에 충을 한다. 일간일지(一干一支) 원칙으로 적용하고, 선천간후지지(先天干後地支) 순서로 적용한다. 지지와 대입할 때는 지장간을 읽어야 한다. 지장간 중 어떤 천간이 합하고 충하는지를 살핀다. 충의 원리는 왕자충쇠쇠자발(왕한 지지가 쇠한 지지를 충하면 쇠한 지지가 뽑혀나간다)이고 쇠자충왕왕신발(쇠한 지지가 왕한 지지를 충하면 왕한 지지가 나타난다)이다.

넷째, 글자들의 십성을 읽는다. 십성을 읽어야 사주를 해석할 수 있다. 예를 들어, 갑목(甲木)도 사주마다 십성의 역할이 다르다. 임계수(壬癸水) 일간이면 갑목이 식상이고, 무기토(戊己土) 일간이면 갑목이 관성이다. 식신은 하고 싶은 일, 상관은 하고 싶은 말, 정재는 고정된 월급, 편재는 유통되는 돈, 정관은 안정된 직장, 편관은 스트레스를 제압하는 능력, 정인은 직위상승, 편인은 천재성으로 읽으면 된다. 이런 단순 판단 말고도 각각의 십성이 상징하는 의미전체를 알고 있어야 적절하게 응용할 수 있다.

사람들이 사주볼 때 가장 궁금해 하는 것은 돈운, 결혼운, 연애운, 합격운, 이직운, 매매운, 문서운, 건강운, 혈육운이다. 돈운, 결혼운, 연애운은 재성과 관성으로 본다. 합격운은 인성과 식상과 관성으로 본다. 이직운은 인성과 관성과 식상으로 본다. 매매운과 문서운은 인성과 재성으로 본다. 건강운은 식상, 재성, 편인으로 본다. 혈육운은 비겁운으로 읽는다. 물론 다른 십성이 유기적으로 어떻게 작용하는지 계산해야 한다. 사주는 단순하게 움직이지 않고 복잡하게 움직인다. 사주에 겁재양인이 많은데 겁재양인운이 들어와서 재성을 극하면 돈문제, 건강문제, 아버지 문제, 아내 문제가 발생한다. 재성은 양명지본(養命之本)으로 의식주에 관련된 생활수단이다. 재성이 어떤 상황에 처해 있는지 사주에서 꼭 살펴야 한다. 식상이나 편관이 있어서 겁재양인의 횡포를 제압하면 재성이 살아난다. 편인이 도식(倒食)하는데 편인운이 또 들어오면 질병에 걸린다. 편인은 식신 밥그릇을 엎기에 밥을 못 먹는 상황이 펼쳐진다. 일도 중단되고, 자식도 잘 안 되고, 병에 걸릴 수 있다. 이럴 때 편재가 있으면 회복된다. 편재가 편인을 극하면 식상이 살아난다. 사주팔자에서 재성의 움직임만 잘 읽어도 돈문제, 건강문제, 사람문제를 읽을 수 있다. 식신은 수명복이고 식복이라서 재성과 비견이 있어야 보호 된다.

사주에 상관이 많은데 상관운이 오면 구설수나 관재수에 시달린다. 사주에 인성이 많아 만사태평하게 지내는데 재성운이 오면 일을 하려고 움직인다. 인다용재(印多用財)는 현실적인 면에서 기획능력으로 머리 굴리는 일을 잘 한다. 상관견관이 좋게 작용할 때가 있는데 조후로 쓰일 때이다. 금수상관은 너무 추워서 병정화(丙丁火) 식신과 상관이 도움이 된다.

사주팔자는 매순간 변한다. 대운이나 세운에서 들어오는 글자에 따라 사주팔자가 변한다. 사람의 삶도 자기 혼자서 살 수 없다. 부딪치는 타인과 일과 엮이면서 매순간 변해야 경쟁사회에서 살아남는다. 일간이 계수(癸水)로 태어났어도 사계절에 따라 다르게 산다. 봄의 계수라면 생명을 살리는 생명수이고, 여름의 계수는 비 내리는 대기이고, 가을의 계수는 맑은 계곡물이고, 겨울의 계수는 언 물이다. 또 옆에 병화(丙火)가 있으면 계수는 증발해서 사라지는 습기가 된다.

33. 사주와 제법무아(諸法無我)

제법무아는 고정된 자아가 없다는 의미이다. 자아는 만나는 상황, 사람에 따라 변한다. 자아는 처한 환경에 적응하려고 한시적으로 나타났다가 변화하며 사라지는 유동물이다. 사주팔자도 고정되어 있지 않다. 생년월일시는 고정되어 있지만 대운, 세운, 월운, 일진에 따라 달라진다. 사람이 살기 위해서 기후, 환경, 타인에게 적응하며 변하듯이 사주도 상황에 따라 달라진다. 하루의 시간도 '자축인묘진사오미신유술해' 시(時)에 따라 변한다. 아침과 낮 기온이 다르고 저녁과 한밤중의 기후가 다르다. '내' 일간이 병화(丙火)라면 일진(日辰)이 경금(庚金)으로 들어오면 화극금(火剋金)을 한다. 내가 극(剋)하는 자아로 변한다. 극은 열심히 일해서 결과물을 손에 쥐는 운동이다. 병화 일간이 경금을 극하면 화극금(火剋金)으로 편재이다. 편재는 돈, 일, 아내, 아버지이다. 편재가 희신(喜神)이면 좋은 일이 생기고, 편재가 기신(忌神)이면 남자인 경우 아내에게 문제가 생기고, 남녀 모두 아버지 문제, 돈 문제가 발생할 수 있다.

  타고난 사주팔자는 수동태이다. 대운(大運), 세운(歲運), 월운(月運), 일진(日辰)이 들어와서 사주팔자를 능동적으로 활동하게 한다. 사주팔자는 바깥에서 들어오는 글자와 생극제화(生剋制化)하고, 합형충파해(合刑冲破害)를 하면서 활발하게 변한다. 변해야 새롭게 주어지는 시간과 공간에 적응할 수 있다. 자아도 마찬가지이다. 매순간 변해야 살아남는다. 이렇게 변하는 자아를 현대서양철학에서 액체자아(지그문트바우만 용어), 리좀자아(들뢰즈 용어), 차이자아(데라다 용어)라고 한다. 물론 동양철학에서는 이미 5000년 전에 불교에서 자아의 무상(無常)함을 정의 내려 제법무아(諸法無我)라고 했다. 사람이나 자연이나 살기 위해서는 변해야 한다. 변하지 않고는 살 수 없다. 그래서 고정된 자아(自我)에게 집착할 필요가 없다. 신체도 마음도 밥을 먹었을 때와 먹지 않았을 때가 다르다. 건강할 때와 아플 때가 다르다. 감성도 이성도 감동 받았을 때와 분노했을 때가 다르다. 의지도 적절한 환경일 때와 힘든 환경일 때가 다르다. 이렇게 자아는 상황 속에서 무한히 다른 존재로 변한다. 제법무아(諸法無我), 제행무상(諸行無常)이다.

  사주팔자는 대운과 세운과 월운과 일진이 상호의존적으로 관계 맺으며 변한다. 관계 속에서 일간 '나'는 변하면서 살아남는다. 세상에 완벽하게 홀로 존재하는 사람은 없다. 누군가와 어떤 모습으로든 엮여 있다. 홀로 사는 자연인조차 지구 중력의 지배를 받으며 서서히 늙어간다. 절대적으로 혼자 사는 사람은 없다. 세상의 생명체나 무생명체는 상대적이고 가변적으로 살아진다. 사주도 그렇다. 사주가 나쁘다고 슬퍼할 필요가 없다. 좋은 환경이 주어지면 사주가 좋아진다. 좋은 계절을 만나면 기분이 좋아지듯이 적절한 환경을 만나면 사주가 좋아진다. 흔히 사주 보러 가면 '말년은 좋아.'라고 한다. 그 말은 열심히 노력하면 좋은 일이 생길 것이라는 변화를 전제한다. 물론 말년까지 나쁜 사주도 있다. 그러나 그 말을 사주 보러 온 당사자에게 말해 줄 수 없다. 사주 보러 온 사람은 희망을 들으러 온 사람이지, 절망을 확인하러 온 사람이 아니다.

살다보면 가치가 다양함을 알 수 있다. 사주팔자에는 생활하는데 중요한 가치가 담겨 있다. 신체의 건강함(비겁), 자기가 하고 싶은 일을 하는 직업복(식상), 하는 일마다 잘 되는 돈복(재성), 직장이나 사람들에게 인정받는 명예복(관성), 하고 싶은 공부를 끝까지 할 수 있는 공부복(인성) 등이다. 이 다섯 가지는 사람들이 추구하는 욕망이다. 이 다섯 가지 욕망 중에서 어떤 것이 더 중요한지는 순서를 매길 수 없다. 돈이 많아도 건강하지 않다면 돈이 소용없다. 명예가 좋아도 인격이 없다면 그 사람은 인간 대접을 받지 못한다. 하는 일에서 전문가이지만 그 일이 돈을 벌어들이지 못하면 그 사람은 가난에 시달린다. 뭐 하나가 풍족하면 뭐 하나는 부족한 것이 삶이다.

예나 지금이나 잘살려면 자기 욕망을 조절해야 한다. 다 가진 남들을 부러워하면 자기만 괴롭다. 자기만의 정신세계를 만들어서 건강한 신체, 마음의 여유, 소박한 생활, 좋은 친구와의 만남 같은 일상을 감사하게 생각하는 사람이 행복한 사람이다. 말년에도 돈, 지위, 외면적 화려함을 추구하면 불행할 수밖에 없다. 젊은 외모와 건강, 잘난 능력과 부유함, 명예와 인생의 동반자가 없다 하더라도 자기 마음을 조절하는 사람은 잘 사는 사람이다. 자기의식을 강하게 훈련시킨 사람은 타인과 자기를 비교하지 않는다. 들뢰즈 용어로 나무로 사는 게 아니라 어디로든 뻗어나가는 뿌리로 사는 지혜가 있어야 한다. 나무가 위로 뻗기만 한다면, 뿌리는 사방팔방 아무 곳으로나 자기가 살 길을 창조한다. 고정되어 살기보다는 무한하게 뻗는 뿌리처럼 상황에 맞게 유연하게 변하는 자아가 건강한 자아이다. 사주팔자도 고정된 길로 뻗는 나무가 아니라 여기저기 길을 내는 뿌리처럼 변한다.

34. 십 천간의 의무

갑을목(甲乙木)은 생명체이고, 병정화(丙丁火)은 생명체를 기르는 태양빛이고, 무기토(戊己土)는 생명체를 기르는 흙이고, 경신금(庚辛金)은 생명체를 거두는 도구이고, 임계수(壬癸水)는 생명체의 씨앗을 보호하는 물이다. 갑을병정무기경신임계는 생명체가 태어나서 자라다가 열매가 되고 씨앗이 되는 과정을 순환한다. 사주 천간 글자에 갑을목이나 병정화가 있으면 생명체를 잘 키운다. 갑을목병정화(甲乙木丙丁火)는 태어나서 자라고 장정(壯丁)이 되는 시기이기에 활동성과 역동성이 강하다. 봄여름에 만물이 쑥쑥 자라서 장정이 되는 모습이다. 어린이, 청소년, 청년의 시기이다. 갑을목병정화는 시작을 잘하고 쭉쭉 크는 힘이 좋다. 봄여름의 갑을목은 자라는 일이 의무이고, 가을의 갑을목은 베어져서 생활도구로 쓰이면 좋다. 겨울의 갑을목은 새봄을 준비하며 씨앗으로 있으면 좋다.

갑목과 무토와 병화와 임수와 경금은 궁합이 좋다. 양간(陽干)은 양간끼리 좋다. 갑목 나무는 무토에 뿌리내리고 봄여름에는 병화 태양과 임수 물로 쑥쑥 자란다. 가을이면 경금에게 베어져 생활의 목재가 된다. 갑목 나무는 한겨울과 초봄에 병화가 필요하지만, 한여름에는 임수가 있어야 말라죽지 않는다. 그러나 갑목 나무가 임수 물만 있다면 뿌리가 물에 썩어 죽는다. 갑목 나무는 뿌리내릴 무토와 광합성을 할 병화와 적절한 임수와 가지치기 할 경금이 계절에 따라 구비되어 있다면 훌륭한 인재가 된다. 을목은 넝쿨이다. 음간(陰干) 을목은 쭉쭉 뻗은 갑목을 타고 오르면 좋다. 을목에게는 갑목이 의지처이다. 을목에게 갑목과 병화가 있으면 을목 꽃은 더 아름답게 핀다. 을목은 병화 태양이 있으면 어디서나 잘 자란다. 한 여름에 너무 뜨거우면 계수가 필요하지만, 을목은 병화가 없으면 꽃을 피울 수 없다. 갑목이 뼈대라면 을목은 수족, 신경계이다.

 병화 태양은 갑을목을 건강하게 키운다. 병화 태양은 봄에 갑목을 키우고 여름에 을목을 화려하게 꽃 피운다. 한여름의 병화는 너무 뜨겁기에 임수가 있으면 좋다. 병화와 임수는 아름다운 짝꿍이다. 임수 바닷물에 병화 태양이 비추면 바닷물이 반짝반짝 빛을 낸다. 임수는 병화 태양의 열기를 적당히 식히며 태양의 힘이 지치지 않게 생명수가 되어 준다. 병화와 임수와 갑목은 궁합이 좋다. 정화 온기는 갑목 나무가 땔감이 되어주어야 불이 꺼지지 않는다. 정화는 갑목 나무를 쪼갤 경금 도끼도 있어야 한다. 정화 온기는 인간이 만든 문화, 문명이다. 정화와 갑목과 경금은 아주 좋은 짝꿍이다.

 무토 산과 기토 흙은 갑을목 나무를 기르는 일이 의무이다. 무토 산에 갑을목 나무가 없다면 민둥산이고, 기토 흙에 갑을목 나무가 없다면 생명이 자라지 못 하는 습지이다. 무기토에게 갑목 나무와 을목 꽃은 곡식, 먹을 것, 열매이다. 무기토에게 꼭 필요한 천간은 갑목 나무와 을목 꽃을 키울 병화 태양이다. 한여름에는 임수가 무토를 마르지 않게 도와야 좋다. 무토는 건토라서 임수 물이 있어야 하고, 기토는 습토라서 계수 물이 필요하다. 무기토 일간에 갑목과 병화와 임수가 있으면 그 사주는 먹을 것이 풍부하다. 무토와 갑목은 삶의 사이클이 비슷하다. 봄 겨울에는 병화 태양이, 여름에는 임수 물이, 가을에는 경금 도끼가 있어야 한다. 기토는 습토이며 농토이다. 갑을목을 키우려면 병화 태양과 계수 빗물이 필요하고 농작물을 수확하려면 신금 칼날이 필요하다.

경금 도끼는 정화 불로 제련해야 훌륭한 도구가 된다. 경금이 생활 도구인 도끼로 제련되면 갑목 나무를 쪼개서 정화 불을 살릴 수 있고, 정화 불이 다시 경금을 제련하는 순환 관계가 좋다. 제련된 경금은 숙살지기(肅殺之氣)를 발휘해서 무기토에서 자란 열매(갑을목)를 거둘 수 있다. 경신금은 자기를 깨끗이 씻어줄 임수를 좋아한다. 금생수(金生水) 해서 임수 물로 경금이 깨끗이 씻기면 학자, 연구원, 교수가 된다. 신금(辛金) 보석은 이미 제련된 완성품이다. 한 해의 결과물, 씨종자, 서리, 눈발, 골수이다. 보석을 깨끗하게 씻을 임수만 있으면 된다. 병화 태양은 신금에게 한겨울 조후용으로만 필요하다. 신금에게 병화는 연간(年干)에서 비춰주는 게 좋다. 옆에 붙어 있으면 병신합수(丙辛合水) 해서 신금이 녹아 없어진다. 신금은 임수만 있으면 씨종자를 온전하게 보호할 수 있다.

임수 물과 계수 이슬은 갑목 나무와 병화 태양이 있으면 좋다. 임수 물은 겨울에는 병화 태양이 조후용으로 필요하다. 임수는 봄여름가을에는 무기 토에서 자라는 갑을 목에게 생명수 역할을 한다. 계수가 갑을목 나무를 기르려면 임수의 도움이 있어야 한다. 계수는 작은 양의 물이다. 계수가 봄여름가을에 무기토에서 자라는 농작물을 키우려면 임수 큰물의 도움이 필요하다. 계수에게 병화 태양이 있으면 계수가 태양 옆에서 증발해 버린다. 계수와 병화는 좋은 궁합이 아니지만 한겨울에는 조후용으로 병화가 필요하다. 이런 식으로 십 천간은 각각이 주어진 일을 하면서 갑을병정무기경신임계의 순환을 살고 있다.

35. 지지 인신사해

인신사해(寅申巳亥)는 장생지이고 지살이다. 인(寅)은 봄의 시작이고, 신(申)은 가을의 시작이고, 사(巳)는 여름의 시작이고, 해(亥)는 겨울의 시작이다. 장생과 지살의 의미는 시작, 홍보, 광고, 간판, 전시이다. 인신사해는 십이운성으로 장생지, 건록지, 병지, 절지이다. 십이신살로는 지살, 역마살, 망신살, 겁살이다. 인신사해는 시작하는 지지이고 지장간이 모두 양간(陽干)이라서 활발하고 운동성이 좋다. 장생은 어린이가 뛰어노는 모습이다. 건록은 자수성가한다. 병지는 생로병사를 받아들이는 노련함이다. 절지는 기존의 껍질을 벗고 새로 태어난다. 지살은 새로운 일을 시작한다. 역마살은 여기저기 돌아다니는 활동력이다. 망신살은 나대다가 부끄러운 일을 당하지만 사람들에게 인기를 얻는다. 겁살은 손재수(損財數), 관재수(官災數)이다.

인신사해(寅申巳亥) 장생지가 일을 시작하고 자묘오유(子卯午酉) 제왕지가 일을 완성하고 진술축미(辰戌丑未) 화개지가 일을 마무리

한다. 이런 의미에서 생왕묘, 혹은 지장화라고 한다. 생왕묘는 생지에서 시작하고 왕지에서 최고가 되고 묘지에서 쉰다. 지장화는 지살에서 시작하고 장성살에서 최고가 되고, 화개살에서 편하게 쉰다. 남녀 모두 일지 인신사해이면 활동성이 강해서 바깥에서 돈 버는 활동을 한다. 집에는 잠만 자러 들어간다. 인신사해 일지는 집 같은 부동산보다는 현금이나 자동차 같은 유동자산을 더 중요하게 생각한다. 진술축미가 부동산 재산을 좋아한다.

인목(寅木)은 축토(丑土)에서 나온다. 축토 속의 지장간(支藏干) 신금(辛金) 씨종자가 인목 새싹으로 변해서 나온다. 인목은 호랑이, 소리, 방송, 전파, 산신령, 우리나라, 단군, 어린이, 새싹, 교육, 토목, 설계, 통신, 조경이다. 인월(寅月)이 입춘이고, 인시(寅時)에 해가 뜬다. 병화(丙火)와 무토(戊土)가 인목에서 장생하며 병화(문명과 문화)와 무토(교육과 성장)의 일을 시작한다. 을목(乙木)은 인목(寅木)에 단단하게 의지하며 전문가가 된다. 을목에게 인목은 제왕지이며 장성지이다. 인월은 을목 꽃이 화려하게 피어나도록 돕는다. 인목은 처음, 출발, 기초교육, 기간산업이다.

신금(申金)은 미토(未土)에서 나온다. 미토 속의 지장간 을목(乙木)이 단단한 신금(辛金) 열매로 변한다. 을목이 신금에서 태지이다. 태지는 막 잉태된 아기씨이다. 을목은 신금에서 씨앗과 열매가 된다. 미토(未土)의 화려한 문명이 신금 가을 열매로 완성된다. 인묘진사오미(寅卯辰巳午未)를 거친 인간의 정신적, 물질적 활동이 신금에서 문화와 문명으로 완성된다. 신금에는 양기운의 끝인 여름과 음기운의 시작인 가을 기운이 공존한다. 양력 8월이다. 신금은 이중적이다. 원숭이, 꾀, 여름의 끝, 가을의 시작, 활발함, 신통력, 양음(陽陰) 공존, 변화무쌍, 물질계와 정신계가 공존한다. 겨울기운인 임수(壬水)가 장생하면서 겨울도 서서히 신금에서 시작 된다.

사화(巳火)는 진토(辰土)에서 나온다. 진토 속의 지장간 무계(戊癸)가 합을 하여 병화로 변한다. 병화는 사화(巳火)가 건록지라서 사화에서 병화의 기운이 활활 타오른다. 사화는 뱀이다. 변태성, 처세술, 빛, 전파, 화학, 전기, 가스, 교제, 홍보, 시작, 핸드폰, 항공, 관광, 비행기, 조명, 방송, 영화, 백화점, 현대문명이다. 사화는 화려하게 문명이 발달한 도시이다. 아침에 출근해서 바쁘게 하루 일을 시작하는 고층건물이다. 사화에서 한껏 뻗은 병화 양기가 온갖 곡식과 생명체를 길러내기에 바쁘다. 사화(巳火) 역시 장생지이고 지살이라서 활동성이 강하다. 사화에서 경금이 장생한다. 사화의 겉모습은 활활 타오르는 태양이지만, 사월(巳月)부터 이미 경금 열매를 맺기 시작한다. 인월(寅月)에 나온 새싹이 묘진사월(卯辰巳月)에 꽃을 피웠다가 오월(午月)이면 열매(庚金)로 변해 있다.

해수(亥水)는 술토(戌土)에서 나온다. 술토 속의 지장간 신금(辛金)과 정화(丁火)가 녹아서 해수가 된다. 해수에 천간 갑목이 장생한다. 해월(亥月)이면 나무에서 이파리가 다 떨어졌지만. 잎사귀가 떨어진 그 자리에 새눈이 달리기 시작한다. 그 새눈이 바로 갑목이 장생하는 모습이다. 술토 속의 신금(辛金)은 이듬해 새싹으로 나올 갑목의 씨종자이다. 술토에서 나온 해수(亥水)는 갑목 씨종자를 장생시킨다. 해시(亥時)는 한밤중이다. 고요하게 마음을 가다듬는 시간이다. 술시와 해시는 천문성이다. 하늘 문을 여는 열쇠, 철쇄개금(鐵鎖開金)이다. 타인의 마음을 열어서 듣고 위로해주는 능력이다. 해수는 대뇌, 지혜의 집합소, 적응력, 북극성, 도인, 정신세계, 백회혈, 칠성신, 옥황상제, 동제(洞祭)이다. 겨울의 시작이지만 봄의 갑목이 장생하기에 양력 십일월은 따스하면서도 춥다. 가을낙엽의 끝물이다. 한 해를 마무리 한다.

생명체는 인묘(寅卯)에서 물질계로 태어나고, 진사(辰巳)에서 자라고, 오미(午未)에서 화려하게 꽃을 피우고, 신유(申酉)에서 열매로 변하고, 술해(戌亥)에서 정신계로 바뀐다. 자축(子丑)에서 잠자면서 새로운 물질로 변한다. 인신사해는 병화, 임수, 경금, 갑목의 장생지이다. 장생지는 어린이가 세상 무서운 줄 모르고 즐겁게 노는 모습이다. 인신사해는 시작하는 지지(地支)라서 기죽지 않고 활동적으로 열심히 산다. 인사신(寅巳申) 삼형살은 시작하는 기운끼리 부딪쳤을 때 발생하는 활동적인 에너지이다.

36. 지지 자묘오유

　지지(地支) 자묘오유(子卯午酉)는 왕지, 욕지, 사지, 태지이다. 인신사해(寅申巳亥)가 양기운의 시작이라면 자묘오유는 음(陰)기운으로 응축된 오행(五行)의 제왕들이다. 왕지(旺支)는 제왕으로 자랄 만큼 성숙한 모습이다. 하는 일에서 전문가이며 자립적이며 독립적이다. 승리자의 모습이다. 자기 주관을 꺾지 않으며, 다른 기운을 자기 편으로 만든다. 욕지(浴支)는 부끄러움 없이 속살을 내보인다. 연예인 기질이다. 어린이가 발가벗고 자유롭게 뛰어노는 모습이다. 인기살이며 도화살이다. 사지(死支)는 신체는 비활동적이지만 정신 활동을 활발하게 한다. 사무직, 관리직 일이다. 태지(胎支)는 막 잉태된 아기씨이다. 엄마뱃속에서 떨어지지 않으려고 조심하며 불안하게 존재한다. 두려움과 겁이 많다.
　자묘오유(子卯午酉)는 오행(五行)이 한 기운이다. 자수는 임계 수 물이다. 묘목는 갑을 목 나무이다. 오화는 병정 화 불이다. 유금는 경신 금 쇠이다. 순수해서 다른 기운과 섞이지 못하며, 다른 기운이 오면 자기 기운으로 변화시킨다. 그래서 자묘오유가 제왕지이다. 제왕지를 가진 사주는 자기 고집을 꺾지 않는다. 십이신살로 도화살, 장성살, 육해살, 재살이다. 도화살은 인기살이다. 자기를 발가벗겨서 사람들 앞에 내보이며 자기 자랑을 한다. 요즘 식으로 관심종자이다. 장성살과 제왕지는 겁재, 양인이다. 뚝심과 고집이 있고 자립적으로 산다. 육해살은 마음과 몸이 아프다. 재살은 손재수(損財數)이다.

자수(子水)는 해수(亥水)를 이어 받아 축토(丑土)를 생(生)한다. 자수는 생명수, 근원, 시작, 처음, 소뇌, 물줄기, 고독함, 비밀, 똑똑함이다. 기억력이 좋고 비밀스럽게 일을 진행한다. 시간으로 한 밤중이라서 사람들이 자는 고요한 시간이다. 태아가 살고 있는 어머니 자궁이다. 화려한 물질계인 사오미(巳午未)와 한밤중의 정신계인 해자축(亥子丑)은 서로 충(沖)한다. 자수는 정신세계라서 자기만의 공간에서 인생을 철학한다. 자수(子水)는 오화(午火)와 충하고, 묘목(卯木)과 형하고, 미토(未土)와 해(害)하며 원진이다. 자수는 양기운인 인묘진, 사오미와 친하지 않다. 자수는 검은 밤으로 하루를 마감하고 새 하루를 시작하는 일양(一陽)이다. 고요하게 자숙하며 자기만족을 잘 한다. 타인과 자기를 비교하지 않는 정신력이 있다. 자기만의 꽃밭을 만들어 작은 꽃을 키우며 행복을 추구한다.

묘목(卯木)은 생물체인 을목(乙木)이다. 병화(丙火)의 시간을 좇아서 태어나고 죽는다. 인묘시(寅卯時)는 사람이 깨어나서 활동적으로 움직이는 시간이다. 해 뜨는 풍경이라서 아름답다. 묘목은 꾸미기, 인테리어, 멋 내기, 뷰티이다. 묘시(卯時)는 아침 먹고 출근하는 시간이라서 바쁘다. 어린이, 교육, 시작, 기획, 설계이다. 묘목에는 갑목이 제왕이고, 을목이 건록이다. 갑을 목은 묘목에서 자기 힘의 절정을 누린다. 양력 3월인 묘월(卯月)에는 학기도 새로 시작하고, 온갖 꽃이 연이어 피어나며 새로운 봄에 맞추어 새로운 계획을 세운다. 새로움이 묘목의 특징이다.

오화(午火)는 정화(丁火)의 건록지이다. 사화(巳火)에서 태양의 기운이 화려하게 펼쳐졌다면, 오화에서 태양의 열기가 완전하게 모아진다. 오화의 열기는 미토(未土)에 저장된다. 그래서 양력 7월인 미월(未月)이 가장 덥다. 사화가 화려한 문명을 발전시킨다면, 오화는 화려한 문명의 절정기이고, 미토는 문명과 문화를 완전체로 보존한다. 백화점, 대도시, 번화가, 시장, 유명인, 연예인, 조명, 제철소, 건전지이다. 오화 속의 지장간 정화가 유금(酉金)에 장생한다. 유금은 정화 불이 꺼지지 않게 하는 기름, 현대문명이다. 정화 불은 인간이 이룩한 문명, 문화이다. 오화에서 불기운이 절정이기에 도화살이 가장 강하다. 아름답고 화려하고 인기가 있다. 신체로는 심장으로 생명의 원동력이다. 오화에서 모든 문명이 완성되고, 오화 다음인 미토에서 문명과 문화를 사람들이 즐긴다.

유금(酉金)에서 병화(丙火)가 사지(死支)에 든다. 병화는 문화, 문명이다. 한낮의 활동적이고 물질적인 결과물이 유금에서 학문적, 정신적으로 정립되기 시작한다. 유금은 정신세계 쪽으로 방향을 바꾼다. 을목도 유금에서 절지(絶支)이다. 을목은 문화, 문명의 꽃이다. 을목 역시 유금에서 살아온 경험을 학문적으로 이론화 한다. 유금은 화기(火氣)의 에너지를 간직한 근원이지만, 물질계보다는 정신계 쪽으로 문화와 문명을 발달시킨다. 인간이 만든 문명의 불인 병정화가 유금에서 꺼지지 않게 기록으로 남긴다. 그래서 물질인 정화가 이론적 기반을 갖춘 유금에서 장생(長生)한다. 유금은 숙성, 발효이다. 유금에서 벼가 고개 숙인다. 유금에서 과일의 당분이 숙성된다. 유금에서 인간은 겸손해지며, 정신세계에 가치를 부여한다. 직장에서 퇴근하는 시간이며 집으로 돌아가는 마음이다. 유금은 컴퓨터, 전자, 전기, 원자력, 화석원료, 광물 에너지이다. 유금에서 정신세계의 중요성을 깨달으며, 술토에서 정신세계를 수련하고, 해수에서 정신세계의 정점에 달한다. 그래서 묘유술(卯酉戌)이 철쇄개금이고, 술해(戌亥)가 천문성이다. 유술해(酉戌亥)는 인생의 끝을 안다. 죽음을 생각하면서 공(空)의 심리로 산다. 사오미신(巳午未申)에서 표출한 물질적 욕망을 유술해(酉戌亥)에서 정신적 유산으로 정리한다. 술토 다음에 오는 해자축(亥子丑)에서 문명과 문화는 인류 유산이 된다. 화(火)기운이 물질세계를 실제적으로 치열하게 발달시킨다면 수(水)기운은 정신세계를 이론적으로 발달시킨다.

part 3

가을

이별을
껴안은
단단한
열매

37. 지지 진술축미(辰戌丑未)

지지(地支) 진술축미는 토(土)다. 토는 중화, 조화, 매개자이다. 토 기운은 십이운성에서 관대, 쇠지, 묘지, 양지이다. 십이신살로는 월살, 반안살, 화개살, 천살이다. 관대는 청소년 기질, 칠전팔기 정신, 당당함, 호승심, 승부사기질이다. 쇠지는 노련한 경험자, 자족하는 정신, 안정감, 깊은 맛, 배려심이다. 묘지는 비활동적, 고요함, 절대평정, 저장, 금고이다. 양지는 엄마뱃속에서 보호받으며 느긋하고 여유롭다. 후원자, 지원군, 유산상속이다. 월살은 메마른 잎, 허무, 우울, 신경쇠약, 공황장애이다. 반안살은 배경, 기댈 언덕, 귀인, 호위무사, 부하직원, 승진, 합격, 보너스, 유산상속이다. 화개살은 저장, 보관, 안빈낙도, 무위자연, 백화점, 보물창고이다. 천살은 조상 복, 해외여행, 하늘 복, 겸손, 천재지변이다.

진술축미(辰戌丑未) 토는 '자기'를 나타내기보다는 만나는 상황이나 타인에 따라서 '자기' 모습을 변화시킨다. 진술축미 토(土)는 타인과 협력하며 조화한다. 상황에 맞게 자기 모습을 변화시키는 중재역할을 한다.

진(辰)토는 봄을 마무리 하고 여름의 사오미(巳午未) 운을 생(生)한다. 변화, 발전, 변모, 통일, 조절자이다. 바람을 움직여 비를 내리는 용(辰)이다. 수(水)의 창고라서 지혜가 무궁무진하다. 새 날의 시작이고 아침이다. 오전 7시 반에서 9시 반이다. 학생은 학교에서 직장인은 직장에서 하루 일과를 시작한다. 미꾸라지가 용이 되려고 꿈을 꾼다. 변화무쌍하다. 진토는 묘목(卯木) 새싹을 보호한다. 진토에 뿌리내린 새싹이 사시(오전 9시 반에서 11시 반)에 햇빛을 받으며 피어난다. 진토가 인묘진(寅卯辰) 방합을 하면 목(木)기운이 된다. 진토는 봄 운동을 마무리 한다. 봄 운동의 창고이다. 진토가 신자진(申子辰) 삼합을 하면 수(水)기운의 창고가 된다. 진월은 양력 4월이다. 봄비가 내린 후 농사짓기 좋은 땅이다. 늪지, 물이 고인 논밭, 지하수, 습한 땅굴, 웅덩이, 양어장, 호수, 바닷물, 목욕탕, 음료수, 술, 미생물, 화학실험의 물상이다.

미(未)토는 열매가 맛있게 맛이 드는 땅이다. 시간상으로 오후(낮 1시 반에서 3시 반)를 연다. 미완성, 미제, 미수의 의미가 있지만 다 된 밥을 뜸 들인다는 의미이다. 성공하기 직전의 기다림이다. 미토에서 갑목 나무는 성장을 멈추고 열매로 변하려고 한다. 미토가 사오미(巳午未)로 방합을 하면 불(火)기운의 창고가 된다. 태양 기운이 대지에 열기로 남은 땅이다. 미토가 해묘미(亥卯未)로 삼합이 되면 목(木)기운의 창고가 된다. 미토에 정화(丁火)과 기토(己土)가 관대한다. 관대는 절망하지 않는 칠전팔기 정신이다. 정화(丁火) 문명과 기토(己

土) 곡식은 미토에서 완성된다. 미토는 여름을 닫고 가을을 연다. 봄 여름의 양기운과 가을겨울의 음기운을 이어준다. 목화 양기(陽氣)에서 금수 음기(陰氣)로 넘어갈 때 일어나는 상쟁(相爭)을 막는 중재자이다. 미토 다음인 신(申)월에 여름과 가을의 기운이 함께 있다. 인묘진의 진토와 사오미의 미토는 인간의 사회문화적 욕망이 꽃을 피운 땅이다. 현실적, 물질적인 삶을 완성한다. 미토는 화려한 도시, 정치, 경제, 예술, 문화, 출판, 도서관, 서점, 책, 종묘상, 꽃집, 창고업, 식품가공업, 섬유, 의류, 완성된 제품, 증권거래소, 은행, 중간상인, 협동조합, 보관소, 논밭, 도로의 물상이다.

술(戌)토는 가을을 닫고 겨울의 해자축(亥子丑) 운을 연다. 술토에 병화 태양이 입묘된다. 밤이 시작되고, 겨울이 시작된다. 물 기운 하나 없는 건조한 땅이다. 술토가 신유술(申酉戌) 방합을 하면 가을 기운의 창고가 된다. 술토가 인오술(寅午戌) 삼합 운동을 하면 화(火) 기운의 창고이다. 술시는 밤 7시 반에서 9시 반이다. 낮 동안 신체를 사용해서 문명을 일구었다면, 술시부터는 정신을 사용하여 정신문화를 창조하는 일을 한다. 낮 동안의 지혜와 지식을 가지고 새로운 철학이나 사상을 만들어낸다. 술토 안에 가을에 추수한 신금(辛金) 씨종자가 있어서 먹을거리 걱정은 없다. 술토는 천문성이다. 천문성은 정신세계이다. 진토, 미토가 물질계라면 술토, 축토는 정신계이다. 아침의 진토(辰土)가 활동적이고 변화무쌍하게 물질계를 열고 미토(未土)에서 물질계가 완성된다. 진토와 충(沖)을 하는 술토는 물질계의 성과물을 정리정돈 한다. 술토는 쳐낼 것 쳐내고 거둘 것은 거둔다. 술토는 외면을 확장하기보다는 내실을 튼튼히 한다. 지장간에 있는 신금(辛金) 씨앗을 온기 정화(丁火)로 보호한다. 신금 씨앗은 정신문화의 정수이며, 정화는 신금을 보호하는 온화한 기운이다. 철학, 이승과 저승의 갈림길, 정신세계 탐구, 경건함, 토목공사, 건축업, 부동산, 도로공사, 제방공사, 수자원 공사이다.

축(丑)토는 자수(子水) 씨앗이 저장되어 있다. 자수(子水) 씨앗은 축토에 응축되어 있다가 입춘(양력 2월 4일) 이후에 인목(寅木) 나무로 변해서 새싹으로 나온다. 축토가 해자축(亥子丑) 방합이 될 때는 겨울 수(水)기운의 창고이다. 축토가 사유축(巳酉丑) 삼합일 때는 금(金)기운의 창고이다. 사화(巳火)에서 시작된 경금(庚金)이 유금(酉金)월에 절정을 이루고 축토(丑土)로 들어가 쉰다. 진술축미 토(土)는 자묘오유(子卯午酉)처럼 오행의 기운이 하나가 아니다. 여러 오행을 품고 있어 만나는 지지에 따라 다른 오행으로 변하는 매개자이다. 다른 지지와 화합하기 위해 자기 고유의 기운을 버린다. 축토는 금고, 기계창고, 차량정비소, 무기저장소, 중장비보관소, 군인, 경찰, 세무, 경리, 은행, 냉동 창고, 귀금속, 저축, 축대, 저축이다. 축토는 한밤중(새벽 1시 반에서 3시 반)이다. 인내하면서 새벽을 기다리는 정신력과 인내력이 있다. 참을성이 특징이다. 축토 속에 신금(辛金)은 씨종자 보물이라서 축토가 인묘진(寅卯辰) 운을 만나면 부자가 될 수 있다.

38. 지지의 궁합

　천간은 생극제화(生剋制化)로 해석하고, 지지는 합형충파해(合刑沖破害)로 해석한다. 지지 합에는 육합, 방합, 삼합이 있다. 육합은 남녀 애정 운이고, 방합은 친구나 동료 간의 협동 운이다. 삼합은 사회적 관계 속에서 타협하는 운이다. 합이 있으면 '나'를 내세우기보다는 사람들과 협조하며 조화하는 사회성이 좋다. 형(刑)에는 인사신형, 축술미형이 있다. 충(沖)에는 자오충, 축미충, 인신충, 묘유충, 진술충, 사해충이 있다. 파(破)에는 자유파, 축진파, 인해파, 묘오파, 사신파, 미술파가 있다. 해(害)에는 자미해, 축오해, 인사해, 묘진해, 신해해, 유술해가 있다. 십 천간의 순서는 갑을병정무기경신임계로 흐르고, 십이 지지의 순서는 자축인묘진사오미신유술해로 흐른다.

　인묘진(寅卯辰) 봄이 사오미(巳午未) 여름으로 흐르고, 사오미 여름이 신유술(申酉戌) 가을로 흐른다. 신유술 가을이 해자축(亥子丑) 겨울로 흐르고, 해자축 겨울이 인묘진 봄으로 흐르면서 사계절이 순환한다. 계절의 전환기에 진토(辰土)가 사화(巳火) 여름을 생하고, 미토(未土)가 신금(申金) 가을을 생하고, 술토(戌土)가 해수(亥水) 겨울을 생하고, 축토(丑土)가 인목(寅木) 봄을 생한다. 십성으로 보았을 때 진토 기준에서 본 사화는 화생토로 인성(印星)이다. 미토 기준에서 신금은 토생금으로 식상(食傷)이다. 인성과 식상은 생(生)해주는 십성이기에 해석할 때 진생사(辰生巳), 미생신(未生申)으로 해석해도 문제가 없다. 그러나 술토 기준에서 해수는 토극수로 재성(財星)이다. 축토 기준에서 인목은 목극토로 관성(官星)이다. 재성이나 관성은 극(剋)을 하는 십성이다. 그러나 지지의 순서는 술생해(戌生亥), 축생인(丑生寅)으로 다음 계절을 생해주고 있다. 사주를 읽을 때 술생해(戌生亥)와 축생인(丑生寅)은 생(生)도 되고 극(剋)도 됨을 알고 있어야 한다. 극이 좋게 작용함을 알 수 있다. 극이라고 나쁘지 않다.

지지는 실제 처한 환경이다. 천간만 좋고 지지가 힘들면 마음이 아프다. 지지는 합형충파해(合刑沖破害), 십이운성(十二運星), 십이신살(十二神殺) 운동을 한다. 지지는 천간보다 복잡하다. 지지가 힘들면 인생의 부침(浮沈)이 심하다. 지지끼리 합형충파해를 할 때 일간일지(一干一支)가 원칙이고, 일지일지(一支一支)가 원칙이다. 지지 한 글자가 지지 두 글자를 합형충파해를 할 수 없다. 예를 들어 두 개의 자수(子水)가 한 개의 오화(午火)와 합하거나 충할 수 없다. 두 개의 자수와 한 개의 오화가 합하거나 충할 때 한 개의 자수는 살아남는다. 합충이 같이 있으면 선합후충(先合後沖)으로 계산한다. 지지끼리 합형충파해가 있을 때는 생년월일시의 순서로 발생한다. 지지(地支) 합은 지지끼리 만나서 화합하는 구조이다. 지지가 합하는 운에서는 눈에 띄는 사고수가 발생하지 않는다. 그러나 지지가 충하는 운에서는 충이 긍정적인지 부정적인지 계산한다. 희신(喜神)을 충하면 나쁘고, 기신(忌神)을 충하면 좋다. 지지(地支) 합은 지지 충이 해결하고, 지지 충은 지지 합이 없앤다. 합하면 친구가 되고, 충(沖)하면 하나는 살아남고 하나는 사라진다. 지지 형(刑)은 수술, 사고, 구설수, 소송이다.

합을 하고 있는 지지에 뿌리내린 천간은 자기 역할을 할 수 있다. 합을 하는 지지에 뿌리 내린 천간이 희신(喜神)이면 그 해 동안 그 천간은 힘이 좋다. 지지의 힘을 받는 희신 천간이 비견이면 친구관계가 좋아진다. 겁재이면 경쟁자로 인해 좋은 일이 생긴다. 식신이면 새로운 일을 한다. 상관이면 스트레스(관성)를 물리친다. 정재이면 돈을 모으고, 편재이면 돈을 운용해도 손해나지 않는다. 정관이면 승진하고, 편관이면 경쟁자를 물리친다. 정인이면 인정받고, 편인이면 연구 업적을 낸다. 지지가 합하고 있고, 합하는 지지에 뿌리내린 천간이 희신이라면 그 해는 안정적으로 산다.

충을 하고 있는 지지에 뿌리내린 천간은 위태롭다. 그 해 동안 자기 역할을 하지 못한다. 충을 하는 천간이 비견이면 친구관계가 나빠진다. 겁재이면 수술수가 있다. 식신이면 하는 일이 중단되고, 상관이면 구설수에 시달린다. 정재이면 돈 쓸 일이 생기고, 편재이면 투자한 돈을 잃는다. 정관이면 승진 없이 일만 열심히 하고, 편관이면 인간관계에서 관재수가 생긴다. 정인이면 공부가 중단되며, 편인이면 몸이 아프다.

지지가 한 해 동안 어떤 모습인지 알고 있어야 한 해의 운수를 잘 볼 수 있다.

39. 월지 십성의 의미

 월지는 '내'가 태어난 달이다. 월지는 '나'를 태어나게 한 어머니이고, '내'가 살아가는 환경이고, 사회질서이다. '내'가 어떻게 조절할 수 없고, '내'가 복종해야 할 운명이다. 월지의 십성으로 사회적 성향이나 대인관계 유형을 알 수 있다.

 월지 비견이면 가족보다는 친구, 사람을 좋아한다. 비견은 독립심, 자수성가 의지이다. 월지 비견은 자기 자신을 믿는다. 비견이 식상을 만나면 할 일이 생긴다. 재성을 만나면 돈을 벌려는 목표가 생긴다. 관성을 만나면 조직이나 제도권에서 일을 열심히 하고 자기 직위를 갖는다. 인성을 만나면 사회에서 인정받는 공부를 하고 자격증을 딴다.

 월지 겁재이면 승부욕과 지배력이 있다. 지는 것을 싫어해서 열심히 노력한다. 월지 겁재가 식상을 보면 자기 재능을 펼치고, 재성을 보면 돈을 벌기 위해 노력하고, 관성을 보면 조직에서 사람들을 관리한다. 인성을 보면 공부해서 실력을 쌓는다. 월지 겁재는 지는 것을 싫어해서 질투와 시기심이 있다. 자기 과신이 있기에 자기보다 강한 사람을 만나면 갈등이 발생한다. 겁재가 양인(양간의 겁재)일 경우에는 고집, 뚝심, 자존심이 강하다.

월지 식신이면 전문기술자가 된다. 식신은 자기가 하고 싶은 일을 즐겁게 하는 능력이다. 식신은 주는 사랑, 보살피는 연민, 기르는 힘, 전문적인 실력이다. 월지 식신이 비겁을 보면 에너지를 얻어 재능이 빛난다. 재성을 보면 영업, 제조, 창조 능력으로 돈을 번다. 식신이 관성을 보면 적절하게 관(官)과 타협하며 잘 지내지만 조직 내 위계질서가 불합리하면 직장을 그만 두고 프리랜서 일을 한다. 인성을 보면 공부를 하고 실력을 쌓아 한 분야의 전문가가 된다. 월지 식신은 먹을 복이라서 신체가 건강하다. 건강관리를 잘 하면 병에 걸리지 않고 오래 산다. 식신은 낙천적으로 세상을 산다.

월지 상관이면 지배자가 되려고 한다. 상관은 정관(기존 질서)을 이기려는 심리이다. 월지 상관은 대장기질이다. 사회를 자기 식으로 바꾸려고 한다. 승부욕, 호승심, 경쟁심, 언변이다. 이기기 위해서 자기 합리화를 잘 하며 이겨야 직성이 풀린다. 사주 십성에서 양인과 상관과 편관은 무사(武士) 기질이다. 싸움을 잘 한다. 월지 상관은 총명하지만 말을 함부로 해서 구설수가 있다. 양인(羊刃)은 싸움을 잘 하고, 편관은 사람을 관리하다가 사주가 신약하면 관재수에 시달린다. 월지 상관이 재성을 보면 돈 버는 능력이 탁월하다(상관생재). 과감하게 일을 추진한다. 상관이 잘못 된 관성(조직)을 보면 권위와 맞서 싸우는 투사가 된다. 인성을 보면 절제력이 생기고 똑똑한 학자나 연구원이 된다. 비겁을 보면 추진력을 얻어 열정적인 에너지로 산다. 상관은 자기 멋에 산다. 임기응변이 좋다. 상관은 제 잘난 맛으로 살지만, 사회에서 출세욕망도 강하기에 사회질서인 관성(官星)의 비위를 맞추는 전략가이기도 하다. 인성이 있으면 적절하게 타협하며 자기 이익을 취한다.

월지 정재이면 꼼꼼하고 알뜰하다. 돈이 중요하고, 현실적이고 실리적이다. 관성을 만나면 조직에서 승진하며 안정적 지위를 누리며 돈을 모은다(재생관). 사주가 약한데 인성을 보면 돈 욕심을 내다가 가진 돈도 잃을 수 있다(재극인). 재극인이 되면 문서 문제, 어머니 문제, 공부 중단 문제가 생긴다. 그러나 사주가 신왕하면 정재가 정인을 극해도 돈을 벌 수 있다(재격투인). 비겁을 보면 지인이나 혈육에게 돈을 빼앗길 수 있다. 비겁 운에는 돈 관계나 돈 놀이를 하지 말아야 한다. 식상을 보면 아이디어로 돈을 번다. 재성은 식상과 관성이 보호해야 돈이 된다. 식상생재, 재생관을 하는 정재는 부자가 된다.

월지 편재이면 돈을 굴린다. 편재는 영역확보 능력이고 역마살이고 돈을 활발하게 유통한다. 돈을 더 많이 벌기 위해 남의 돈을 빌어다가 활용하고 투자하고 투기한다. 사업가이다. 식상을 보면 실력으로 돈을 벌고, 정관을 보면 돈이 지켜진다(재생관). 재생관은 알뜰살뜰 살림꾼이고, 돈 관리를 잘 한다. 사주가 신약하고 월지 편재에 바로 옆에 편관이 있으면 몸이 아프다(재생살). 그러나 사주가 신왕하고 재생살이 되면 권력을 갖는다. 정재와 정관은 적절하게 일하지만, 편재와 편관은 너무 열심히 일하다가 병이 날 수 있다. 편재가 편인을 만나면 아이디어로 돈을 번다(재격투인). 신왕재왕(身旺財旺)에 편재는 식상운에 부자가 된다. 편재는 남의 돈을 가져다가 일을 해서 돈을 번다. 대출, 이자 놀이, 시세차익, 증권투자, 코인투자, 부동산 투기 등은 편재의 돈이다. 정재는 차곡차곡 모은 내 돈이다.

월지 정관이면 질서와 규율을 잘 지킨다. 어른들 말을 잘 듣고, 사람들과 합리적으로 잘 지낸다. 정(情)은 없지만 모범적이고 타인에게 피해주지 않는다. 저항이나 말썽이 없다. 공부할 때 공부하고 취직할 때 취직한다. 타율적이라서 사회성이 좋다. 상명하복의 조직시스템을 당연하게 생각한다. 정관이 상관을 만나면 싸움이 일어난다. 상관은 정관을 보면 답답해서 정관을 깨뜨리려고 한다(상관견관). 사주가 신약하면 상관견관(傷官見官)할 때 직장을 잃고, 여자인 경우 이혼한다. 상관이나 정관이나 사회적응이 목표이지만 상관은 제 잘난 맛이 있어 자기방식으로 조직을 바꾸려고 한다. 그러다가 조직에게 당한다. 정관은 합리적으로 조직에게 적응한다. 정관은 조직에게 자기를 맞춘다. 상관이 세상 무서운 줄 모르고 행동한다면, 정관은 세상 무서운 줄 알고 자기를 낮춘다. 상관은 개혁하려고 하고, 정관은 안정시키려고 한다. 사주가 신약하면 월지 정관은 상관을 만났을 때 관재수와 구설수가 생기거나, 직장을 그만 둘 수 있다. 정관이 인성을 보면 윗사람 덕을 본다(관인상생). 비겁을 보면 사람들을 관리하고 지휘한다. 정관이 재성을 보면 돈 관리를 잘 해서 부자가 된다(재생관). 정관이 상관을 만나면 상관이 정관의 잘못된 점을 고치려고 한다(상관견관).

월지 편관이면 호랑이처럼 무섭게 사람들을 관리한다. 정관이 입법, 행정 관료라면 편관은 사법, 군인관료이다. 편관은 남에게 피해주지 않고 대의를 위해 자기를 희생한다. 희생하는 편관을 보면서 사람들이 편관에게 복종하고, 편관의 말을 듣는다. 편관은 경쟁자나 적장(賊將)을 내편으로 만드는 능력이다. 편관이 식상을 만나면 편관의 엄격함이 부드럽게 변한다. 식상은 편관을 조절한다. 사주가 신왕할 때 편관이 재성을 만나면 돈 관리를 잘 하며 풍요롭게 산다. 사주가 신약하면 재생살(財生殺)이 될 때 돈도 잃고 몸도 아프다. 편관이 인성을 보면 윗사람의 조력을 받는다. 편관이 비겁을 보면 사람들을 제압하고 자기부하로 만든다. 편관은 리더십이 좋으며 권력직위를 갖는 능력이다. 편관은 양인(羊刃)을 제압한다. 양인의 주관적인 권력을 편관의 객관적인 권력으로 눌러 버린다. 양인이 불합리하다면, 편관은 합리적이다. 편관이 좋게 쓰이려면 사주에 인성이나 식상이나 양인이 있어야 한다.

월지 정인은 어머니 마음이다. 자상하고 지혜롭다. 윗사람에게 사랑 받으며 하고 싶은 공부를 잘 한다. 자랄 때도 부모에게 사랑받으며 무난하게 자란다. 월지 정인이 식상을 만나면 교육자가 된다. 제도하고 교화하고 가르친다. 신왕한 사주라면 정인이 재성을 만났을 때 재성에게 자극받아서 현실적인 공부를 해서 돈을 번다(인다용재). 공부도 돈이 되는 공부를 한다. 그러나 시주가 약하고 정관도 없는데, 정재에게 일방적으로 극(剋) 당하면 공부가 중단되고, 어머니에게 문제가 생기고, 문서문제가 생긴다(재극인). 월지 정인이 정관을 만나면 공무원, 대기업 직원, 공기업 직원, 의약사, 검경, 행정, 입법 일을 한다. 돈을 버는 공부를 잘 한다(인다용재). 고위직 관리자, 똑똑한 사업가가 된다. 월지 정인이 관성을 만나면 조직에서 승진하고 지위를 인정받는다. 비겁을 만나면 사람들과 화합하며 잘 지낸다.

월지 편인은 눈치가 빠르다. 직관력과 순발력이 좋다. 편인은 임기응변이다. 식상을 만나면 천재적인 아이디어를 낸다. 똑똑하고 지적이다. 재성을 만나면 지식산업으로 돈을 번다. 관성을 만나면 눈치껏 조직에 순응한다. 비겁을 만나면 사람들과 잘 지낸다. 편인은 식신을 만나지만 않으면 편인의 역할은 정인과 유사하다. 편인은 식신을 극해서 먹을 복을 찬다(편인도식). 그러면 몸이 아프다. 건강에 문제가 생긴다. 편인도식은 글자가 바로 옆에 붙어 있어야 일어난다. 그러나 사주에 비견이나 겁재가 있으면 편인은 식신 밥그릇을 엎지 않는다. 편인이 비겁을 생해서 식상(먹을 것)을 내소유물로 만든다. 편인이 편재를 만나면 천재 경영인, 산업 분야의 혁신적인 연구원, 대기업 무역 상인이 될 수 있다. 월지 인성은 비겁 생 식상으로 흘러야 먹고사는 데 문제가 없다. 정인은 정관과 관인상생을 잘하고, 편인은 관성과 관인상생도 잘 하지만 편재의 극을 받으면 돈 버는 일을 잘한다.

월지에 어떤 십성이 있느냐에 따라 그 사람이 사회생활을 어떤 성향으로 하는지 알 수 있다. 월지 십성이 어떤 십성이든 간에 십성은 좋게 작용하지, 나쁘게 작용하지 않는다.

40. 나쁜 사주 개운법

　군겁쟁재(群劫爭財), 상관상진(傷官傷盡), 상관견관(傷官見官), 재극인(財克印), 재생살(財生殺), 편인도식(偏印倒食)이 나쁜 사주 구성이다. 또한 묘지운(墓地運), 한쪽으로 쏠린 사주, 너무 추운 사주, 너무 더운 사주도 부정적으로 본다. 사주가 화토(火土) 기운이나 목화(木火) 기운으로만 이루어진 사주는 물 기운이 없어 몸의 균형이 깨진다. 사주팔자에 물이 없으면 암이나 종양이 생길 수 있다. 또한 금수(金水) 기운으로만 이루어진 사주도 몸이 차가워서 혈관질환이나 중풍을 앓을 수 있다.
　군겁쟁재 사주는 내가 번 돈을 사람들에게 빼앗긴다. 군겁은 비견과 겁재로 사람들이다. 쟁재는 돈을 놓고 사람들이 싸우는 모습이다. 이럴 때는 사람들을 관리하는 정관이나 제압하는 편관이 있으면 해결된다. 관성이 있어야 재성 돈이 보호된다. 관성은 재성 돈을 사람들이 가져가지 못하게 사람들을 관리한다. 합리적인 관성이 재성 돈을 사람들에게 적절하게 분배한다. 혹은 식상(일거리)이 있어서 비겁(사람들)을 식상생재로 움직이게 하면 좋다. 사람들이 식상 일거리를 함께 해서 재성 돈을 벌어서 나누면 좋다. 사주가 군겁쟁재이면 아버지가 일찍 돌아가실 수 있다. 겁재는 아버지(편재)를 극한다. 남자인 경우에 겁재가 아내(정재)를 극하기에 아내가 없거나 미혼이거나 이혼남일 수 있다. 사주가 군겁쟁재이면 남자는 여자와 돈을 탐하다가 빈털터리가 되고, 여자도 돈을 탐하다가 가난해지며, 남편도 돕지 못한다(재생관을 하지 못한다). 군겁쟁재를 해결하려면 관성이나 식상이 있어야 한다.

상관상진은 인성이 상관을 너무 극(剋)해서 상관의 능력이 발휘되지 않는 상황이다. 상관은 언변술이고 창의력이고 비판력이다. 십성 중 지식을 활용하는 능력이 가장 뛰어나다. 상관이 교육으로 발휘되면 똑똑한 학자가 되고, 정치인이 되면 말 잘하는 전략가가 된다. 그런 상관에게 비견과 겁재가 있어서 인성과 상관 사이를 통관해주면 창조적인 연구원, 뛰어난 학자가 된다. 그러나 정인이나 편인이 너무 많고, 비견과 겁재가 없으면 상관의 표현력이 나타나지 못한다. 상관상진(傷官傷盡)이 되면 자기 능력을 발휘하지 못하고 기죽어 산다. 바깥 생활에서 소심하게 살며, 한 가지 일을 꾸준히 하지 못한다. 사회생활에서 소극적이 되거나 일(상관)을 하지 않게 된다. 이럴 때는 비견과 겁재가 인성과 상관을 통관(通貫)해주면 좋다. 비견과 겁재가 힘이 되면 상관은 자기 일을 할 수 있다. 비견과 겁재가 없는 상관은 힘이 없는 상관이다. 비견과 겁재는 인성과 상관을 통관해 주어서 상관의 똑똑한 능력이 사회에서 인정받을 수 있게 한다. 혹은 상관상진이 될 때 재성이 있어서 재성이 인성을 극하면 상관생재로 사주가 더 좋게 변한다. 재성이 과다한 인성을 극(剋)하면, 인성이 상관을 극하지 못 하기에, 상관이 재성을 생(生)할 수 있다. 상관이 재성을 생하면 상관생재가 되어 돈을 벌 수 있다. 상관상진의 해결책은 비겁과 재성이다.

　상관견관(傷官見官)은 상관이 정관을 보고 정관을 개혁하려고 하다가 구설수와 관재수를 당하는 형국이다. 상관견관을 하지 않으려면 인성이나 재성이 있어야 한다. 인성은 정관을 보호하면서 상관을 적절하게 극한다. 재성은 상관생재(傷官生財)하도록 상관의 생을 받고, 재성이 번 돈을 관성이 보호하게 한다. 그러면 재생관이 되어 관성이 보호된다. 관성은 재성과 인성을 통관해주며, 인성이 상관을 적절하게 극하게 한다. 상관견관의 해결책은 인성이나 재성이다.

　재극인(財剋印)은 사주가 신약해서 정인이 사주팔자를 돕고 있는데, 과다한 정재가 들어와서 약한 정인을 극하면 하는 일이 중단된다. 사회적 지위가 추락하고 가지고 있던 돈도 잃어버린다. 정인은 학자, 연구원, 고위직위, 인증 받음, 상사(上司)복인데 재극인을 당하면 명예 실추, 학업중단, 몸 아픔, 어머니 문제가 발생한다. 이럴 때는 비견과 겁재가 있어서 재성을 극하면 좋다. 그리고 관성이 있어서 재성과 인성을 통관해 주어도 좋다. 재극인의 해결책은 비겁과 관성이다.

　재생살(財生殺)은 재성이 편관을 생해서, 편관이 신약한 '나'를 공격하는 형국이다. 이럴 때는 몸이 아프다. 편관은 일간(나)과 비겁을 제압하는 법, 제도, 규율이다. 편관은 힘든 일이고 스트레스이고 질병도 된다. 사주팔자가 약하면 재생살이 될 때, 비견과 겁재가 구원자이다. 비견과 겁재는 재성을 극해서 재성을 기운을 약화시킨다. 그러면 재생살이 일어나지 않고, 편관이 일간(나)을 괴롭히지 않게 한다. 혹은 식신이 있어서 편관을 제압해도 좋다(식신제살). 식상이 편관을 극하면, 편관이 일간(나)을 괴롭히지 않는다. 식상이 편관을 제압하고 재성을 생하면 식상생재로 상황이 좋게 변한다. 재생살 사주일 경우에는 건강관리와 관재수를 조심한다. 재생살 사주이면 사업보다는 월급쟁이가 좋다. 재생살의 해결자는 비겁과 식상이다.

편인도식(偏印倒食)은 편인이 식신을 극해서 몸이 아프거나 하는 일이 중단된다. 이럴 때 비겁이 있어서 편인과 식신을 통관하면 좋다. 혹은 편인을 극하는 편재가 있으면 좋다. 편재가 편인을 극하면 편인은 공부하고, 연구하고, 자기가 하는 일에서 전문가가 된다. 편재가 편인을 극하면 편인도식을 할 수 없다. 오히려 식신이 살아나서 식신생재로 재성을 생해서 돈을 벌 수 있다. 여자인 경우에 편인도식이 있으면 자식을 많이 낳지 않거나, 자식을 키우는 도중에 잃을 수 있다. 남녀 모두 편인도식운에 질병에 걸리거나 사망할 수 있다. 편인도식의 해결자는 비겁과 편재이다.

묘지운(墓支運)은 좋게도 나쁘게도 작용하지만, 식신이나 재성이 묘지운에 들면 질병에 걸린다. 식신이나 재성은 양명지본(養命之本)으로 의식주이다. 의식주가 묘지에 드니 몸이 아프고 잘 먹지 못 하고 누워 있게 된다. 식신이나 재성이 묘지운에 들면 기력이 약해지고 피로감에 시달리기에 잘 먹고 건강에 힘써야 한다. 적당한 운동과 밝은 마음으로 지내야 좋다. 사주구성이 좋고 재성이 묘지운이면 돈이 모아진다. 돈이 묘지 속에 안정되게 보관된다.

사주가 너무 덥거나 추우면 몸의 체온 균형에 힘써야 한다. 사주가 너무 더우면 물을 많이 마시고, 너무 추우면 따뜻한 음식으로 보호한다. 사주를 중화시키는 오행으로 자기 몸을 보호하거나 마음공부를 하면 좋다.

41. 사주 연월일시 해석

연월일시에서 연주(年柱)는 내가 태어난 해이다. 내가 처한 국가 사회이면서, 내가 살아내는 외부 환경이다. 연주의 글자는 내가 어떻게 할 수 없고 나를 조종하고 내가 적응해야 하는 바깥이다. 연주에 식상이 있으면 '나'의 재능과 심리를 솔직하게 표출하는 경향이 강하다. 직선적이고 말이 많고, 행동으로 보여준다. 특히 연간(年干)이 상관이면 사회생활을 하면서 부딪치는 일이 많다. 자기 의견을 굽히지 못한다. 연간 상관은 말조심을 해야 한다. 연간이 정인인 경우에는 사회생활에서 이익을 많이 본다. 정인은 인덕이다. 공부, 어른들의 사랑, 부모 사랑, 안정적 환경이다. 어린 시절에 어른들에게 사랑받으면서 안정적으로 자란다. 연간 정관도 인정받으며 산다. 인정받기 위해서 성실하게 노력하고 어른들 말을 잘 듣는다. 연주의 정관을 좋은 아버지, 편관을 무서운 아버지로 읽어도 된다. 연주의 관성은 나를 제압하는 질서, 법, 규율이다.

연간(年干)에 편인, 편관, 상관, 양인은 사람들에게 사랑받지 못하고 세상을 홀로 살아낸다. 세상살이가 힘든 것을 어린 시절에 깨닫는다. 사람들이 이기적이고 이해 타산적이라고 생각한다. 연간에 사흉신(편인, 편관, 상관, 양인)이 있으면 인간관계가 계산적이고 합리적임을 일찍 경험하고 독립적으로 인생을 선택하며 자수성가한다. 세상에서 자기를 돕는 사람이 자기뿐이다. 누가 도와주겠지 하는 미련을 갖지 않는다. 누군가를 믿고 사랑하면 자기만 상처 당하고 외롭게 된다. 연간이 편인, 편관, 상관, 양인이면 세상이 정글이라고 생각한다. 연지(年支)가 상관, 양인, 편인, 편관이면 부모가 이혼하거나 편부모 밑에서 자랄 수 있다. 연주(年柱)에 사길신(정인, 식신, 정재, 정관)이 뿌리가 좋으면 어린 시절에 고생 없이 무난하게 살 수 있다. 연주가 사흉신(상관, 편관, 편인, 겁재)이면 어린 시절에도 타인들에게 기대지 않고 오로지 자기 자신만 믿으면서 애어른처럼 산다.

월주(月柱)는 내가 태어난 달이며 계절이다. 사주팔자 중에서 월주의 비중이 가장 크다. 월주는 내가 어떻게 할 수 없는 환경, 부모, 형제이다. 나에게 주어진 재능도 된다. 월지(月支) 정인이면 공부를 잘한다. 정관이면 사회생활을 잘 한다. 인정받는 회사원, 공무원, 직장인, 학생이다. 식신이면 창의적이며 사랑이 많다. 정재이면 성실하게 공부하고 일하는 모범생이다. 월지(月支)가 편인이면 꾀돌이, 천재, 학자, 기술자, 연구원의 자질이다. 월지가 편관이면 카리스마 넘치는 지도자이고, 상관이면 방송예능인처럼 표출하는 능력이 좋다. 편재이면 사업가, 여행가, 활동력 강한 일을 한다. 월지 비견이나 겁재이면 독립심이나 자립심이 좋다. 월지는 내가 태어난 계절이기에 나에게 죽어진 숙명이나 능력이나 재능이다. 가족에게 비유한다면 월지(月支) 정인은 어머니가 좋고, 월지 식신은 자식이 잘 되고, 월지 정재이면 아내가 좋고, 월지 정관이면 남편이 좋다. 월지 편재이면 아버지가 좋고, 월지 비견과 겁재이면 형제들이 좋다. 월지가 사흉신(편인, 상관, 편관, 양인)이면 부정적으로 해석하기도 하지만, 사흉신은 독립심, 자립심, 강인한 생활력, 자수성가 능력으로도 작용한다.

일주(日柱)는 내가 태어난 날이다. 내가 태어난 날로 내가 능동적으로 조절 가능하다. 연주(年柱)와 월주(月柱)는 내 외부 상황이라서 내가 연월주가 시키는 일을 하고 연월주에게 끌려다닌다. 일주(日柱)나 시주(時柱)는 내가 능동적으로 관리할 수 있다. 일지 비견이면 독립성, 겁재이면 경쟁성, 식신은 하고 싶을 일을 하는 의지력, 상관은 자유롭게 표현 표출하는 재능, 정재는 성실함과 꼼꼼함, 편재는 활동력과 지배력, 정관은 사회적응력과 정의감, 편관은 리더십과 의리, 정인은 공부 능력과 인정받음, 편인은 천재적 머리와 인정받음이다. 물론 비견과 겁재는 고집을 부리고 타인을 무시한다. 식신은 자기 할 일만 해서 타인과 화합력이 약하다. 상관은 직설적인 말을 해서 구설수가 있다. 정재는 구두쇠기질과 인색함이 있다. 편재는 남의 돈 내 돈 구분 없이 가져다 쓰며 빚을 질 수 있다. 정관은 질서유지가 우선이라고 생각해서 인간적이기보다는 합리적이다. 원리 원칙적이라서 융통성이 없다. 편관은 과격하게 사람들을 제압해서 관재수가 있다. 정인은 마마보이이거나 게으르거나 잠이 많다. 편인은 의심하고 부정하며 근심걱정을 사서 한다. 이렇게 십성의 장단점이 있지만 일주는 내가 얼마든지 장점으로 사용할 수 있다. 내 의지만 좋다면 십성의 기질을 긍정적으로 사용할 수 있다.

시주(時柱)는 내가 태어난 시간이다. 말년이고 자식 자리이다. 시주도 내가 능동적으로 좋게 사용할 수 있다. 내 의지가 작용하는 구간이다. 시주에 정관이 좋으면 남자인 경우 자식이 잘 된다. 시주에 식신이 좋으면 여자의 경우 자식이 잘 된다. 시주에 비견 겁재가 있으면 늙어서 친구가 있고 같이 놀 사람이 있다. 시주에 관성이 있으면 사업할 가능성이 높다. 시주에 재성이 있으면 죽기 직전까지 일하러 다닌다. 시주에 인성이 있다면 자기가 살 집이나 용돈이 있다. 시주(時柱)에 어떤 십성이 있든 사주(四柱)는 살기 위해서 존재하지 망하거나 죽기 위해서 존재하는 운명은 아니다.

42. 재성과 인성

사주에서 재성은 '돈'이다. 돈을 잡는 힘이고 돈을 버는 목표의식이다. 사주에 재성이 있으면 행동력이 있고, 결과물을 얻기 위해 부지런히 활동한다. 재성은 결정력, 판단력, 결과추구, 마무리, 소유 욕망, 현실적, 이해 타산적, 계획적이다. 재성에는 정재와 편재가 있다. 정재는 알뜰살뜰, 꼼꼼, 성실, 저축, 올바름이고, 편재는 돈 운용능력, 투기, 투자, 확장, 사업, 역마, 유통되는 돈이다. 편재는 남의 돈도 빌려다 쓰고 대출도 무서워하지 않는다. 돈 씀씀이가 크고 돈은 돌고 돈다고 생각한다. 재성이 많은 재다신약(財多身弱) 사주는 돈을 지킬 수 없다. 빚이 더 많다. 이럴 때는 인성으로 비겁을 생해서 많은 재성을 물리쳐야 한다. 혹은 관성으로 재성의 힘을 빼고, 관성으로 내 돈을 빼앗아가는 비겁을 극해야 돈이 지켜진다. 관성이 인성을 도와서, 인성이 나를 도우면 내 돈이 지켜진다. 편재는 돈 관리를 잘 해야 돈이 내 돈이 된다.

재성은 인성을 극한다. 재성은 물질욕심이다. 인성은 안정욕구이다. 재성은 더 벌고 더 열심히 일하는 부지런함이다. 인성은 게으르고 현실 만족적이며 무사태평하다. 부지런한 재성이 게으른 인성을 극하면 그때서야 인성이 돈을 벌려고 활동한다. 인성은 공부하는 것을 좋아하고 일 하는 것을 싫어하기에 재성이 인성을 극해야 일할 생각을 한다. 사주에 인성이 많은데, 재성운이 들어오지 않고 식상도 없으면 인성 많은 사주는 가난한 선비가 된다. 인성 많은 사주가 먹고 살려면 회사원, 공무원, 교사 같은 안정적인 직장이 좋다. 인성은 하늘에서 돈이 뚝 떨어지기를 바라는 요행심이기도 하다. 잠이 많고 놀기 좋아한다. 자기가 좋아하는 공부는 잘 하지만 공상이 많고 행동력이나 실천력이 약하다. 인성이 활동하기 위해서는 재성이라는 목표의식과 일거리가 들어와야 한다.

　인다용재(印多用財)는 사주가 좋다. 많은 인성이 재성에게 극을 당하면 배우고 익힌 지식으로 돈을 벌 수 있다. 꾀돌이며 천재적인 머리를 가진 사주이다. 반면에 인성이 약하고 일간도 약한데, 정재가 정인을 극하면 돈 조심, 사람 조심을 해야 한다. 인성은 세상물정 모르고 순진하다. 재극인일 때 인성은 사기꾼에게 사기 당해서 돈도 잃고 명예도 잃을 수 있다. 인성이 돈 욕심을 내면 명예도 잃고, 직장도 잃을 수 있다. 정인이 정재에게 재극인을 당하면 내가 가진 명예나 재산이나 건강에 손실이 생긴다. 재극인(財剋印) 운에서는 정신 바싹 차려서 돈 욕심 내지 말고 절제하고 정직하게 살아야 한다. 돈을 더 벌려고 하다가는 명예가 실추되고 건강이 나빠진다. 제 정신 못 차리고 여기저기 현금을 투자했다가는 투자한 돈을 다 잃을 수 있다. 그런 현상이 재극인(財剋印)이다.

　인성이 돈을 벌려고 일을 키우면 일을 감당하지 못 한다. 인성은 이론지식이다. 현실적이고 실제적인 상황(재성)과 부딪치면 이론지식은 힘이 없다. 사주에 인성이 많다면 현금재산보다는 문서재산으로 가지고 있는 것이 좋다. 인성은 현금 운용을 잘 못한다. 인성은 공부 머리이고, 재성은 현실을 경영하는 머리이다. 학교 다닐 때 공부 잘 한다고 해서 돈을 잘 버는 것은 아니다. 돈은 재성이 잘 번다. 재성은 부자로 살고 싶어 한다. 돈 자랑을 하고 싶어 한다. 명품, 큰 차, 큰 집을 과시하고 싶어 한다. 편재는 오지랖이고 돈 씀씀이가 크다. 인성은 정신적인 면을 인정받고 싶어 하고, 재성은 물질적인 면을 인정받고 싶어 한다.

　인성은 공부하면서 사람들과 잘 지내고, 안정적으로 살려고 한다. 인성은 정인과 편인이 있다. 정인은 편인보다 돈 관리를 못 한다. 있으면 쓰고, 없으면 빌려 쓴다. 정인은 자기가 돈을 벌기보다는 부모나 아내나 남편이 벌어다 준 돈을 자기가 가져다 쓴다. 옛날식으로 말하면 공부하는 선비이다. 부모가 먹여 주거나 아내가 먹여 주는 만년 고시생이다. 편인은 다르다. 편인은 부모의 눈치를 보고 자라기에 타인의 도움을 기대하지 않고 자립적으로 산다. 정인이 사람을 믿는다면 편인은 사람을 믿지 않는다. 편인은 사람이 이기적인 존재이고 세상은 혼자 사는 곳이라고 판단한다. 정인은 사랑 받으면서 자라기에 세상은 더불어 사는 곳이라고 생각한다. 편인은 어머니에게 구박 받으면서 자라기에 현실의 엄격함을 몸으로 체득한다. 편인은 자기 능력이 없으면 사회에서 생존할 수 없다는 것을 깨닫는다. 그래서 편인은 독립심이 강하고, 결심한 것을 실천하는 끈기가 있다. 편인은 남에게 돈을 빌리지 않고 자기가 일을 해서 돈을 번다.

　정인은 정관이 있어야 안정적으로 산다. 정관이라는 안정적인 직장에서 사람들하고 갈등하지 않고 합리적으로 산다. 정인은 편관과도 살인상생을 잘한다. 편인은 비겁을 생해서 비겁의 독립성을 이용해서 식상을 생하는 일을 잘한다. 편인이 편재의 극을 받으면 지식과 정보를 상품으로 만들어 돈을 번다. 편인의 지식이 편재의 활동성을 만나면 지식이 돈으로 바뀐다. 편인은 정관과 편관과도 잘 어울린다. 지식(인성)을 응용해서 돈을 만들어내는 일은 식신, 상관, 재성이 하고, 관성은 지식(인성)을 생해서 사회에서 인정받는다.

　정재와 편재는 현실적인 판단력이다. 재성은 사람들이 물질적 이익이 있어야 움직인다고 생각한다. 재성은 이해 타산적이며 결과물을 손에 쥐는 능력이다. 재성은 현금 운용 능력이 좋다. 반면에 인성은 마음의 재미와 충족감을 추구한다. 인성이 돈을 벌려면 공부한 자격증으로 돈을 벌 수 있다. 인성은 부동산 소유권, 문서 재산, 채권 등에 돈을 투자하면 좋다. 사주를 볼 때 인성으로 공부와 건강을 보고, 재성으로 활동력과 현실적 능력을 보면 된다. 인성 위주이면 문과이고 재성 위주이면 이과가 좋다.

43. 십 천간의 의무

갑을병정무기경신임계는 흐르면서 순환한다. 갑목(甲木)은 상승작용, 처음, 시작, 우레, 활력, 산소, 생기, 희망, 창작, 발명, 기획, 교육, 신맛, 간, 담이다. 갑목은 위로 솟는다. 갑목은 해(亥)월에 활동을 시작해서 묘(卯)월에 가장 활발하고, 미(未)월에 자람을 멈춘다. 척추, 뼈대, 동맥혈이다. 생목(지지가 인묘진사오미일 때)이면 목화통명해서 문화 발전에 힘쓴다. 사목(지지가 신유술해자축)일 때는 경금으로 베어져 건축, 토목, 목재가구, 생활용품이 된다.

을목(乙木)은 묘목, 꽃, 새, 잎사귀, 바람, 낙엽, 넝쿨, 칡, 부드러움, 적응력이다. 갑목이 있으면 등라계갑(藤蘿繫甲)이 되어 넝쿨이 잘 자란다. 을목은 인(寅)월에 생명활동을 시작해서 오(午)월에 가장 활발하고, 술(戌)월에 활동을 멈춘다. 팔, 다리, 정맥, 어깨, 신경계, 혈액순환이다. 을목은 작고 예쁘다. 도화살, 멋 내기, 예술가 기질이다. 지지가 인묘진사오미(寅卯辰巳午未)이면 생목(生木)으로 피어 있는 꽃이다. 지지가 신유술해자축(申酉戌亥子丑)이면 사목(死木)이다. 꽃은 낮에는 활기 있고, 밤에는 힘이 없다. 생목일 때는 문화 창달, 예술창작, 교육이다. 사목일 때는 종이, 건축자재, 가구 등 생활용품이다.

병화(丙火)는 태양, 화려함, 광합성, 확장, 공평무사, 리더십, 쓴맛, 심장, 소장, 문명, 정보통신, 첨단산업, 방송국, 백화점, 여행, 관광, 인문과학, 자연과학, 전파, 연예인, IT, 역마, 항공이다. 병화 태양은 인시(새벽 3시 반에서 5시 반)에 떠오르고 오시(오전 11시 반에서 오후 1시 반)에 가장 환하게 세상을 비춘다. 술시(오후 7시 반에서 9시 반)에 진다. 병화는 생명체의 낮 활동을 주관한다.

정화(丁火)는 인간이 만든 문명, 과학, 학문, 별, 온기, 열기, 장정, 북극성, 심장, 과학, 동력, 가로등, 물질문화, 정신문화이다. 천간 정화(丁火), 기토(己土), 경금(庚金)은 사유축(巳酉丑) 운동을 한다. 사월(巳月)에 정화 온기가 쌓이기 시작해서 유월(酉月)에 곡식을 익히는 열기로 쓰이다가, 축월(丑月)에 온기가 사라진다. 정화(丁火)는 문화와 문명의 핵심, 정자, 씨앗을 보존한다.

무토(戊土)는 노을, 산, 제방, 성, 담, 집, 중재자, 안개, 단맛, 위비, 아버지이다. 무토는 병화와 같이 인오술(寅午戌) 운동을 한다. 목화(木火)운동으로 확산되는 생명체를 키우는 땅이다. 상승운동을 조절하며 제한한다. 십이운성(十二運星)으로 화토동법(火土同法)이다. 병화가 태양이라면 태양 주변의 빨간 빛, 노을이 무토이다. 무토에서는 초록잎사귀 을목(乙木), 계곡물 계수(癸水), 바위 경금(庚金), 태양 병화(丙火)가 지상(地上)의 양(陽) 운동을 활발하게 하고 있다. 무토는 생명체의 크기를 조절하는 아버지이다.

　기토(己土)는 곡식을 기르는 논밭, 결실을 맺게 하는 땅, 중심축, 흰 구름, 중화, 공기 중의 먼지, 어머니이다. 기토는 다 자란 생명체를 온전하게 보호한다. 씨앗(辛金)을 만드는 농토이다. 정화, 기토, 경금은 사유축(巳酉丑) 운동을 한다. 결실을 수확하는 금수(金水) 운동을 해서 씨앗을 보존하는 땅이다. 기토는 씨앗 신금(辛金), 뿌리 갑목(甲木), 지하수 임수(壬水), 온기 정화(丁火)를 지표면에서 관리하는 어머니이다.

　경금(庚金)은 하강작용을 한다. 달, 끝맺음, 결실, 완성, 조립, 보관, 유통, 판매, 시장, 바위, 매운 맛, 폐, 대장, 뼈, 치아이다. 가을에 수확되는 온갖 열매이다. 필요한 것은 수확하고 불필요한 것은 버리는 숙살지기(肅殺之氣)이다. 군인, 경찰, 검찰이다. 정화, 기토, 경금은 사유축(巳酉丑) 운동을 한다. 정화의 온기로 기토에서 농사짓고, 결과물을 경금이 수확한다. 사월(巳月)에 씨앗을 뿌리고, 유월(酉月)에 단단한 열매로 변하고, 축월(丑月)에 씨앗을 저장된다. 그 씨앗이 인월(寅月)에 새봄이 되면 새싹으로 다시 태어나며 계절을 순환한다. 경금은 축(丑) 속에서 신금(辛金)으로 변해서 안전하게 보호받는다.

　신금(辛金)은 완벽한 씨앗이다. 새봄에 새잎을 내는 갑목(甲木)의 열매가 만든 씨앗이다. 금을 세공해서 완성한 보석이다. 완성품이기에 간섭을 싫어한다. 신금은 정관(正官)이다. 정관은 지켜야 할 질서, 원리원칙이다. 찬 서리, 구름, 눈, 골수, 고체, 틀, 완제품, 견고함, 포장, 분리, 청정법신이다. 신금(辛金)은 신자진(申子辰) 운동을 한다. 신월(申月)에 맺어진 씨앗이 자월(子月)에 보호되고, 진월(辰月)이면 새 잎사귀나 새 줄기로 변화된다. 딱딱했던 물체가 부드러운 잎으로 변한다. 서리도 진시(辰時)에 사라진다. 신금은 씨앗으로서 자기 몸을 잘 보호하는 게 임무이다. 신금(辛金)은 임수를 따라서 신자진(申子辰) 운동을 한다.

임수(壬水)은 만물의 처음이다. 임신, 창조, 변화, 혁신, 변화무쌍, 바닷물, 먹구름, 저기압, 짠 맛, 대뇌, 전두엽, 우박, 정신세계, 지하수이다. 신금(辛金)과 함께 신자진(申子辰) 운동을 한다. 신월(申月)에 수(水) 운동을 시작하고, 자월(子月)에 차가운 기운이 왕성했다가, 진월(辰月)에 찬 기운이 서서히 없어진다. 정신 운동의 대표자이다. 임수는 씨앗 신금(辛金)을 온화한 물 기운으로 보호하는 자궁이다.

계수(癸水)는 고기압, 계곡물, 이슬, 봄비, 소뇌, 수증기, 공기, 습기, 아지랑이, 지상수, 십 천간의 끝이지만 새로운 시작의 기운이다. 임수가 땅을 흐른다면 계수는 하늘을 흐른다. 십 천간의 처음인 갑목과 함께 해묘미(亥卯未) 운동을 한다. 계수는 묘(卯)에 장생한다. 음간은 장생지만 있어도 사는 데 힘듦이 없다. 음간 장생은 식신이다(정화만 장생지가 편재이다). 을목은 오(午), 정화와 기토는 유(酉), 신금은 자(子), 계수는 묘(卯)만 있어도 무난하게 산다. 음간의 장생지는 식신이고 문창성이다. 양간 식신은 병지이다. 갑목에 사(巳), 병화와 무토는 신(申), 경금은 해(亥), 임수는 인(寅)이다. 병화만 편재가 병지이다. 음간 식신이 양간 식신보다 생활력이 활발하고 융통성이 있다. 양간 식신은 자식 키우느라 허리가 구부러진다. 계수의 의무는 을목 생명체를 보호하며 키운다. 여자사주에 식신은 자식이기에 식신이 좋으면 자식이 잘 된다. 남자사주에 식신은 여자를 사랑하는 능력이고 생활력이다.

44. 합형충파해, 신살론, 십이운성

천간은 생극제화를 하고 지지는 합형충파해를 한다. 합(合)은 창조 활동, 공동협력으로 목적 달성, 변화발전이다. 충(沖)은 분리, 독립, 변화, 이별, 이사, 개혁, 새로운 연합이다. 천극지충(천간은 극하고 지지는 충한다)일 경우에 사건, 사고, 수술, 질병운이다. 그 해(年)는 조심해야 한다. 자오충(子午沖)은 불안 초조(물과 불의 싸움), 축미충(丑未沖)은 먹을 것 나누기(땅과 땅의 파헤침), 인신충(寅申沖)은 역마, 무역, 이동, 이사(봄과 가을의 싸움), 묘유충(卯酉沖)은 권력 이양, 변화 변동(아침과 저녁의 싸움), 진술충(辰戌沖)은 먹을 것 나누기(땅과 땅의 싸움), 사해충(巳亥沖)은 이동, 바쁨, 해외업무(하늘과 바다의 싸움)이다. 축미충이나 진술충은 서로 충해도 토기운이 남는다. 충할 때 조건이 있다. 왕한 글자가 쇠한 글자를 치면 쇠한 글자는 뿌리 뽑혀 사라지고, 쇠한 글자가 왕한 글자를 치면 왕한 글자가 화가 나서 날뛰게 된다, 왕자충쇠 쇠자발, 쇠자충왕 왕신발 (旺者沖衰

衰者拔, 衰者沖旺旺神發) 원리이다

형살(刑殺)은 냉정하고 독선적이고 자기 식대로 일을 밀고 나가다가 갇히고 막히게 된다. 질병, 사고, 장애, 관재구설, 손재수, 음해, 수술이다. 호승심이 강하고 권력 지향적이다. 의약업, 활인업, 검경, 연예인, 유명한 직업도 형살이다. 인사신(寅巳申) 삼형살은 공권력, 의약, 기계 산업, 정치가, 경제인, 생사여탈에 관련된 일, 범죄인이다. 축술미(丑戌未) 삼형살은 넓은 의미의 토지, 무대, 생살지권, 복지, 부동산, 토목, 범죄인이다. 자묘형(子卯刑)은 도화살, 예술 활동, 연예인, 의약사이다. 진진형(辰辰刑)은 진흙탕, 구설수, 구속, 생살지권, 창고업, 보관업이다. 오오형(午午刑)은 화염, 탕화, 총, 대포, 무기업, 화상, 우울증이다. 유유형(酉酉刑)은 숙살지기, 분리, 수술, 발효식품, 화장품, 약물중독, 컴퓨터이다. 해해형(亥亥刑)은 쓰나미, 해일, 범람, 풍랑, 신장병이다.

해살(害殺)은 해로움, 단절, 파탄, 수술, 사고, 골절, 걱정, 근심이다. 묘진해(卯辰害), 인사해(寅巳亥), 축오해(丑午害), 자미해(子未害), 신해해(申亥害), 유술해(酉戌害)가 있다. 원진은 만나면 미워하는 살이다. 진해, 자미, 인유, 묘신, 축오, 사술 등 인간적인 감정 문제가 발생한다. 귀문(鬼門)은 예민하고 까다롭고 신경질적이다. 우울증, 공황장애, 불안 장애이다. 그러나 자기관리를 잘 하고, 타인을 배려하는 마음수련을 하면 지혜로운 자가 된다. 진해, 자유, 미인, 신묘, 사술, 축오이다.

십이신살에서 천살(天殺)은 하늘 문제이다. 비행기, 해외여행, 폭우, 폭설, 천둥, 번개, 자연재해이다. 지살(地殺)은 땅의 문제이다. 이동, 이사, 시작, 활동 영역 바뀜이다. 연살(年殺)은 도화살, 멋내기이다. 역마살(驛馬殺)은 이동 업무, 활동력, 돈 유통, 낙관적이다. 망신살(亡身殺)은 수술, 연예인, 자기 외모 자랑하기이다. 장성살(將星殺)은 고집, 지휘자, 대표자, 우두머리이다. 반안살(攀鞍殺)은 유산상속, 의자, 귀인, 비서, 호위무사, 출세, 승진, 합격이다. 재살(災殺)은 수옥살, 갇힘, 막힘이다. 육해살(六害殺)은 병듦, 떨어지는 낙엽이다. 화개살(華蓋殺)은 지원군, 부하, 보관함, 금고이다. 겁살(劫殺)은 생살지권, 적장, 강제력, 공권력이다. 월살(月殺)은 고초살(가뭄에 말라죽는 나무), 고통, 절망, 시련이다.

　술해(戌亥)는 해질녘과 밤이다. 진사(辰巳)는 출근해서 열심히 일하는 아침과 오전이다. 술해와 진사는 천라지망살로 그물에 갇혀 있는 상황이다. 일을 끝내고 일을 시작하는 마음이다. 생살지권, 감시, 감독, 세관원, 의약사, 검경이다. 술해는 천문성으로 정신세계이다. 물질계의 허무함과 무상(無常)함을 안다. 묘유술(卯酉戌)은 철쇄개금으로 아침을 열고, 저녁을 닫고 정리정돈 하는 정신능력이다. 물질계나 정신계의 끝과 시작을 알 수 있는 정신능력으로 사람의 마음을 열어서 그 사람의 근심걱정을 들어주고 위로해주는 능력이다. 묘유술(卯酉戌)과 술해(戌亥)는 마음을 다루는 일을 잘 한다. 정신과 의사, 심리상담사, 마음수련원이다.

　십이운성의 장생(長生)은 총명, 부귀, 번영, 후원자이다. 목욕(沐浴)은 감성, 분위기, 사춘기, 예술, 연예, 대중문화, 불안정이다. 관대(冠帶)는 고집, 번영, 독립, 자존심, 호승심이다. 건록(建祿)은 자수성가, 장수(長壽), 공명정대, 실천력, 책임감, 총명함이다. 제왕(帝

旺)은 강건함, 권력, 우두머리, 고집, 호승심, 허장성세이다. 쇠(衰)는 신중, 보수, 현상유지, 학자, 배려심이다. 병(病)은 허약, 질병, 근심, 사랑, 총명, 지혜, 지식이다. 사(死)는 무기력, 성실, 학자, 종교, 근면, 예술, 신용이다. 묘(墓)는 학자, 연구원, 종교인, 정신세계, 기획자이다. 절(絶)은 불안, 걱정, 좌절, 우울이다. 태(胎)는 온순, 의존심, 의지부족이다. 양(養)은 상속, 양육, 여유, 느긋함, 게으름, 원만함이다.

45. 지지 물상론

 천간은 대외적, 공적인 모습이고 지지는 내적, 사적인 모습이다. 지지는 자축인묘진사오미신유술해이다. 자수(子水)는 지지의 처음, 시작이다. 시간으로는 전 날에서 다음 날로 이어지는 밤 11시 반에서 새벽 1시 반이다. 자수(子水)는 생활용수, 농업용수, 산업용수, 공업용수이다. 원자, 전자, 정자, 난자, 잉태, 시냇물, 빗물, 수증기, 먹지, 먹물, 공부, 조사, 검사, 실험실, 명리학, 물리학, 미생물, 귀신, 저승이다. 가는 날과 오는 날을 중재한다.
 축토(丑土)는 갇혀 있는 모습, 물건이 저장된 창고이다. 축토에는 계수(癸水), 신금(辛金), 기토(己土)가 저장되어 있다. 가을철에 거두어들인 재화와 만물과 씨앗이 있다. 축토는 오염된 물을 걸러내는 정수기이다. 금고, 도서관, 주차장, 철물점, 고물상, 골재, 철재, 사찰, 묘지, 문화재, 골동품, 무기고, 자동차 출고지, 기계판매고, 차량정비, 금은방, 부동산중개업, 냉장고, 버드나무 언덕이다.

인목(寅木)은 갑목이 지상에 드러난 모습이다. 입춘 지나서 땅속의 싹들이 땅을 뚫고 올라온 새싹, 새줄기이다. 아기가 탯줄에서 분리된 순간이다. 태양이 수평선 위로 떠오른 찰나이다. 자축(子丑)의 정신세계에서 인목(寅木)의 물질세계로 무대가 바뀐다. 마음 관리보다는 몸 관리가 중요하다. 물질, 신체, 돈, 학교, 교육, 언론, 문화, 출판, 예술이 발달한다. 인신사해(寅申巳亥)는 사생지(四生地)라서 시작하는 기운이다. 탐구, 개발, 개척, 머리, 대들보, 서점, 신문, 방송, 고층건물, 광고판, 전산실, 전시, 의류, 조경, 설계, 디자인, 건축, 연출, 기획, 창작, 송수신 탑, 호랑이가 사는 골짜기이다.

묘목(卯木)은 봄의 절정기이다. 나무가 자랄 대로 자라 있다. 만물이 활기가 있고, 성장이 촉진된다. 태양이 환하게 들이 닥친 아침 마당이다. 꾸민 몸, 문화, 예술, 의상, 교육, 보육, 창작, 광고, 설계, 원예, 화단, 증권, 지폐, 문구, 회계, 관광, 과일, 미용, 피부, 서예, 창작, 뇌신경, 수족이다.

진토(辰土)는 인묘목의 성장을 조절한다. 상승의지를 억제시켜 줄기를 단단하게 만든다. 진토는 물을 저장해서 사오미(巳午未) 여름 가뭄에 대비하며 뿌리를 보호한다. 물탱크, 수력발전소, 저수지, 해변, 목욕탕, 세차장, 양어장, 수산물시장, 법원, 경찰청, 교도소, 헌병대, 호텔, 전원, 벌판, 푸른 초원, 대륙, 식품저장창고, 입법부, 부동산중개, 포장물, 바쁜 사무실이다.

사화(巳火)는 지상에서 뿜어내는 열기이다. 쇠를 녹이는 강렬함이다. 물리화학적 변화를 일으키는 에너지이다. 문명사회를 이끄는 물질문명이다. 큰 역전, 대도로, 사람 많은 도시, 화공약품, 석유화학제품, 화약, 살상무기, 금속을 녹이는 용광로, 비행기, 인공위성, 군수 물자 창고, 대도시, 화려한 시가지, 극장, 사진, 금은방, 백화점, 미술 전시관, 제철소, 전기, 전자, 방송, 통신, 용접, 보일러, 찜질방, 화로, 의약품, 해가 활짝 뜬 하늘이다.

오화(午火)는 복사열이다. 정신문화를 상징한다. 문화 창조, 빛, 색, 언어, 소리, 문자, 교육, 언론, 방송, 출판, 예술, 창작, 컴퓨터, 휴대폰, 네비게이션, 블랙박스, 라이트, 방사선, 의약품, 정보통신, 전자전기, 조명, 홍보, 화술, 번화가, 대도시, 극장, 보석, 인테리어이다.

미토(未土)는 인묘진사오미의 봄여름을 끝내고 가을과 겨울로 태양의 기운을 넘겨주는 양력 7월이다. 하루 중에는 오후 1시 반에서 3시 반이다. 미토 이후에는 신유술해자축 운동으로 간다. 미토에서 식물이나 만물은 맛이 들고 숙성되고 약효가 나타난다. 갑목의 성장이 멈추고 갑목이 생활목재로 바뀌는 시점이다. 대도시, 화려한 꽃시장, 요리, 손재주, 의류, 주거용품, 잔디밭, 골프장, 약초, 건강식품, 정원, 농토, 발효식품, 공원묘지, 토목, 설계, 농업, 비닐하우스, 건축자재, 제과, 분식, 기술기예이다.

신금(申金)에서 사오미(巳午未)의 맹렬한 화기(火氣)가 정지하기 시작한다. 미토 다음 신금에서 여름과 가을이 교차된다. 신금의 시기에 만물과 식물이 숙성되어 맛이 응집된다. 모든 열매는 양기(陽氣)를 가득 채우고 단단해진다. 외면은 딱딱하지만 내면은 단물이 가득한 과일이 된다. 겉 크기는 멈추고 내면의 영양소를 키운다. 영양분이 양기를 머금고 맛내기에 열중한다. 신금에 와서야 만물이 자기 형상을 마음껏 펼친다. 신은 펼칠 신(伸), 정신 신(神)이다. 인신사해(寅申巳亥)는 장생지, 역마살이라서 신금도 교통 요충지가 된다. 철도, 도로, 해운, 운송, 유명한 도시, 서울, 항공사, 여행사, 조선소, 조폐공장, 수도, 하천, 승강기, 중장비, 철강, 주유소, 기능사, 기계제작, 기계기술이다.

유금(酉金)은 닭 벼슬이다. 유금은 만물을 추수한 결실물이다. 맛이 한껏 들어 있는 열매이고 씨앗이다. 유금은 추석에 제사 지내는 과일이며, 유금부터 만물이 정신세계 쪽으로 변한다. 몸보다는 마음을 관리한다. 외면보다는 내면을 중시한다. 제사 지내는 제기, 제사장, 무당, 칼, 동전, 거울, 귀금속, 패물, 불상, 종, 마이크, 전기전자, 기계, 병균, 세균, 예방주사액, 유산균, 발효식품, 은행, 이빨이다.

술토(戌土)에서 병화 태양이 휴식기에 접어든다. 술토는 신유(申酉)에 추수한 만물을 보관하는 땅이다. 술토가 해수(亥水)를 생하고, 이듬해에 피어날 씨앗을 보관한다. 술토는 봄여름 목화(木火)에서 익은 만물을 신유금(申酉金) 열매로 거두어들인 땅이다. 술해(戌亥)는 천문성이다. 천문성에는 인류문화, 문명, 지혜, 지식이 보관되어 있다. 술토에는 봄부터 살아낸 생명체의 모든 경험과 지식이 들어 있다. 정신문화와 물질문화의 보물 창고, 하늘, 귀인, 문필, 도서관, 천문, 지리, 역서, 참선, 명상, 고대 관광지, 골동품, 전기전자, 기암절벽, 성곽, 담, 백사장, 골재, 광산, 광장, 의료원, 병원, 국회, 법원, 청와대, 헌법재판소, 천국, 극락, 문화예술단체, 교도소, 불탄 초원이다.

해수(亥水)는 십이 지지의 끝 글자이다. 끝이지만 해수 속에 갑목(새싹과 씨앗)이 장생한다. 갑목은 병화를 기다리며 봄을 기다린다. 해수는 정신세계를 정리한 지식이다. 하늘, 신, 대학교, 문필, 도서관, 천문, 지식과 정보의 창고, 지리, 의술, 종교, 해산물, 원자력, 수력, 양식장, 잠수함, 해군, 수산물, 냉동 창고이다.

46. 합형충파해 해석 1

천간이 지지에 뿌리를 내리면 통근(通根)이다. 예를 들어 천간에 갑을목(甲乙木)이 있고, 지지에 인목, 묘목, 진토, 미토, 해수가 있으면 천간 갑을목은 지지에 뿌리를 내린다. 뿌리 내린 천간은 힘이 있다. 인묘진미해(寅卯辰未亥)에는 갑을목이 지장간(地藏干)으로 들어 있다. 지장간은 지지가 가진 천간이다. 이럴 경우에 천간 갑을목은 힘이 있다. 천간이 힘이 있으면 그 천간은 사주당사자의 강한 기질이 된다. 그러나 지지끼리 형충(刑沖)을 하면 그 천간은 힘이 없다. 그런 운에는 건강, 사람, 일, 돈을 조심해야 한다. 천간이 지지에 형충(刑沖) 없이, 뿌리가 튼튼하면 그 글자는 자기 힘을 발휘한다.

합형충파해는 글자들이 바로 옆에 붙어 있어야 일어난다. 연월지(年月支), 월일지(月日支), 일시지(日時支)끼리 일어난다. 연지와 시지는 떨어져 있어서 충이나 합을 하지 않는다. 지지는 합형충파해로 움직인다. 합은 무리를 형성하여 에너지를 모은다. 형은 에너지를 분산하여 일이나 사람 관계에서 피해를 일으킨다. 충은 충돌하여 변화 변동한다. 파해(破害)는 시기, 질투, 말썽이다.

양간 갑병무경임(甲丙戊庚壬)이 묘고지(墓庫地)를 만나면 통근한다. 묘고지에는 갑병무경임의 경험이 쌓여 있다. 갑목(甲木)은 미토(未土)에, 병화(丙火)와 무토(戊土)는 술토(戌土)에, 경금(庚金)은 축토(丑土)에, 임수(壬水)은 진토(辰土)에 지혜가 쌓여 있다. 묘고지가 충을 하면 묘고지 속의 지장간이 나온다(적천수). 충의 원리는 승리자와 패배자로 나뉘기에 운에서 충이 오면 좋은지 나쁜지 계산해야 한다. 신왕 사주에 양간(陽干)은 충이나 극에서 변화 변동이 좋게 작용한다. 신약 사주이면 충이 나쁘게 작용한다. 충을 하는 순서는 연월일시로 한다. 연주(年柱)는 조상과 국가적 환경, 세계, 우주, 전생이다. 월주(月柱)는 부모와 사회적 환경, 직업과 대외적 상황이다. 일주(日柱)는 배우자와 자기 성향, 정체성이다. 시주(時柱)는 말년과 자식, 미래이다. 각각 대입하여 해석하면 된다.

지지끼리 충(沖)하는데 사주의 기신(忌神)을 충하면 좋다. 기신은 '나'를 해롭게 하는 글자이다. 지지끼리 합할 때도 기신을 합하면 좋다. 기신(忌神)이 합형충파해로 사라져야 사주가 좋게 작용한다. 희신(喜神)은 합형충파해로 사라지면 좋지 않다. 희신은 '나'를 돕는 글자이다. 희신은 자기 모습을 온전히 가지고 있어야 한다. 지지끼리 합할 경우에는 천간의 동태를 보아야 한다. 지지(地支) 육합에서 자축합토(子丑合土)는 기름진 토양이다. 그 위에서 인해합목(寅亥合木) 나무가 생긴다. 나무 위에서 묘술합화(卯戌合火)가 되면 나무가 불을 살린다. 나무는 불이 꺼지지 않게 자기를 희생한다(목생화). 그리고 나무는 불(태양)이 있어야 잘 자란다. 나무와 불은 상호의존 한다 (화생목). 여름 불의 시간이 지나면 열매가 딱딱해지는 가을이 생긴다. 진유합금(辰酉合金)이다. 금 기운은 금생수(金生水)를 해서 사신합수(巳申合水) 물을 만든다. 금기운은 가을이고 물기운은 겨울이다. 물 위에 오미합화(午未合火)가 있다. 바다 위에 떠 있는 태양이 오미합화의 모습이다.

합을 하는 사주는 친절하고 인간관계를 잘 한다. 합은 시너지 효과를 낸다. 지지(地支) 육합은 각각의 오행이 기운을 잃지 않고 서로 다정하게 지낸다. 지지합을 해서 화(化)된 오행으로 작용하려면 운에서 그 오행이 들어와야 한다. 예를 들어 자축합토 하는데 토로 작용하려면 운에서 토기운이 들어와야 한다. 지지끼리 충은 합이 풀고, 합은 충이 푼다. 충합이 풀리면 각 글자가 자기 글자로 작용한다. 합형충파해가 바로 옆에 붙어서 연속적으로 발생하면 합형충파해가 일어나지 않는다. 그럴 때는 운에서 들어오는 글자를 대입하여 합형충파해를 읽어주면 된다.

천간합은 갑기합토, 병신합수, 무계합화, 경을합금, 임정합목으로 합하는데, 합하려면 바로 옆에 글자가 붙어있어야 하고, 화(化)해서 다른 오행으로 변하려면 지지에 변하는 오행이 합형충파해 없이 온전히 있어야 한다. 합을 해도 화(化)하지 못하는 경우가 많다. 합하면 천간의 글자들은 제 역할을 반만 한다. 합한다고 해서 글자들이 없어지는 게 아니다. 지지에 합한 천간의 오행이 삼합국으로 있으면 천간합은 화(化)해서 삼합국의 오행으로 변한다.

충은 왕자충쇠쇠자발(旺者沖衰衰者拔)이다. 힘 있는 글자가 힘없는 글자를 충 하면 쇠약한 글자가 사라진다. 쇠신충왕왕신발(衰神沖旺旺神發)이다. 약한 글자가 왕한 글자를 충하면 왕한 글자가 힘을 발휘한다. 충은 글자들이 흩어지고 분산된다. 삼합된 글자를 충하면, 충하러 온 글자가 당한다. 쇠약한 글자가 힘 있는 글자를 충 하면 오히려 힘 있는 글자가 약한 글자를 없앤다. 인신사해(寅申巳亥) 충은 장생지의 충이라서 움직임이 일어나고 무언가 새로 시작한다. 자오묘유(子午卯酉) 충은 왕지 충이라서 승패가 뚜렷하다. 진술축미(辰戌丑未) 충은 붕충(朋沖)이라서 토기운이 남는다. 팔자의 기신(忌神)은 충이 되거나 합이 되면 좋다. 반면에 팔자의 희신(喜神)을 충하거나 합하면 나쁘다. 합형충파해는 일간일지(一干一支) 원칙으로 작용한다. 사주팔자의 글자끼리 형충 되는데 운에서 같은 글자가 형충으로 들어오면 더 힘들다.

  지장간의 천간은 사주팔자나 대운, 세운, 월운에서 그 오행에 해당하는 천간 글자가 들어올 때 작용하다가 사라진다. 대운, 세운, 월운에서 지지가 충할 때, 충에 해당되는 천간의 기운이 사라질 수 있다. 지지(地支) 암합은 의외의 소득, 보이지 않는 조력자, 은밀한 거래, 애인, 의처증, 의부증의 의미이다. 노출된 기신(忌神)을 제거하는 암충이나 암합도 좋다.

47. 합형충파해 해석 2

초목의 새싹이 진월(辰月)에 싹이 오르므로 진월에 천갑합화(天干合化)가 되면 천간의 기운이 변화(變化)한다. 갑기합토는 무진(戊辰)월에, 을경합금은 경진(庚辰)월에, 병신합수는 임진(壬辰)월에, 정임합목은 갑진(甲辰)월에, 무계합화는 병진(丙辰)월에 변해서 오행의 기운이 합화된 기운으로 변화(變化)한다. 용 진(辰)은 변화무쌍이다. 용이 변화무쌍이기에 천간이 간합(干合)해서 합화될 때 용 진(辰)을 만나면 진운(辰運)에서는 변화의 기운으로 작용한다. 흔히 말하는 일진(日辰)의 진도 용진(辰)의 진이다. 진(辰)은 역(易)처럼 변화무쌍이다.

천간합해서 다른 오행으로 변화되려면 조건이 있다. 변화되는 오행이 지지에 삼합이나 방합으로 구성되어 있어야 한다. 예를 들어 정임합목(丁壬合木)일 때, 지지에 해묘미(亥卯未)나 인묘진(寅卯辰) 합이 있으면 목기운으로 변한다. 그런데 일간의 간합은 일어나지 않는다. 일간을 가운데 두고 쟁합(爭合)도 일어나지 않는다. 천간합은 합된 동안에는 그 글자의 고유성분이 반감된다.

지지는 합형충파해로 움직인다. 합(合)은 무리가 형성되고, 형(刑)은 에너지가 증가하고, 충(沖)은 호오(好惡)가 뚜렷하고, 파해(破害)는 작은 말썽이다. 지지육합은 각 글자의 고유성분이 사라지지 않고 각각의 역할을 한다. 지지육충(地支六沖)은 각 글자의 고유성분이 깨진다. 천간이 육합(六合)된 지지에 뿌리 내리면 그 천간은 온전하지만, 천간이 육충(六沖)된 지지에 뿌리 내리면 그 천간은 흔들린다. 지지육합(地支六合) 된 글자가 합화(合化)되려면 천간이나 지지에 변화되는 글자 오행이 있어야 한다. 예를 들어 자축합토(子丑合土)가 토(土)가 되려면 지지에 진술축미(辰戌丑未) 토가 있거나, 천간에 무기토가 있어야 한다. 합이나 충은 글자가 바로 옆에 붙어 있어야 발생한다. 글자끼리 떨어져 있으면 발생하지 않는다. 충과 합이 함께 일어나면 충도 합도 일어나지 않는다. 예를 들어 지지가 '신오자축(申午子丑)'이면 자축합(子丑合)도 자오충(子午沖)도 일어나지 않는다.

지지 육충은 서로 마주보는 지지끼리 충하는 모습이기에 각각의 글자가 깨진다. 인신사해 충은 생지충이라서 새로운 시작, 이사, 이동, 변화변동이 있다. 자오묘유 충은 왕지충이라서 한 쪽이 지고 한 쪽이 승리할 수도 있기에 승패를 따져서 해석한다. 진술축미 충은 붕충(朋沖)이라서 토 기운은 살아남는다. 팔자의 기신(忌神)을 충하거나 합하면 좋다. 그러나 희신(喜神)을 충하거나 합하면 나쁘다. 합은 합 되어서 일을 하지 않고, 충은 충 되어서 일을 할 수 없다. 합형충파해는 한 해의 운세를 따지는 데 꼭 필요하다. 세운으로 들어오는 글자는 역동적이고, 팔자의 글자는 정물적(靜物的)이라서 역동적인 운세가 사주팔자를 움직이는 운전자가 된다. 세운에서 희신(喜神) 관성이 합이나 충이 되면 승진할 수 없다. 그 해는 직업변동, 이동, 직장 잃음, 여자사주에 남편이, 남자사주에 자식이 힘들 수 있다. 직장에서 버틴다 해도 힘들게 버틴다. 지지충이 되면 지지의 지장간이 밖으로 튀어나와 각각의 글자가 움직임을 활발하게 한다. 이런 글자들의 모습을 잘 읽어야 한다. 지장간들이 타간(他干)과 합거(合去)되어 사라지기도 하지만, 지장간들이 살아남아 활동하면 그 해는 풍성한 해가 될 수 있다. 지지의 합형충파해는 연월일시 순서로 일어난다. 선간후지(先干後支), 일간일지(一干一支) 순서로 글자를 계산하면 된다.

형(刑)이나 충(沖)은 지장간을 개고(開庫)시켜 지장간의 글자가 팔자의 글자와 역동적으로 작용하게 한다. 대운에서 형충 당하는데, 세운에서도 형충 당하면 그 글자는 그 해는 없다고 보면 된다. 그 글자가 기신이면 작용하지 못해서 좋다. 그러나 희신(喜神)이 형충 당하면 그 해는 건강과 돈과 사람과 직장을 잃을 수 있다. 건강과 돈은 식상재성이고, 직장과 사람은 관성인성이다. 지지가 형충 당할 때 천간의 글자는 뿌리가 흔들린다. 대운은 세운보다 정물적이라서 변화와 변동이 느리지만 세운은 역동적이라서 변화와 변동이 빨리 일어난다. 대운은 격국의 변화를 일으키고, 세운은 그 해의 건강, 돈, 직업, 명예, 사람의 변화를 알게 한다. 그래서 기신을 형충하면 좋고, 희신을 형충하면 나쁘다. 암합(暗合)은 기반(羈絆)되지 않지만, 명합(明合)하는 글자는 그 해는 작용하지 못한다.

사주의 합형충파해 글자 각각을 다 따지면 사주해석이 산으로 가는지 바다로 가는지 헷갈린다. 사주상담을 받는 사람은 정확하게 어떤 결정을 내려주기를 바라기 때문에 사주상담사는 사주팔자의 합형충파해의 결과를 보고, 양자택일의 상황에서 올바른 선택을 해주어야 한다.

48. 사주와 운칠기삼

운칠기삼(運七技三)이라는 말이 있다. 사주에 적용한다면 운칠(運七)은 국가 사회적 상황이나 부모의 상황이다. 기삼(技三)는 개인 사주이다. 개인보다 국가 사회와 가정환경이 개인이 사는 데 더 많이 작용하는 운명의 주체가 된다. 개인은 운명의 객체로서 외부 상황에 따라 변하는 수동태이다. 개인 사주가 아무리 좋아도 가정적 사회적 여건이 좋지 않으면 평범하게 산다. 개인 사주가 아무리 나빠도 국가 사회적 상황이나 부모의 환경이 좋으면 좋게 작용한다. 국가, 사회, 부모의 환경이 운칠(運七)이다.

개인이 잘 살려면 국가 사회와 부모가 건강하면 된다. 70프로의 운(運七)을 차지하는 국가 사회가 튼튼하고 부모가 건전하면 개인사주(技三)는 좋으면 좋은 대로, 나쁘면 나쁜 대로 자기 사주를 살 수 있다. 사주(四柱)는 연주, 월주, 일주, 시주이다. 연주(年柱)는 국가 사회이고, 월주(月柱)는 부모이다. 국가, 사회와 부모는 개인의 의지로 선택할 수 없다. 운명적으로 국가와 부모가 주어진다. 그래서 연주와 월주가 운칠(運七)이다. 사주에서 개인이 마음대로 할 수 있는 기둥은 일주(日柱)와 시주(時柱)이다. 일주는 나와 배우자, 시주는 나의 미래와 자식이다. 일주와 시주는 기삼(技三)으로 개인의 의지가 작용되는 공간이다. 배우자나 자식은 개인이 선택할 수 있다.

현대인이 가장 궁금해 하는 것은 돈이다. 돈만 있으면 신체도 정신도 돈이 원하는 대로 만들어지는 세상이다. 현대인은 감정조차 돈에 따라 훈련 된다. 돈을 잘 벌 수 있는 방법을 알려주는 책들이 서점에 즐비하며, 처세술 책은 감정을 조절하는 기술까지 가르치고 있다. 정신적인 태도도 돈 앞에서 변질 한다. 정신을 사회가 원하는 방향으로 교화하는 강의나, 신체 근육을 상품 대상으로 만드는 정보들이 무수히 많다. 그만큼 현대사회는 신체도 감정도 돈이 되는 쪽으로 발달한다. 정신이나 신체가 개인 소유물이라고 개인 마음대로 할 수 있는 대상이 아니다. 정신과 신체를 사회가 선호하는 방향, 즉 돈이 되는 방향으로 사회화시켜야 살아남는다. 그래서 개인 신체나 개인 정신은 기삼(技三)이다. 개인의 신체와 정신을 사회화시키는 사회가 운칠(運七)이다.

돈을 벌고 못 벌고는 개인 의지(技三)에 달려 있기보다는 전체 사회가 흘러가는 운(運七)에 달려 있다. 돈은 사람과 사람을 이어주고 사람과 물건을, 사람과 명예를 이어준다. 자연인도 농사를 지어 돈을 만들고, 작가도 작품을 만들어 돈을 만들고, 사업가나 직장인은 일을 해서 돈을 번다. 살다보면 사람과 관계 맺어야 하고, 사람과 관계 맺으면서 상호 이익이 되어야 살아남는다. 사람이 혼자 사는 것 같고,

혼자 일하는 것 같지만, 결국은 큰 시스템과 연결되어 개인은 자기에게 주어진 할 일을 하면서 돈을 벌고 있다. 그런 만큼 개인적 상황인 기삼(技三)보다 국가 사회적 상황인 운칠(運七)이 더 중요하게 개인의 운명을 좌우한다. 국가 사회적 상황이 좋다면 개인은 얼마든지 자기가 하고 싶은 일을 하면서 자기 밥벌이를 할 수 있다.

삶의 70프로가 외부상황(운칠)으로 결정 난다. 외부 상황은 작게는 가정환경이고, 크게는 국가 사회이다. 내부 상황(기삼)은 개인의 환경이다. 개인의 의지와 노력은 30프로이고, 나머지 70프로는 개인이 처한 외부 상황이 운명을 결정한다. 개인 사주가 아무리 좋아도 70프로의 국가 사회적 상황이 나쁘면 사는 게 힘들다. 그렇기에 개인 사주보다는 좋은 부모, 건강한 사회, 튼튼한 국가에서 태어나는 것이 복이다. 힘들게 사는 사람들은 부모복, 형제복, 아내복, 남편복, 자식복도 없다고 한다. 부모, 형제, 아내, 남편, 자식은 유기적으로 연결된 구조이기에 좋으면 함께 좋고, 나쁘면 함께 나빠진다. 개인은 내부적, 외부적 상황이 힘들면 긴장과 불안과 두려움 속에 산다. 좌절에 익숙해지며 위협에 무감해지며 허무 속에 산다. 무엇을 해도 안 되는 일이 더 많다.

개인은 하이데거가 말한 '세계-내-존재'이다. 주체성도 자아도 사회가 만든 한시적 자기 정체성이다. 상황이 변하면 자아 정체성도 변한다. '내'가 '나'의 주인인 듯하지만, '나'의 주인은 사회적 여건이다. 정체성은 사회가 원하는 인간으로 변하는 과정에서 잠시 나타났다가 상황이 달라지면 다른 정체성으로 변화한다. 현대사회에서 개인의 정체성은 돈을 창출하거나 이익을 내는 쪽으로 변화되어야 먹고 살 수 있다. 자기 정체성은 기삼(技三)이고, 사회 체제는 운칠(運七)이다. 사회가 허용하는 정체성만이 사회적 현실에서 살아남는다.

사주가 비겁식상이 많으면 자유영혼이다. 그러나 자유영혼도 사회체제에 적응해야 자유영혼의 삶을 살 수 있다. 그만큼 모든 자유는 한계 상황 속의 자유이다. 절대적 자유는 없다. 사주가 관성과 인성으로 관인상생(官印相生)하는 사주도 조직에 적응해야 살아남는다. 식상생재(食傷生財)하는 사주도, 상관견관(傷官見官)하는 사주도 사회가 용인하는 한에서만 쓰임이 있다. 개처럼 자유를 추구한 견유학파도, 평정심을 추구한 회의주의도, 금욕을 추구한 에피쿠로스도, 절제를 추구한 스토아학파도, 무위를 추구한 장자도 결국은 주어진 사회 내에서의 개인이다. 사주(四柱) 역시 주어진 사회에 적응하면서 움직인다. 운이 좋다는 것은 개인 사주 기삼(技三)보다 국가, 사회, 가정적 여건인 운칠(運七)이 좋다는 의미이다.

49. 육친론(六親論)도 상대적이다

십성(十星)과 십신(十神)은 같은 의미이다. 십성을 혈육관계로 해석하는 방법이 육친(六親)이다. 십성은 비견, 겁재, 식신, 상관, 정재, 편재, 정관, 편관, 정인, 편인이다. 육친은 '나', 자식, 배우자, 어머니, 아버지, 형제자매이다. 육신(六神)은 식신, 상관, 재성, 정관, 편관, 인성이다. 육친은 가족관계이고, 육신은 십성과 같은 의미이다.

육친법 해석은 해석자마다 다르다. 아버지는 편재, 어머니는 정인, 형제는 비겁, 아내는 정재, 남편은 정관, 여자 자식은 식상, 남자 자식은 관성이다. 부모는 연월주(年月柱), 처나 남편은 일지(日支), 자식은 시주(時柱)로 본다. 육친을 볼 때 격국, 조후, 억부를 십성에 대입하며 보기도 한다. 여자 월지(月支) 정관격이면 남편이 좋다. 남자 월지 정관격이면 자식이 좋다. 조후(調喉)로 병화(丙火)가 필요한데, 사주에서 병화(丙火)가 재성(財星)이면 남녀가 배우자복이 있다. 남자에게 재성은 아내이고, 여자에게 재성은 관성(官星)인 남편을 생(生)

하기에 남녀 모두 배우자 복이 있다. 억부(抑扶) 용신이 임수(壬水)인데, 사주에서 임수(壬水)가 식신(食神)이면, 여자는 자식복이 있다. 남자도 자식복이 있다. 남자 식신은 자식인 관성을 극(剋)하기에 말 잘 듣는 자식을 둘 수 있다.

남자사주에 일지(日支)가 정재이면 아내에게 잘 하고 아내 복이 있다. 돈 관리와 부하직원 관리도 잘 한다. 남자사주 일지가 인성(印星)이면 아내가 어머니 같기를 바란다. 일지는 배우자 자리인데 인성(印星)인 어머니가 앉아 있으면, 어머니와 아내 사이에 고부 갈등이 있을 수 있다. 남자 사주 일지(日支)가 식상(食傷)이면 아내를 동생처럼 사랑한다. 식상는 내가 생해주는 십성이고 재성을 생(生)하기에 아내에게 잘 한다. 남자 사주 일지(日支)가 관성(官星)이면 상사 같은 아내이다. 비겁이면 친구 같은 아내이다. 남자사주에 재성이 연월일시(年月日時) 중 어떤 주(柱)에 있는지에 따라 아내의 모습을 다르게 읽을 수 있다. 연월주(年月柱)에 있으면 내가 윗사람으로 모셔야 하는 아내이고, 일시주(日時柱)에 있으면 내가 동생처럼 사랑하는 아내이다. 딱 들어맞는 것은 아니다. 해석자마다 편재를 아버지로 읽기도 하고, 아내로 읽기도 한다. 정인과 편인을 뭉뚱그려 어머니로 읽기도 한다. 남자사주에 관성이 자식인데, 식상을 자식으로 보기도 한다. 사주 상담사마다 알아서 육친을 자기 경험으로 해석한다. 그래서 사람들이 사주 볼 때마다 다르게 해석된다고 한다.

십성이 다른 십성을 만나면 변하듯이 육친론도 관계성에 따라 변한다. 일간(日干)이 식상(일)을 만나면 새 일거리가 생긴다. 일간은 '나'다. 식상은 여자에게 자식이지만, 남녀 모두 타인을 친절하게 대하는 친밀감이다. 사회생활에서는 남녀 모두 후배, 제자, 아랫사람이다. 일간이 식상을 생(生)하고 식상이 재성을 생하면 열심히 일해서 돈을 번다(식상생재). 정재는 남자에게 아내이고, 남녀 모두 편재를 아버지라고 해석한다. 남녀 모두에게 재성은 돈, 목표, 결과물, 소유물, 부하직원, 하인이다. 사주에 재성이 건강하면 인간관계도 돈 버는 일도 좋다. 일간(日干)이 관성(官星)을 만나면 남자에게는 자식이고, 여자에게는 남편이다. 관성은 비겁(사람들)을 제압한다. 사주에서 관성이 좋으면 사람 관리를 잘한다. 관성은 윗사람, 상사, 질서, 규율, 법, 제도, 사회성이다. 관성이 있어야 세상 무서운 줄 알고 조심하고 겸손하게 산다. 일간에게 인성은 어머니이다. 정인은 자애로운 어머니, 편인은 계모 같은 어머니이다. 사회적으로는 공부, 실력, 조력자, 선배, 후원자이다.

　육친론은 이렇게 상대적으로 읽을 수 있다. 관성을 만나면 일간 내가 관리되고 조정된다. 남자에게 관성은 자식인데, 남자는 자식에게 조정된다는 의미이다. 남자에게는 자식이 상전이다. 남자는 자식인 관성을 잘 키우기 위해 법과 규율을 잘 지킨다. 사람들을 관리하고 협력하며 산다. 자식이 크면 아버지는 자식에게 관리 당한다. 그래서 남자사주에 관성이 자식이다. 여자에게 관성은 남편이다. 아내는 남편을 상전으로 모시고 남편에게 관리당한다. 사주학이 조선시대 때 완성되었기에 가부장적 관념을 도입한 해석이다. 여자에게 자식은 식상인데, 여자가 자식인 식상을 낳아야, 식상으로 남편인 관성을 극(剋)하고 관리할 수 있다. 여자가 자식을 낳아야 남편을 내편으로 만들 수 있다. 식상 자식으로 관성 남편을 극하면서 조절한다. 남자는 자식에게 극 당하고, 여자는 남편에게 극 당한다. 남자 역시 자식을 통제하려면 식상으로 일을 열심히 해야 한다. 남자가 식상 일을 해야 자식이 아버지가 열심히 사는 모습을 보면서 아버지에게 효도하고 복종한다.

남녀 모두 인성과 비겁이 지지에 하나쯤 있으면 좋다. 인성은 어머니이고, 비겁은 친구, 형제자매, 사람들이다. 지지에 인성과 비겁이 하나쯤 있으면 건강체질이다. 공부도 잘 하고 주관도 뚜렷하다. 남에게 휘둘리지 않고 자기 길을 갈 수 있다. 그러나 인성과 비겁이 너무 많으면 만사태평이고, 자기 자신만 과신하다가 망신당할 수 있다.

재성이 비겁을 만나면 돈을 나누어야 하고(군겁쟁재), 관성을 만나면 지위와 명예를 욕망하고(재생관), 인성을 만나면 공부로 돈을 번다(인다용재). 재성이 식상을 만나면 더 많은 돈을 번다(식상생재). 관성이 비겁을 만나면 비겁을 조정한다. 관성이 식상을 만나면 잘못된 사회질서를 새롭게 바꾼다. 관성이 재성을 만나면 돈을 모으고, 관성이 인성을 만나면 승진한다. 이런 식으로 십성은 어느 십성을 만나느냐에 따라 역할이 달라진다. 한 가지 고유성으로 관성이니까 관성 역할만 하는 것은 아니다. 십성은 역학관계 속에서 자기 모습을 바꾼다.

50. 세운, 월운, 일진 보기

사주팔자를 볼 때 오행과 기세(사주가 센지, 약한지)와 조후(사주가 추운지, 더운지)를 본다. 십성은 비견, 겁재, 식신, 상관, 정재, 편재, 정관, 편관, 정인, 편인이다. 비견은 친구, 겁재는 경쟁자, 식신은 즐거운 생활, 상관은 튀는 행동, 정재는 일의 안정성, 편재는 유통하는 돈, 정관은 명예상승, 편관은 명예상승과 스트레스, 정인은 공부와 조력자, 편인은 임기응변과 조력자이다.

세운이나 월운이나 일진에서 비견운이 오면 적극적 행동, 시작, 확장, 독립의지, 재물취득, 건강회복 등 긍정적 기운으로 작용한다. 반면에 사주에 비견이 많은데 비견운이 또 오면 재물손실, 고립, 교만, 경쟁자와 다툼, 금전지출 등 부정적인 일이 생긴다. 겁재운의 장점은 재물 취득, 경쟁자와 싸워 이김, 자수성가, 건강회복이다. 겁재의 단점은 금전 손실, 경쟁자와 다툼, 관재수(官災數), 정재(아내)를 극하여 부부관계 나빠짐, 손해, 사기수가 있다. 비견이나 겁재운이 왔을 때 사주에 식상이 있으면 겁재의 기운을 식상(활동적으로 일하기)으로 빼내어서 더 좋은 방향으로 일을 추진할 수 있다. 관성이 있으면 비겁을 제압하여 나쁜 상황을 피할 수 있다.

식신운의 장점은 새로운 일 시작, 사람들과 잘 지냄, 여자인 경우에 결혼, 자식 낳기, 새로운 개업이다. 식신의 단점은 관성을(여자에게 남편, 남자에게 자식, 남녀에게 직장)을 극하기에 부부문제가 있고, 자식문제, 직장 변동이 있다. 상관운의 장점은 새 일 시작, 이사, 여자인 경우에 결혼, 아기 낳기, 자식이 잘 되기, 개업, 새로운 기획 착수이다. 상관운의 단점은 여자인 경우 관성(남편)을 극하기에 부부문제가 발생하고, 남자는 자식(정관)과의 관계가 힘들어진다. 남녀 모두 직장(관성) 변동, 관재수, 구설수가 있다. 식신과 상관 운이 들어오는 운에는 말조심, 행동 조심을 해야 한다. 자기도 모르는 사이에 사람들에게 상처 줄 수 있는 말과 행동을 하게 된다. 식신운은 재성이 있으면 좋게 작용하고, 상관운은 편인이나 재성이 있어야 좋게 작용한다.

정재 운에는 성실하게 주어진 일을 완수한다. 남녀 모두 결혼 운이다. 비겁(사람들)과 식신(생활력)을 사용하여 돈을 번다. 안정적인 경제생활을 한다. 재성은 인성(게으름)을 자극해서 움직이게 한다. 사주가 신약하면 재극인 운에서 망신당할 수 있다. 재물 손실, 학업 중단(인성을 극할 경우), 어머니(인성)와 불화가 있다. 여자 정재 운에는 남편(정관)에게 잘 한다. 남자도 아내(정재)에게 잘 하고, 자식이 잘 된다. 비겁이 많은 사주에 정재운이 오면 군겁쟁재(많은 비겁이 적은 돈을 가지고 서로 싸운다)가 일어난다. 편재 운의 장점은 새로운 투자를 하고 더 열심히 활동한다. 금전유통이 활발하다. 남자인 경우에 결혼운도 좋아진다. 반면에 편재운의 단점은 서두르다가 금전 손실이 있고, 빨리 판단해서 잘못된 선택으로 재물 손실, 학업 중단, 어머니와의 관계 악화, 체면 구김이 있다. 재성운이 왔을 때 '돈'보다는 '인간성'을 중시하는 마음을 가지면 좋다.

정관운의 장점은 승진, 합격, 취업, 명예 획득, 결혼, 안정적 지위이다. 정관은 비겁을 다스리기에 인간관계를 잘 한다. 인성이 좋으면 관인상생을 하여 직위가 높아진다. 정관운의 단점은 실직, 직업 변동, 불안정한 지위, 스트레스이다. 편관운의 장점은 유명해짐, 명예로움, 당선, 승진, 결혼, 합격, 권력 잡음이다. 편관은 정관보다 강하게 비겁을 다스린다. 비겁의 고집, 자존심, 자기 과시, 자만심을 다스린다. 편관의 단점은 건강 악화, 사람들과 부딪침, 일의 더딤, 기획 무산, 폭력이나 폭행 등에 연루될 수 있다. 건강이 약해지거나 아플 수 있다.

정인 운의 장점은 문서 취득, 학업 발전, 안정적인 생활이다. 정인운의 단점은 게으름, 비활동성, 비만, 보증문제, 의존적 생활이다. 하늘에서 '돈'이 뚝 떨어지기를 바라거나 로또 복권을 사며 일등에 당첨되는 상상을 할 뿐, 몸을 움직여서 현실 문제를 해결하지 않는다. 편인운도 문서 취득, 학위 취득, 자격증 취득 등 좋은 운이다. 반면에 편인운의 단점은 식신(밥그릇)을 엎을 수도 있다. 책임전가, 소송 발생, 활동성 둔화, 하는 일 막힘, 일 지연됨이다. 편인운에 식상(일거리)을 극하지 않으려면 비겁이나 정재, 편재가 있어야 한다. 편인이 비겁을 생해서 식신을 살리고, 식신이 재성을 살려서, 편인을 극하면 편인이 좋은 쪽으로 움직인다. 편재의 극(剋)을 받으면 편인은 식상을 극하지 않는다.

　관재소송운은 겁재운(양인운), 상관운, 편관운, 편인운, 괴강운에 발생할 수 있다. 이런 운에는 말과 행동을 조심하고, 새로운 일을 시작하지 말고, 결혼을 급하게 하지 말고, 근시안적 판단을 하지 말아야 한다. 실직, 좌천, 명예실추, 불합격 등등 부정적인 일이 발생할 수 있다. 천간과 지지가 형충을 당하는 운에는 건강, 운전, 사건사고를 조심해야 한다. 지지끼리 형충파해 운일 때 이사, 변동 등등 일상생활이 바뀔 수 있다. 여자는 관성운과 식상운에 결혼하는 편이고, 남자는 재성운과 관성운에 결혼운이 있다.

51. 용신과 세운의 관계

용신은 십간용신(十干用神), 부억용신(扶抑用神), 전왕(專旺)용신, 조후(調喉)용신, 통관(通管)용신이 있다. 사주월지에 따라 격이 결정되고 격에 맞는 용신에 십성이름을 붙이고, 용신을 돕는 글자를 상신이라고 한다. 이것이 십간용신이다. 십간용신에서 식신격, 정재격, 정관격, 정인격은 순행하는 상신을 쓴다. 월지(月支)가 상관격, 편관격, 양인격, 편인격은 역행하는 상신을 쓴다. 종왕격(從旺格)은 인성과 비겁이 상신이고, 일행득기격(一行得氣格)은 인성과 비겁과 식상이 상신이다.

용신은 월지에서 천간으로 투출(透出)된 천간이다. 투출된 천간이 지지에 통근(通根)하면 힘이 있다. 그럴 경우 지지끼리 충해서 뿌리가 상하지 않아야 한다. 지지끼리 합한 경우는 천간의 힘이 사라지지 않는다. 지지의 지장간(支藏干)이 작용하려면 지장간에 있는 글자가 대운, 세운, 월운에서 들어와야 한다. 뿌리 없이 떠 있는 천간은 대운,

세운에서 그 글자가 들어와야 자기 작용을 한다. 사주가 신왕재왕(身旺財旺)하면 부자가 된다. 신왕살왕(身旺殺旺)도 조직 내에서 권력자가 된다. 신왕은 지지에 비견과 겁재가 있고, 신강(身强)은 지지에 정인과 편인이 있다. 일간이 지지에 비견이나 겁재를 가지고 있으면 세상과 맞서 싸울 자립심이 있고, 정인과 편인이 있으면 인덕과 공부할 머리가 있다. 신약격(身弱格)은 인성운과 비겁운이 좋고, 신왕격(身旺格)이나 신약종격(身弱從格)이면 식상운과 재성운과 관성운이 좋다.

비견운에는 독립심과 인내심이 생긴다. 겁재운에는 승부욕과 투지력이 생긴다. 식신운에는 기술과 재능으로 새로운 일을 하고 새로운 사람을 만난다. 상관운에는 문화 예술 상공 분야에서 새 일을 기획하며 새로운 인연을 만난다. 정재운에는 신용을 지키며 저축하며 돈을 번다. 편재운에는 활동성, 의리, 지배욕으로 돈을 번다. 정관운에는 공정성과 합리성으로 행동하며 조직에서 승진한다. 편관운에는 의협심, 통솔력으로 조직 내 리더가 된다. 정인운에는 착실한 공부 실력으로 이름을 날린다. 편인운에는 독창적인 연구업적으로 이름을 날린다.

식상생재격(식상으로 재성 돈을 번다), 시상일위편재격(時上一位偏財格: 시간(時干)에 편재가 하나 있다), 재자약살격(財慈弱殺格: 재성이 관성을 생해서 승진한다), 재관쌍미격(財官雙美格: 재성과 관성이 서로 생한다), 살중용인격(殺重用印格: 편관과 인성이 서로 생한다), 식상제살격(食傷制殺格: 식상이 편관을 극해서 부드러운 관리자로 만든다)은 신왕하면 부자, 신분상승, 자기 의지적인 삶을 산다. 편인극상관(偏印剋傷官: 편인이 상관을 제압한다)은 발명가,

창조자, 연구가이다.

억부용신은 강하면 설기(洩氣)하고 약하면 돕는 용신이다. 조후용신은 더우면 임계수(壬癸水)가 추우면 병정화(丙丁火)가 된다. 전왕용신은 한 오행으로 된 사주로서 그 한 오행이 용신이다. 통관용신은 두 글자가 서로 극을 할 때 생으로 통관해주는 글자가 용신이다. 예를 들어 화극금(火剋金)할 때 화생토(火生土), 토생금(土生金)을 하게 하는 토(土)가 통관용신이다.

사주 용신(내가 쓸 수 있는 글자)이 좋아도 세운에서 형충(刑沖)이 오면 용신 글자도 사건 사고가 일어나고, 변화 변동한다. 형충일 때 천간과 지지의 어떤 글자가 상처 당하는지 살펴야 한다. 대운과 세운은 연월일시(年月日時) 순서로 작용한다. 합은 충을 풀고, 충은 합을 푼다. 좋은 운은 기신 천간을 운에서 합하는 운이다. 나쁜 운은 희신 천간을 운에서 합하는 운이다. 대운에서 희신 천간을 합하는데 세운에서도 희신 천간을 합하면 나쁘다. 희신 천간은 합하면 그 글자가 작용을 못 한다. 그러나 기신 천간을 합하면 그 글자의 작용을 막아서 좋다. 대운 기신 천간을 세운 천간이 간합(干合) 하면 좋다. 대운 세운 천간이 모두 기신이면 사는 게 힘들다. 기신은 간합 하면 좋고, 희신은 간합 당하면 나쁘다. 사주에서 형충(刑沖)이 있는데 대운이나 세운에서 형충이 오면 건강, 돈, 사람 문제를 조심한다.

운에서 식상이나 재성이 사절지(死絶地)이면 건강, 돈, 사람을 조심해야 한다. 일을 크게 벌이지 않는 게 좋다. 관살혼잡일 때는 합살유관(合殺留官)하는 글자가 들어오면 좋다. 연월주(年月柱)는 국가, 사회, 부모를 나타내고, 일시주(日時柱)는 '나'와 배우자, 자식, 일,

건강을 나타낸다.

신왕할 경우에 양간은 관살로 억제해도 좋고 음간은 식상으로 설기하는 게 좋다. 양간은 형충을 겁내지 않고, 음간은 생이나 설기하는 일을 잘 한다. 신약할 경우에 양간은 인성이 좋고, 음간은 비겁이 좋다.

나쁘다고 하는 상관견관(傷官見官)도 인성이 있으면 좋다. 재극인도 비겁이 있으면 좋고, 재다신약도 인성과 비겁이 있으면 좋다. 재생살도 비겁이 있으면 해결된다. 관살혼잡도 인성과 비겁이 있으면 좋다. 사주는 어떻게든 살 수 있는 존재이기에 자기가 쓸 수 있는 글자(용신)가 항상 존재한다.

52. 생극제화, 합형충파해

생극제화(生剋制化)는 천간이 하는 일이다. 생(生)은 서로 돕는다. 인성 생 비겁, 비겁 생 식상이다. 극(剋)은 내가 극해서 제압한다. 비겁 극 재성이다. 제(制)는 내가 다스림 당한다. 관성 제(制) 비겁이다. 화(化)는 합해서 화합하는 모습이다. 일간과 비겁은 개념이 다르다. 일간은 나이고, 비겁은 친구, 형제자매, 지인, 사람들이다. 일간이 극하는 재성을 일간이 가지려면 관성이 있어서 비겁을 물리쳐야 한다. 일간을 다스리는 관성이 일간 외에 다른 비겁을 제압해야 일간이 사는 게 편하다. 돈도 보호되고, 사람 관계도 좋아진다. 재성은 내 돈이고, 관성은 내 소유물을 빼앗아가는 비겁들을 통제하는 관리자이다. 사주에 비겁과 인성이 많으면 신왕신강하다고 하고, 재성과 관성이 많으면 신약하다고 한다. 신약한 사주는 인성운과 비겁운이 좋고, 신왕신강한 사주는 식상운, 재성운, 관성운이 좋다.

사주 임상을 하다보면 '내' 팔자에 없는 글자가 들어올 때가 있다.

그런 글자가 들어올 때도 글자 그대로 십성을 읽어주면 된다. 내 팔자의 구성요소를 읽고 난 후, 들어오는 세운 글자에 따라 십성의 역할을 읽으면 된다. 들어오는 글자가 내 팔자에 있다면, 그 해 동안은 그 글자의 힘이 작용한다. 운에서 들어오는 글자가 내 팔자에 없는 글자라면 그 글자는 있는 듯 마는 듯 별 역할 없이 사라진다.

사주에 재성이 있다고 해서 재운이 좋은 것도 아니다. 재성이 잘 되려면 식상과 관성이 있어야 재성(돈)이 내 돈이 된다. 비겁 생 식상을 하고, 식상 생 재성을 하고, 재성 생 관성을 해야 돈이 내 돈이 된다. 재성운이 왔는데 식상도 없고 관성도 없다면 일만 열심히 하지 결과물이 내 손에 주어지지 않는다. 결과물을 내 것으로 만드는 관성이 있어야 돈이 내 돈이 된다.

사주에 격국용신, 조후용신, 억부용신이 좋으면 사는 일이 편안하다. 학교 다닐 때 학교 잘 다니고, 취직할 때 취직도 잘 되고, 집 사고 저축하면서 빚지지 않고 자기 인생을 살 수 있다. '자평진전'은 격국용신을, '난강망'은 조후용신을, '적천수'는 억부용신을 중요하게 취급한다. 격국용신과 조후용신은 사주팔자와 대운을 해석하는데 사용한다. 억부용신은 세운에 적용해서 읽는다. 세운에서 들어오는 글자가 사주팔자를 중화시키는 억부용신이라면 그 해는 좋다. 사주팔자와 대운은 격국용신과 조후용신으로 사주의 좋고 나쁨을 판단하고, 세운이나 월운은 억부용신이나 생극제화, 합형충파해, 물상으로 읽으면 된다.

사주에서 월지(月支)는 태어난 환경, 집안, 부모, 형제, 사회적 상황이다. 시지(時支)는 자식, 말년, 돌아갈 장소이다. 월지와 연지는 내가 어떻게 할 수 없는 국가, 사회, 부모이다. 일지와 시지는 내가 능동적으로 움직일 수 있는 배우자, 자식, 말년이다. 연월지(年月支)를 보면 사주당사자의 사회적 위치와 부모 환경을 알 수 있다. 연월지가 사길신(四吉神)인 정인, 식신, 정재, 정관이면 순탄한 모습이다. 연월지가 사흉신(四凶神: 편인, 상관, 편관, 양인)이면 의지적으로 자수성가하지만 건강, 사람, 돈 문제로 스트레스 받으면서 산다. 사흉신은 누구의 도움도 받지 못하고 자기 혼자서 세상을 산다. 인덕도 약하다. 자기 의지를 믿고 상황 속에서 경쟁하면서 살아야 한다.

　일시지(日時支)가 사길신(四吉神)이면 배우자나 자식이나 말년이 편안하다. 살면서 큰일을 겪지 않는다. 일시지가 사흉신(四凶神)이면 배우자나 자식과 갈등이 있다. 사흉신일 경우에는 가정의 책임을 내가 지고 산다. 일지(日支)가 편관일 경우에는 더 노력하며 산다. 편관은 힘든 일, 스트레스이다. 편관을 제압하는 식신이나, 편관을 보호하는 인성이 있으면 괜찮다. 하지만 식상, 인성, 비겁, 양인도 없이 사주가 신약하고 재성만 많으면 일지 편관을 가진 사주는 병치레에 시달리고, 사는 게 힘들다. 배우자도 나를 힘들게 하고, 자식도 나를 힘들게 할 수 있다. 일시지(日時支)사흉신은 사길신보다 조금 더 노력하고, 조금 더 의지적으로 살라는 의미이다. 사길신이 평탄하게 산다면, 사흉신은 역경과 시련을 견뎌내고 성공하는 사람이 될 수 있다.

　사흉신 사주 외에 합형충파해(合刑沖破害)로 요동치는 사주도 열심히 산다. 의지적이고 투사적으로 산다. 합형충파해 없는 사주가 없다. 합형충파해는 인생의 고통과 시련이다. 아프고, 상처 받고, 이별하고, 좌절하고, 다시 일어서고, 힘내고, 빚지고, 빚 갚는 일이 합형충파해이다. 천간의 생극제화, 지지의 합형충파해는 사주팔자를 변화 발전시키며 개인의 삶을 더 풍요롭게 만든다. 생극제화와 합형충파해는 사주팔자와 대운, 세운, 월운, 일진에서 매순간 일어난다. 매순간 일어나는 생극제화와 합형충파해에 대처하며 개인은 수동적 혹은 능동적으로 자기 인생을 만들어간다.

part 4

겨울

새 봄 을
기 다 리 는
움 츠 린
새 싹 들

53. 십성 운 해석

　비견은 독립, 동업, 공정, 분배이다. 비견운에는 새 사람, 새 기회가 생긴다. 비견은 재성(돈)을 벌려고 작용한다. 비견운이 좋게 작용하는 사주는 신약한 사주이다. 사주가 식상, 재성, 관성으로 구성된 사주이다. 신약한 사주에 비견운은 새로운 사람이 내 편으로 들어와서 새로운 변화가 있고, 협력한 일이 잘 되어 돈을 벌 수 있다. 신왕한 사주에 비견운은 단점으로 작용한다. 적은 돈을 놓고 많은 사람들이 싸운다. 친구 잃음, 돈 잃음, 이별, 이혼, 투자 손실이 있다. 비견이 부정적인 사주는 비견이나 인성이 많은 사주이다.

　겁재는 분리, 투쟁, 경쟁, 수술, 손재, 이복형제, 이종형제이다. 겁재는 사주가 식상, 재성, 관성으로 이루어진 신약 사주일 때 좋게 작용한다. 겁재가 부정적인 경우는 사주에 겁재나 인성이 많은 신왕신강사주이다. 비겁이 많으면 관성이 있어서 비겁의 무리를 제압하면 좋게 변한다. 혹은 식상이 있어서 비견과 겁재의 힘을 식상의 일로 설기(洩氣)하면 좋다. 사주에 겁재가 많은데 겁재운이 오면 빚지고 사람에게 배신당한다. 돈 문제, 연애 문제, 아버지 문제, 구설수가 생긴다. 신왕 사주에 겁재운에는 내 소유물을 사람들에게 빼앗길 수 있다.

식신은 총명, 학문, 교육, 창작, 건강, 경사(慶事)이다. 내가 식신을 생하고, 식신이 재성을 생하면 돈을 벌며 신체가 건강하고 의식주가 좋다. 학습능력향상, 주거환경개선, 연구 성과, 책 출간, 시험합격, 승진, 취업, 출산, 사업 확장이다. 편인이 옆에서 도식(식신을 엎어버림)만 하지 않으면 식신운에는 좋은 일이 생긴다.

상관은 개발, 독선, 총명, 언변, 희생, 시행착오, 배신, 비판이다. 안정된 질서인 정관을 깬다. 상관생재이면 돈을 벌지만, 상관견관(傷官見官)이면 불화, 언쟁, 구설수, 근심, 배신, 이혼이다. 천재지변, 불명예 퇴직, 자식문제, 노력에 비해 결과물이 적음, 불만, 직업 변동이 있다. 상관운이 들어오면 말조심, 행동 조심을 해야 한다. 사주가 비겁이 없어서 신약할 경우나, 사주에 인성이 없으면 관재수와 구설수에 시달린다. 상관은 상관패인이나 상관생재가 좋다.

정재는 고정재산, 공평무사, 책임완수, 근면, 성실, 현금 중시이다. 재생관(財生官)이면 돈을 잘 지킨다. 재성은 내가 번 돈이고, 관성은 비겁을 극해서 비겁들이 내 돈을 빼앗아가지 못하게 관리한다. 재생관 운에는 승진하고 합격하고 좋은 일이 생긴다. 그러나 사주가 신약(사주에 비겁이나 인성이 없을 때)해서 재극인(돈 욕심내다가 명예 잃고, 학업중단 됨), 재생살(돈 욕심내다가 사업부도, 투자실패, 행정소송, 재물 망신, 소송), 재다신약(돈 욕심내다가 병듦, 이별)이면 정재운에 돈 욕심을 내지 말아야 한다. 사주가 신약하면 정재운에 돈 때문에 싸우고, 사람 잃고, 망신당한다.

편재는 사업재산, 기회 포착, 변화, 변동, 역마, 허장성세, 오지랖, 투자, 개발, 연애이다. 편재는 유동하는 재물이다. 사주가 식상생재(食傷生財)이면 편재운에 돈을 번다. 사주에 있는 편인을 편재가 극하면 문서 이익, 승진운, 개발, 창조하는 일에서 좋은 일이 생긴다. 인성이 자격으로 바뀌어서 명예를 얻고, 부동산 운도 좋아진다. 사주가 신약한데 편재가 편관을 생하는 재생살(財生殺) 운에는 질병에 걸린다. 행정소송 같은 관재수(官災數)도 생긴다. 뇌물횡령, 공금횡령, 세금포탈, 사기, 병듦 등의 문제가 발생한다. 사주가 신왕하면 재생살을 당하지 않는다. 비겁으로 재성을 극하면 재성이 편관을 재생살하지 못 한다.

정관은 품행단정, 명예존중, 책임완수, 타율적 실행력이다. 정재가 정관을 생하고, 정관이 정인을 생하고, 정인이 일간 나를 생하면 좋은 일이 생긴다. 승진, 합격, 월급 오름, 취업, 학업성취, 결혼, 금융자산 원활, 관급 공사 등 좋은 일이 생긴다. 자신보다 사회적 지위가 높은 사람들과 인연이 좋다. 사주가 신약하면 정관운에 몸이 약해지고 신경성 질병이 생긴다. 상관이 있어서 상관견관(傷官見官)까지 하면 불화, 투쟁, 경쟁에 휘말려서 구설수가 있다.

편관은 영웅호걸, 권위과시, 임기응변, 개혁진보, 무관, 모험, 투쟁, 타율적 실행력이다. 편관운에는 변화, 변동이 있다. 사주가 신강하고 비겁이 식신을 생하면, 식신이 편관을 조절하면서 명예로운 일이 생긴다. 자영업자는 손님이 늘어나서 돈을 더 벌 수 있다. 식신제살(食神制殺)은 어려운 일을 해결하는 해결사이다. 스타성이다. 현실적으로 유용한 일을 해낸다. 성공, 합격, 승진, 취업, 결혼, 자식출산이다. 그러나 사주가 신약한데 재생살(財生殺)이면 병듦, 사고사, 관재수, 벌금, 불법적인 일, 고달픔, 이혼할 수 있다. 재성운과 관성운을 잘 버티려면 사주에 인성과 비겁이 있어야 한다. 신왕신강한 사주만이 재성운과 관성운을 장점으로 사용할 수 있다.

정인은 도덕윤리, 문필예능, 교육, 기획, 공증서류, 귀인, 출세이다. 의식주 풍부, 주거환경 개선, 여유로움, 합격, 승진, 취업, 자격증 획득, 부동산 매매, 교양 습득, 소원성취이다. 정인과 정관이 관인상생을 하면 인덕이 있고, 인간관계가 좋다. 인다용재(印多用財)이면 정관운에 좋은 일이 생긴다. 재성이 정관을 생하고, 정관이 정인을 도와서 부자가 된다. 정인이 식상을 극하면 학자, 연구원, 교사이다. 정관이 정인을 생하면 관인상생해서 조직에서 높은 지위에 오른다.

편인은 개혁창조, 임기응변, 문예체육, 과학기술, 의학, 약학, 역술, 걱정근심, 의심이다. 편인이 식신을 극하면 도식(倒食)이라고 해서 하는 일이 중단되고, 몸이 아프다. 식신은 의식주인데 의식주인 실생활이 멈춰버리는 현상이 일어난다. 임신 안 됨, 병듦, 부도, 학업 부진, 분리, 고독이 발생한다. 편재가 편인을 극하면 좋은 일이 일어난다. 인다용재(인성이 재성의 자극으로 공부하고 사회적 인정을 받는다)로서 똑똑한 머리로 돈을 번다. 편인은 정관이나 편관의 생을 받으면 관인상생, 살인상생이 되어 조직에서 높은 지위에 오른다. 승진, 합격, 취업, 연구, 개발에서 긍정적인 성과가 있다. 사주에 인성이 많으면 비겁운, 식상운, 재성운이 좋다. 사주에 인성이 많은데 인성운이 오면 게을러지고 만사태평하며 돈을 벌 생각을 하지 않고 공상만 하거나, 남에게 민폐를 끼친다.

비견, 식신, 정재, 정관, 정인 운에는 일도 사랑도 취업도 승진도 합격도 무난하게 이루어진다. 겁재, 상관, 편재, 편관, 편인 운에는 일이 힘들게 진행되지만, 겁재를 잡는 관성이 있으면 좋은 쪽으로 흐른다. 상관을 잡는 인성이 있거나, 상관의 기운을 뺄 재성이 있으면 좋게 작용한다. 편재는 식신이나 상관이나 편인이 있으면 좋게 작용한다. 편관은 비겁, 식상, 인성이 있으면 스타가 된다. 편인은 관성이 있거나 비겁이 있거나 편재가 있으면 좋게 작용한다.

54. 십 천간의 짝꿍

갑목은 생목(生木)일 때와 사목(死木)일 때가 다르다. 생목일 때는 봄여름으로 한창 자랄 때이다. 이때는 병화 식신과 임계수(壬癸水) 인성이 필요하다. 식신과 인성으로 봄여름에 갑목은 잘 자란다. 사목(가을겨울의 갑목)일 때는 정화와 경금이 필요하다. 정화 상관으로 경금 편관을 제련해서, 경금 편관으로 갑목을 베어 생활도구로 만들면 갑목이 좋게 쓰인다. 계수 정인은 갑목이 메마를 때 수원지(水源池) 역할을 한다. 임수 편인은 가뭄에 시달릴 때 도움이 되고, 병화 식신은 갑목을 잘 자라게 한다. 한여름 더위에는 임수가, 한겨울이나 초봄에는 병화가 갑목을 키운다. 인월(寅月)의 갑목은 경신금(庚辛金)을 쓸 수 없다. 인월은 추운데 경신금 관성까지 갑목을 괴롭히면 갑목이 살 수 없다. 인월의 갑목에 경신금이 있으면 경신금을 녹이는 병정화(丙丁火)가 있어야 한다. 인유해자축월(寅酉亥子丑月)의 갑목은 병화(丙火)가 조후(調候)로 필요하다. 인사오미술월(寅巳午未戌

月)의 갑목은 계수(癸水)가 있어야 말라죽지 않는다.

　을목은 사계절 내내 병화(丙火) 상관이 필요하다. 그 다음으로 계수(癸水) 편인이 있어야 말라죽지 않는다. 을목은 약해서 경신금(庚辛金) 관성을 무서워한다. 해자축월(亥子丑月)에는 추워서 병화가 있어야 한다. 음간(陰干)은 정인과 식신도 좋지만, 편인과 상관이 더 활동적으로 좋게 쓰인다. 음간 편인은 편인이 도식작용을 하는 게 아니라, 밥벌이를 하는 쪽으로 식상을 이용한다.

　병화는 임수(壬水) 편관이 제일 좋다. 병화가 타오를 때 임수가 뙤약볕을 식혀준다. 해자축월(亥子丑月)에는 추워서 임수(壬水) 대신 갑목(甲木)이 병화를 살린다. 정화(丁火)는 인위적인 불이라서 갑목(甲木) 정인이 반드시 필요하다. 갑목 정인과 경금 정재가 있으면 정화는 불이 꺼지지 않는다. 정화에게 경금 정재가 갑목 정인을 극해서 정화의 땔감이 되게 한다. 정화에게 재극인은 나쁘게 작용하지 않는다. 신유월(申酉月)의 정화에게 갑목이 없으면 병화로 을목을 말려서 땔감으로 써야 한다.

　무토는 오월(午月)에 물이 부족할 때는 계수 대신 임수를 좋아한다. 유월(酉月)에는 토생금(土生金)을 해서 금극목(金剋木)을 하면 사목인 갑목을 생활 도구로 만들어 쓸 수 있다. 해자축월의 무토에게는 수(水)가 많아서 계수가 없어도 된다. 기토(己土)는 농토라서 병화 정인으로 따뜻하게 해야 식물(갑을목)이 잘 자란다. 물이 없을 때는 계수 편재가 땅을 윤택하게 만든다. 기토에게 계수 편재는 땅을 윤활하게 만드는 활력제이다. 해자축월의 기토에게는 계수 편재가 필요 없고 병화 정인이 조후(調候)로 필요하다.

경금은 정화(丁火) 정관으로 단련하면 훌륭한 생활도구가 된다. 이때 정화가 꺼지지 않으려면 갑목 편재가 있어야 한다. 해자축월의 경금은 얼어 있기에 정화 정관으로 따뜻하게 녹여서 병화 편관으로 조후한다. 경금은 정관과 편관을 잘 쓴다. 사오미월의 경금은 녹아 없어지기에 임계수 식상이 필요하다. 술월(戌月)의 경금이 갑목 편재를 쓰려면 임수 식신이 필요하다. 유월(酉月)의 경금은 양인(羊刃)이라서 병정화(丙丁火) 관성을 요긴하게 쓴다. 신금(辛金)은 사계절 내내 임수 상관이 좋다. 신금에게 임수 상관은 재능과 재주이다. 신금이 약하면 토생금(土生金) 해주는 기토 편인이 좋다. 해자축월의 신금은 울며겨자 먹기로 병화 정관을 조후로 쓴다. 이럴 경우 신금과 병화가 떨어져 있어야 좋다. 붙어 있으면 병신합수(丙辛合水)로 사라져버린다.

임수는 인묘진월(寅卯辰月)에는 경신금 인성이 있어야 물이 생긴다. 사오미월(巳午未月)의 임수는 임계수 비겁과 경신금 인성인 수원지가 있어야 물이 마르지 않는다. 장마철의 임수는 무토 관성이 있으면 제방이 되어 좋다. 임수에게 병화 편재와 무토 편관은 좋은 작용을 한다. 병화 편재는 조후용으로 무토 편관은 제방용으로 쓴다. 유월(酉月)의 임수는 물이 맑아 경금 편인을 사용하여 갑목 식신을 생활도구로 만든다. 계수(癸水)는 약해서 경신금(庚辛金) 인성의 수원지가 있어야 한다. 신월(申月)의 계수는 정화 편재로 경금 인성을 녹여서 금생수(金生水) 하게 한다. 이때는 계수가 갑목 상관을 생활도구로 만들어 쓸 수 있다. 축월의 계수는 병화 정재를 조후로 쓴다. 계수는 임수 겁재가 있으면 물이 마르지 않아서 좋다. 계수는 음간이기에 편인, 겁재, 상관을 좋게 쓸 수 있다. 일간이 음간(陰干)인 경우에는 사흉신(편인, 상관, 편관, 양인)이 나쁘게 작용하기보다는 음간의 힘을 강화시켜 좋게 작용한다.

 천간별로 계절마다 좋은 짝꿍이 다르다. 갑목이 봄에는 경금 편관을 싫어하지만, 가을에는 경금 편관을 좋아한다. 을목은 경금 정관보다는 병화 상관을 좋아한다. 병화는 임수 편관을 제일 좋아하고, 정화는 갑목 정인과 경금 정재를 좋아한다. 무토는 갑목 편관과 병화 편인과 임수 편재와 계수 정재가 있어야 산이 아름답다. 기토는 병화 정인과 계수 편재가 좋다. 경금은 정화 정관으로 단련되는 게 제일 좋다. 신금은 임수 상관으로 씻기면 좋다. 임수는 병화 편재를 보고 갑목 식신을 키우기를 좋아한다. 계수는 수원지인 경금 정인과 임수 겁재를 좋아한다. 각각의 천간은 계절마다 자기가 좋아하는 짝꿍이 다르다.

55. 합, 합화, 기반, 합거

천간 합에는 갑기합(甲己合), 을경합(乙庚合), 병신합(丙辛合), 정임합(丁壬合), 무계합(戊癸合)이 있다. 합하려면 글자가 바로 옆에 붙어 있어야 한다. 천간이 합 되면 기반(얽매임)되거나 합거(합해서 사라짐)된다고 하는데 그럴 경우 조건이 있다. 기반이나 합거 되려면 합한 천간이 지지에 뿌리가 없는 경우이다. 천간이 합해서 다른 오행으로 변하려면 월지에 변하는 기운의 오행이 있어야 한다. 갑기합이 토(土)로 변하려면 월지에 진술축미(辰戌丑未)가 있어야 한다. 을경합이 금(金)으로 변하려면 월지에 사신유술축(巳申酉戌丑)이 있어야 한다. 병신합이 수(水)가 되려면 월지에 자축진신해(子丑辰申亥)가 있어야 한다. 정임합이 목(木)이 되려면 월지에 인묘진미해(寅卯辰未亥)가 있어야 한다. 무계합이 화(火)가 되려면 월지에 인사오미술(寅巳午未戌)이 있어야 한다.

천간 합이 있어도 합이 되지 못하는 경우는 글자가 떨어져 있을 때,

월지에 천간의 뿌리가 없을 때, 지지에 화(化)한 오행이 없을 때이다. 그리고 천간끼리 합하는 글자가 붙어 있어서 합하려고 하는데 그 천간이 앉은 자리인 지지가 형충파해(刑沖破害) 되면 천간이 합하지 못한다. 지지끼리 형충파해 하면 천간이 위태롭기에 합할 수 없다. 집의 대들보가 무너지는데 지붕이 온전하지 못하는 이치와 같다. 지지(地支) 충을 하는 천간은 힘이 없다. 충을 깨는 합이 대운이나 세운에서 들어와야 천간이 자기 역할을 한다.

두 천간이 서로 글자가 붙어서 합은 하지만 화(化)해서 다른 기운으로 변하지 못할 때가 있다. 쟁합, 투합, 합화를 극하는 오행이 있을 때, 지지에 합하는 천간의 뿌리가 있을 때이다. 쟁합은 경쟁하는 합이고, 투합은 한 글자를 놓고 두 글자가 싸울 때이다. 또한 합화된 오행을 극하는 글자가 있을 때, 천간은 합하려는 기운만 있지 합하지 못 한다. 극에는 목극토, 화극금, 토극수, 금극목, 수극화가 있다. 또한 천간끼리 간합(干合)하는데 지지에 그 두 글자의 뿌리가 단단하게 있다면 천간 두 글자는 합하지 못 하고 자기 역할을 한다. 합해서 화(化)하려면 지지에 화(化)한 오행글자가 힘 있게 자리 잡아야 한다.

사주가 신왕(身旺)하면 합은 해도 기반(羈絆) 되지 않는다. 기반은 글자가 서로 얽매여서 제 역할을 하지 못하는 상황이다. 신왕(身旺)한 사주는 지지에 자기 기운이 있다. 예를 들어 갑(甲)일간일 때 지지에 인묘진미해(寅卯辰未亥)가 있다면 기반되지 않는다. 신왕할 경우 갑기합이 되었어도 지지에 뿌리가 있으면 기반도 합거(合去)도 되지 않는다. 일간은 웬만해서는 합도 기반도 합거도 되지 않는다. 일간 '내'가 사라지면 사주팔자가 살 수 없기 때문이다.

사주가 신약(身弱)하면 합해서 자기편이 없을 경우에 일간이 자기 역할을 버릴 수 있다. 신약한 일간은 지지에 뿌리가 없거나 인성이 없는 경우이다. 예를 들어 갑일간이 지지에 사오신유술축(巳午申酉戌丑)이 있고, 해자(亥子) 인성도 없을 때이다. 이럴 경우 갑 일간은 합화 기운이 있고, 그 기운이 세다면 합된 기운으로 변해 버린다. 자기 주체성으로 살기보다는 타율적으로 산다. 자기 고집보다는 남들의 눈치를 보고 요령껏 산다. 타율적으로 살기에 오히려 착한 사람이라는 소리를 듣는다. 사주가 약하다고 나쁠 건 없다. 자존심을 없애고 타인 위주로 살 경우에 성실하고 근면하다면 잘 살 수 있다. 신왕 사주라고 해서 좋은 것도 아니다. 신왕 사주는 자기 힘만 믿다가 오히려 낭패를 볼 수가 있다. 권력자나 유명인이 자기 잘난 맛으로 살다가 하루아침에 몰락하는 장면은 수도 없이 많다.

 천간이 지지에 뿌리가 강하면 합도 합화도 기반도 합거도 안 된다. 서로 합하려는 정(情)만 있지, 합해서 다른 오행이 되거나, 아예 글자 역할을 못 하거나(기반), 합해서 사라져버리지(합거) 않는다. 천간이 합해서 어느 한 오행이 아주 강한데, 충이 들어오면 변화, 변동, 이사, 새로운 일, 수술, 사고, 구설수, 관재수가 있을 수 있다. 합한다고 해서 좋은 것도 나쁜 것도 아니다. 사주 구조를 잘 읽고 판단해야 한다. 대운이나 세운이나 월운이나 일진에서 들어오는 글자가 일간에게 희신인지, 기신인지 판단하고, 그 글자가 합인지, 합화인지, 합거인지, 기반인지 읽으면 사주해석이 쉬워질 수 있다.

56. 직업과 건강론 추론

사주 십성에 따라 직업을 분류한다. 비견은 사업, 회사원, 공무원, 조직에 잘 적응한다. 겁재는 경쟁력 있는 직업이 좋다. 검경, 군인, 운동선수, 방송인이다. 식신은 의사, 약사, 간호사, 보호, 양육이다. 상관은 연예인, 방송국, 언론인, 문학, 어학, 교육이다. 편재는 돈 유통을 잘 하므로 증권회사, 부동산 투자, 회계, 무역, 경영, 사업이다. 정재는 은행원, 공무원, 회사원, 교육자이다. 편관은 정치인, 권력자, 군인, 경찰, 사법부, 입법부, 행정부이다. 정인은 교육, 의사, 약사, 정치인, 행정부, 사회학이다. 편인은 철학, 과학, 연구원, 회사원, 발명가이다.

관인상생이 좋으면 학력이 높은 편이다. 관성과 인성이 투출되어 있으면 좋은 대학에 들어갈 확률이 높다. 식상과 편인이 연월(年月)에 있으면 자연과학이다. 연월에 재성과 편인이 강하면 경상대학, 기술공학, 특수기술 쪽이다. 관성과 인성이 형충파해 되면 원하는 대학보다는 낮추어서 가야 한다. 정인 정관은 국립대로 보고 그 밖의 십성은 사립대로 보기도 한다.

법대는 관인상생, 살인상생이 좋다. 양인살, 삼형살도 법대에 알맞다. 상관패인이나 상관생재는 변호사에 알맞다. 행정대는 관인소통, 양인살, 삼형살이 있으면 좋다. 밀고 나가는 추진력과 상호 협조 혹은 견제력으로 쓰인다. 정치외교는 삼형살, 형충파해가 있는 사주, 살인상생은 외교부, 안기부가 좋다. 상관패인은 언론인, 방송국, 외교업무가 좋다. 편인은 역사철학, 문화예술, 창작이 좋다. 식신과 상관은 사회 복지, 인류학이 좋고 편인은 고고학, 천문학도 좋다. 자연대는 식상생재, 상관패인, 상관대살, 식신제살이 좋다. 의대는 살인상생, 상관견관, 재생관, 재생살, 비겁이 강하면 좋다.

신왕하면 건강이 좋은 편이고, 신약하면 체력이 약하다. 사주의 조후가 좋으면 건강하고, 조후가 나쁘면 질병에 걸린다. 사주에서 희신과 용신이 통근(천간이 지지에 뿌리를 내림)하면 건강하다. 오행이 두루 갖추어져 있으면 건강하다. 오행이 편중되거나 한쪽으로 치우쳐 있으면 질병에 걸리거나 기초체력이 약하다. 갑목은 담낭(쓸개), 을목은 간, 병화는 소장, 정화는 심장, 무토는 위장, 기토는 비장(지라), 경금은 대장, 신금은 폐, 임수는 방관, 계수는 신장(콩팥)이다. 양간은 육부(六腑)이고 음간은 오장(五臟)이다. 오장은 간심비폐신(肝心脾肺腎)이다. 육부는 담낭, 위, 대장, 소장, 방광, 삼초이다. 오장은 정기신혈혼백(精氣神血魂魄)의 저장소이고, 육부는 소화, 흡수, 배설을 담당한다. 위는 소화흡수, 폐는 호흡활동, 심장은 혈액순환, 비장은 수분대사, 신장은 운동기능을 담당한다.

신왕하고, 격국 용신에 알맞은 상신이 있고, 음양오행이 두루 갖추어져 있으면 건강하다. 신약하고, 용신도 상신도 희신도 약하고, 한쪽으로 치우진 사주는 건강에 조심해야 한다. 특히 극을 하거나 극을 당하는 오장육부를 조심한다. 사주가 목화나 화토로 말라 있으면 암을 조심하고, 금수로 젖어 있으면 뇌질환과 심장질환을 조심한다. 그 밖에 갑목을 머리, 을목은 목, 병화는 어깨, 정화는 가슴, 무토는 갈비뼈, 기토는 배, 경금은 배꼽과 엉치, 신금은 다리, 임수는 정강이, 계수는 발에 관련하여 읽을 수 있다. 자수는 방광, 귀, 생식기/ 축토는 위장, 비장, 다리/ 인목은 쓸개, 머리카락, 손/ 묘목은 간, 손가락/ 진토는 피부, 어깨, 가슴/ 사화는 얼굴, 치아, 목/ 오화는 눈, 정신/ 미토는 위장, 등/ 신금은 대장, 뼈/ 유금은 소장, 피/ 술토는 다리, 뼈/ 해수는 머리, 다리이다.

목(木)이 극을 하거나 극을 당하면 중풍, 어지럼증, 시력약화, 혈기 막힘, 탈모, 충혈, 손톱 건조증이 있다. 화(火)가 극을 하거나 극을 당하면 피고름, 종양, 부스럼, 화병, 종기가 있다. 토(土)가 극을 하거나 극을 당하면 붓기, 냄새, 가슴앓이, 소화불량, 공황장애, 건망증이 있다. 금(金)이 극을 하거나 극을 당하면 코 막힘, 말 더듬, 우울증, 감기, 목 아픔이 있다. 수(水)가 극을 하거나 극을 당하면 허리, 발, 통증, 건망증, 붓기, 만성염증이 있다.

입원하거나 사망운은 비겁이 없는 사주가 재극인, 재생살, 편인도식, 양인운, 사묘절운, 편재입묘운, 식신입묘운일 때이다.

57. 양간과 음간

양간(陽干)은 '갑병무경임(甲丙戊庚壬)'이다. 갑병무경임은 밝고 환하고 추진력 있고 활동성이 크다. 양간은 극제(剋制) 당하거나 설기(洩氣)하는 게 좋다. 음간은 '을정기신계(乙丁己辛癸)'이다. 을정기신계는 작고 활동성이 순하다. 음간은 극제(剋制) 당하기보다는 생(生)을 받거나 설기하는 게 좋다. 양간은 월지의 계절이 중요하고 음간은 뿌리내린 천간이 중요하다.

양간 갑병무경임의 비견과 겁재는 칠살 편관에게 극제(剋制) 당하면 좋다. 갑목은 경금 편관에게 금극목, 병화는 임수 편관에게 수극화, 무토는 갑목 편관에게 목극토, 경금은 병화 편관에게 화극금, 임수는 무토 편관에게 토극수로 극제 당하면 좋다. 갑목 큰 나무를 신금 정관인 작은 칼날이 벨 수 없다. 갑목 큰 나무를 베려면 경금 도끼가 적절하다. 병화 역시 계수 정관으로는 햇빛만 가려질 뿐, 병화의 열기를 계수 시냇물이 잠재울 수 없다. 임수 큰물이 병화의 열기를 조정하여 수승화강(水昇火降)하게 한다. 양간은 편관 칠살(七殺)의 극제를 무서워하지 않는다. 양간에게 편관 칠살은 긍정적으로 작용한다. 편관은 적장을 다스려서 '내' 편으로 만드는 관리 능력이다. 적장을 '내' 편으로 만들기 위해 희생하고 달래고 사랑하고 제압하는 힘이 편관이다. 영화에서 보면 깡패 대장을 '내' 편으로 만드는 주인공의 모습이 편관이다. 편관은 타인을 제압하고 '내' 편이 되게 하거나 '내' 부하로 만드는 능력이다. 양간은 정관보다 편관으로 사람을 더 잘 다스린다.

음간(陰干)은 을정기신계(乙丁己辛癸)이다. 음간이 자기 사주에 있는 비견이나 겁재를 편관으로 다스리려면 힘이 벅차다. 을목에게 신금이 편관이고, 정화에게 계수가 편관이고, 기토에게 을목이 편관이고, 신금에게 정화가 편관이고, 계수에게 기토가 편관이다. 음간은 편관과 만나면 다스려지는 게 아니라 둘 다 상처만 남는다. 음간은 편관으로 비견 겁재를 다스리다가 힘만 빠진다. 음간은 인성을 사용하여 편관이 살인상생하게 만들어서 편관이 나를 돕게 하는 게 좋다. 음간은 비견 겁재를 편관으로 다스리기보다는 식신 상관으로 흐르게 하는 순리를 더 좋아한다. 음간은 재성을 보면 극하다가 지치고 힘만 빠진다. 음간이 재성을 좋게 쓰려면 식상생재로 써야 한다. 을목은 목생화로 흘러서 정화 식신이나 병화 상관이 있어야 돈을 번다. 정화는 화생토가 되는 기토 식신이나 무토 상관이 좋다. 기토는 토생금인 신금 식신이나 경금 상관이 좋다. 신금은 금생수인 임수 상관이나 계수 식신이 좋고, 계수는 수생목인 을목 식신이나 갑목 상관이 좋다. 음간은 활동성이 작고 약하기에 생하는 쪽으로 흘러야 인생이 고달프지 않다. 음간은 비견 겁재를 관성으로 제압해서 다스리는 권력보다는, 비견 겁재와 함께 식상(食傷)을 생하는 쪽으로 살면 좋다. 식신과 상관은 주는 사랑, 교육, 계도, 변화 혁신이다. 음간은 극제(재성과 관성)를 해서 상대편을 '내' 편으로 만들기보다는, 상대편을 사랑(인성과 식상)으로 '내' 편으로 만드는 사주가 좋다.

양간은 월지(月支)의 힘이 중요하고, 음간은 시지(時支)나 지지(地支)의 뿌리가 중요하다. 양간은 월지에서 기운을 받고 음간은 시지에서 기운을 받는다. 월지는 부모, 형제, 직업, 성격, 환경이다. 시지는 자식, 미래, 하고 싶은 일이다. 연월지(年月支)에 정재, 정인, 정관이 있으면 부모덕과 인덕, 학업성취, 취업, 상복 등이 있다. 일시지(日時支)에 정재, 정인, 정관이 있으면 말년이 순하다. 말년에 고생하지 않는다. 연월지(年月支)나 일시지(日時支)에 상관이나 양인이 있으면 일을 쉬지 않는다. 사주에서 비견이나 겁재가 좋으면 형제 복, 친구 복이 있다. 신왕재왕(身旺財旺)은 아내 복, 돈 복, 아버지 복, 인덕이 있다. 신왕살왕(身旺殺旺)은 남편복, 자식복, 직업복, 부모복, 승진 복이 있다. 사주가 신왕하거나 신강해야 재운(財運)과 관운(官運)을 받아낼 수 있다. 신왕은 지지에 비겁이 있는 사주이고, 신강은 지지에 인성이 있는 사주이다. 신왕신강 사주는 재성운과 관성운을 좋게 사용한다. 승부욕, 끈질김, 투지력, 의지력으로 사용한다.

지지(地支)끼리 충(沖)이 되었을 때 충(沖)된 지지의 지장간이 밖으로 튀어나온다. 그때 나온 지장간이 천간과 합이 되어 사라지거나 혹은 자체적으로 활동한다. 충이 되어 지장간이 개고(開庫) 될 때, 기신(忌神) 천간을 간합(干合) 하면 그 해는 운이 좋다. 희신(喜神) 천간을 간합하면 그 해는 건강, 사고, 인간관계, 돈 문제를 조심해야 한다. 양간과 음간의 충을 똑 같이 해석하기보다는 양간은 양간의 기질로, 음간은 음간의 기질을 해석하면 좋다. 양간과 음간에게 재성과 관성의 극하고 극 당함을 똑같이 적용할 수 없다. 남녀가 차이가 있듯이 양간과 음간도 차이가 있다.

58. 사주 십성과 성격 유형

　성격이 외향적이면 상관이다. 상관은 겉으로 표출하고 속마음을 솔직하게 표현한다. 사교적이며 정열적이며 자기 경험을 중시한다. 아무하고나 금세 친해지지만 깊은 친구는 되지 못한다. 상관은 빨리 배우고 빨리 실증내기에 창조하는 직업이나 발명가, 연구원이 좋다. 지나간 일은 금세 잊어버리고 새로운 일과 사람을 좋아한다. 반면에 성격이 내향적이면 식신이다. 식신은 한 가지만 깊게 파는 전문성이다. 말보다는 행동으로 보여준다. 말보다는 글의 논리성을 좋아한다. 식신은 인간관계에서 깊게 사귀며 몇 사람하고만 친하게 지낸다. 여기저기에 호기심이 별로 없다. 자기가 관심 있는 일에만 집중하고 한 분야의 전문가가 된다. 상관이 몸으로 직접 경험하는 지식을 사용한다면, 식신은 머리로 지식을 이해한다. 식신과 상관은 교육과 의식주에 관련된 일을 잘 한다. 교육, 옷, 음식, 주택에 연관된 일이다. 식신은 편관을 부드럽게 제압하고, 재성을 생(生)하고, 편인도식(偏印倒食)

을 싫어한다. 상관은 탈법, 불법, 개혁, 생살지권, 예술, 예능, 방송, 언론, 출판에 소질이 있다. 상관은 정관(법)을 극해서 구설수와 손재수를 당할 수 있다. 상관은 재성을 생재(生財)해서 돈을 벌고, 편인이 상관을 상관패인(傷官佩印)하면 지식 산업 같은 일에서 천재적인 재능을 보일 수 있다.

  사물이나 사람을 원리원칙으로 이해하면 정재이다. 정재는 합리적이고 이치적이다. 정관과 비슷하다. 하는 일에서 이익이 되어야 움직이며 결과물이 있다면 성실하게 일 한다. 목적과 방향이 실리적이다. 정재는 꼼꼼하고 계획적이라서 상황판단이 빠르고 사람들과 잘 지내며 자기 소유의 열매를 획득한다. 절약하며 살고, 목표를 이루는 끈기가 좋다. 돈도 꼭 필요한 돈만 합리적으로 쓰며 친구들 사이에서도 더치페이를 한다. 편재는 원리원칙보다는 상황을 기준으로 사건과 사람과 사물을 이해한다. 편재는 상황적 판단을 하기에 어떤 이론이나 원리를 기준으로 행동하지 않는다. 상황에 따라 원리 원칙을 다르게 사용한다. 목적과 목표도 상황에 따라 바꾼다. 개방적이며 유연하다. 편재는 남의 돈을 가지고 사업하며 돈을 번다. 대출해서 집을 사고, 대출해서 필요한 일을 하다가 빚을 질 수 있다. 정재는 내 돈으로 사지만 편재는 남의 돈으로 물건을 산다. 정재는 아내, 시어머니, 의식주 해결사, 일 중시, 신용중시, 실질적, 계산적이다. 신약한 사주에서 정재가 정인을 극하면 학업중단, 어머니문제, 조실부모, 인간관계가 무너진다. 정재는 부하직원, 아랫사람, 건강함이다. 편재는 아버지, 시부모, 대출 한 돈, 사교성, 큰돈, 수단방법 가리지 않고 버는 돈, 호걸, 배포 큼, 낭비벽, 과시소비, 허세, 역마, 영역 확보욕망이다. 편재가 편관을 생(生)할 때 사주에 비겁이 없으면 건강악화, 좌절, 아버지에게 문제가 생긴다.

　판단하는 기준이 원리 원칙적, 이성적(理性的)이면 정관이다. 정관은 규칙과 질서를 지킨다. 인간적인 인정보다는 법칙이 먼저이다. 고지식하고 윤리적이다. 문제를 해결할 때 개인적인 상황을 고려하지 않는다. 사회가 정해 놓은 합리적 이치를 중요시 한다. 일을 할 때도 융통성을 발휘하기보다는 규범에 맞춰서 일한다. 사회적 규범에 맞으면 옳고, 맞지 않으면 틀리다고 생각한다. 반면에 편관은 정관의 이성적 논리보다는 감성적으로 인간과 일을 판단한다. 편관은 개인적 상황을 고려해서 융통성 있게 인간관리를 한다. 인간 개인에게 좋은 법이 옳다고 생각하고, 개인에게 나쁘게 작용하는 규율은 옳지 않다고 생각한다. 실제 사실보다는 관계와 맥락을 중시하며 포괄적으로 사고(思考)한다. 편관은 사회가 정해 놓은 규율보다는 개인적 상황을 중시하며 인간관계를 맺는다. 정관은 원리원칙, 용모준수, 예의, 모범생, 평화로운 질서 유지이다. 편관은 물리적인 강제력, 군인, 검찰, 경찰, 의약사업, 사고, 수술, 병듦이다. 편관은 살인상생, 식신제살, 양인합살이 되면 어디서나 살아남는다.

　사물이나 사람을 인식할 때 시청후촉미(視聽嗅觸味) 오감으로 경험하며 감각적 지식을 중시하면 편인이다. 편인은 직접 자기가 경험한 지식을 기준으로 사물과 사람을 판단한다. 현재가 중요하고 실질적 상황이 지식의 기준이다. 개개인의 경험이 책에 나와 있는 이론보다 중요하다고 생각한다. 귀납적 지식이 편인이다. 편인은 경험적, 감각적 지식이라서 예술이나 문화 창조 능력에 좋게 쓰인다. 편인은 개인이 오감으로 경험하지 않은 지식은 의심하고 부정하고 비판한다. 반면에 사물이나 사람에 대한 지식을 일반론적으로 이해하면 정인이다. 정인은 연역적 사고를 한다. 이론 지식을 기반으로 사람과 사물을 이해한다. 이론지식은 나무보다는 숲 전체를 보는 일반론이다. 개인보다는 구조나 시스템을 기준으로 폭넓게 사건의 원인을 찾는다. 정인의 지식은 규율 같은 기존지식이다. 대학에서 인정하는 학문적 지식이다. 정인은 이론적이고 합리적이다. 정인이 객관적 지식이라면 편인은 주관적 지식이다. 정인은 어머니, 윗사람, 생활기반, 학문, 문화이다. 편인은 발명, 저술, 출판, 활인업, 부동산, 의약업이다.

비견은 협력자, 동료, 단합, 공동목표, 형제자매이다. 비견은 나를 돕기도 하지만 너무 많으면 내 것을 빼앗아가는 사람이다. 비견은 인류애로 인간을 사랑한다. 겁재는 이종 형제자매, 경쟁자, 범죄인, 사기꾼, 독재, 노름이다. 겁재는 이기고 싶은 경쟁심이다. 지는 것을 싫어해서 검경직업, 의약사직업, 세무관, 감사 일이 좋다. 겁재도 사람을 의미하기에 인간적인 인류애가 강하다.

59. 십간의 조후 궁합

인월(寅月)의 갑목(甲木)은 추워서 병화(丙火)가 필요하다. 묘월(卯月)의 갑목(甲木)은 잘 자라고 있기에 가지치기 해줄 경금(庚金)과 광합성을 할 병화가 필요하다. 진월(辰月)의 갑목은 가지치기 할 경금과 메마를 수 있기에 임수(壬水)가 필요하다. 봄의 갑목은 생목(生木)이라서 목화통명(木火通明)하려면 병화가 있어야 한다. 갑목은 병화를 보면 목생화(木生火)를 잘 한다. 사월(巳月)의 갑목은 경금이 필요하다. 경금으로 가지치기를 하면 갑목이 더 잘 자란다. 오월(午月)의 갑목은 정화(丁火)를 살리면서 자기를 빛낸다. 미월(未月)의 갑목은 가물어서 임계수(壬癸水)가 필요하다. 여름의 갑목은 상관패인(傷官佩印)이 좋다. 신월(申月)의 갑목은 정화 불을 살린다. 유월(酉月)의 갑목은 경금으로 베어서 정화 불을 살린다. 술월(戌月)의 갑목도 정화를 살리기 위해 경금 도끼가 필요한다. 가을 갑목은 사목(死木)이라서 정화(丁火)를 살리는 상관가살(傷官駕殺)이 좋다. 해월

(亥月)의 갑목은 경금으로 베어지고 열매로 변해야 좋다. 자월(子月)의 갑목은 병화로 얼지 않게 보호한다. 축월(丑月)의 갑목은 무토(戊土)에서 뿌리가 보호되어야 한다. 겨울 갑목은 한목향양(寒木向陽)으로 병화가 조후용으로 꼭 있어야 한다.

을목(乙木)은 부드럽지만 축미토(丑未土)를 파헤치는 능력이 있다. 축미토 속의 계수(癸水)와 을목이 수생목(水生木)으로 서로를 돕는다. 인월(寅月)의 을목은 새싹, 풀이다. 병화가 필요하다. 묘월(卯月)의 을목은 꽃이다. 잘 자라기 위해 계수가 있어야 한다. 진월(辰月)의 을목은 병화와 계수가 있어야 훼목향양(卉木向陽)으로 잘 클 수 있다. 사월(巳月)의 을목은 계수가 필요하다. 오월(午月)과 미월(未月)의 을목은 너무 더워서 임계수(壬癸水)가 필요하다. 더운 계절이기에 말라 죽지 않기 위해 조후 용신으로 임계수를 써서 상관패인(傷官佩印)하면 좋다. 신월(申月)의 을목은 병화로 경금을 녹이는 상관제살(傷官制殺)이 좋다. 유월(酉月)의 을목은 계수로 경금의 기운을 빼서 을목을 돕게 하는 살인상생(殺印相生)이다. 술월(戌月)의 을목은 계수가 있어야 촉촉하다. 해자축월(亥子丑月)의 을목은 추워서 병화가 필요하다. 너무 추우면 무토가 임수를 제방하는 인다용재(印多用財)가 좋다. 을목에게 가장 필요한 천간은 계수와 병화이다.

병화(丙火)는 임수(壬水)를 만나야 부귀를 이룬다. 인묘진 월의 병화는 임수와 갑목이 좋다. 병화로 갑목을 살리고, 더워지는 기후를 임수로 조후한다. 사오미 월의 병화는 임수가 필요하다. 신유술 월의 병화는 임수와 무토가 필요하다. 임수로 조후하고 장마철은 무토가 임수를 제방한다. 해자축 월의 병화는 갑목과 무토와 병정화가 필요하다. 겨울의 수기(水氣)를 갑목으로 빼거나 무토로 제방하고 병정화로 따뜻함을 유지한다. 병화는 계수보다는 임수가 좋다.

　인묘진 월의 정화(丁火)는 갑목과 경금으로 정화 불을 꺼지지 않게 한다. 갑목은 정화의 땔감이다. 사오미 월의 정화도 갑목과 경금을 이용해서 정화가 꺼지지 않게 한다. 신유술 월의 정화도 갑목과 경금으로 정화를 살리고, 병화로 차가운 갑목을 땔감이 되게 한다. 해자축 월의 정화도 갑목 정인과 경금 정재가 필요하다. 정화에게 재극인은 좋게 작용한다. 일 년 내내 정화는 갑목과 경금만 있어도 좋다.

　인묘진 월의 무토는 차가워서 병화가 있어야 한다. 화생토(火生土)가 좋다. 사오미 월의 무토는 화염조토(火炎燥土)가 될 수 있기에 임계수와 갑목이 필요하다. 신유술 월의 무토는 차가워서 병화가 필요하다. 해자축 월의 무토도 추워서 병화가 필요하다. 무토에게 필요한 천간은 병화와 임수이다. 무토는 병화 편인과 임수 편재를 사용해서 갑을목 관성에게 다스려지면 좋다. 무토는 재생관, 관인상생이 좋다.

　인묘진 월의 기토는 병화로 따뜻하게 하고 계수로 윤택하게 해서 갑을목을 키운다. 사오미 월의 기토도 계수로 윤택하게 하고 병화로 갑을목인 곡식과 채소를 길러낸다. 신유술 월의 기토는 병화와 계수가 필요하다. 해자축 월의 기토도 병화와 계수가 좋다. 기토는 습토라서 갑목 정관과 병화 정인과 계수 편재가 필요하다. 임수 정재는 습토인 기토를 물바다로 만든다. 기토는 경금 상관을 생한다.

　경금은 병정화가 좋다. 관살혼잡을 두려워하지 않는다. 정화는 연금용으로 병화는 조후용으로 필요하다. 임수를 보면 맑아지고, 정화로 날카로워진다. 인묘진 월의 경금은 정화로 연금한다. 병화는 경금을 녹여버리기에 정화보다 좋지 않다. 사오미 월의 경금은 임수가 있으면 할 일이 있어 좋다. 신유술 월의 경금은 정화와 갑목으로 단련하여 좋은 그릇이 된다. 해자축 월의 경금은 정화와 병화가 있으면 금수상관희견관(金水傷官喜見官)으로 좋다. 경금은 무토보다는 기토에서 생해진다. 기토는 금광(金光)하고 무토는 금매(金埋)한다. 경금은 갑목을 보면 자르지만, 을목을 보면 부드러워진다.

신금은 사계절 내내 임수가 좋다. 토다금매(土多金埋)를 무서워한다. 인묘진 월의 신금은 기토로 토생금 하고 임수로 씻어내면 좋다. 사오미 월의 신금도 임계수와 기토가 필요하다. 신유술 월의 신금도 임수와 갑목과 기토를 쓴다. 해자축 월의 신금은 임수와 병화가 필요하다. 신금에게는 임수와 병화가 좋다.

임수는 갑목과 병화가 좋다. 인묘진 월의 임수는 병화로 조후한다. 사오미 월의 임수는 경금과 임계수로 수원(水源)을 마르지 않게 한다. 신유술 월의 임수는 무토로 제방하고 경금으로 금생수하면 좋다. 해자축 월의 임수는 무토로 제방하고, 병화로 따뜻하게 해서 갑목을 살린다. 임수에게 필요한 천간은 병화이다.

인묘진 월의 계수는 신금(辛金)으로 금생수 하고 병화로 조후한다. 사오미 월의 계수는 경신금을 써서 금생수를 받는다. 신유술 월의 계수는 정화로 따스하게 하고 갑을목을 쓴다. 신금으로 금생수를 받고, 병화도 쓰며 갑을목을 키운다. 해자축 월의 계수는 경신금으로 금생수를 받고 병화로 따뜻해지면 좋다.

60. 월지 십성의 의미

　월지(月支) 십성이 식신(食神)이면 학문, 연구, 교육, 기술, 개발, 제품생산, 예능창작활동, 설계자, 기획자, 기회 포착, 위기 대응 능력이 좋다. 신왕하거나 중화된 사주는 식신생재를 잘하고, 사주가 약하면 비견과 겁재가 필요하다. 식신은 외유내강이다. 여유롭고 덕망이 있으며 창조적으로 산다. 편인을 무서워하며, 겁재가 재성을 가져가지 못하게 관성을 극제(剋制)한다. 중화된 관성은 재성을 빼앗아가는 비견과 겁재를 관리하며 돈을 내 돈으로 만든다. 식신은 신왕(身旺)해야 자기 능력을 인정받고, 예술적 끼를 발휘하고, 먹을 복을 차지하고, 정편관(正偏官)을 관리할 수 있다.

　월지 십성이 상관(傷官)이면 언변, 연설, 의사, 약사, 교육자, 출판, 예술가, 설계사, 기자, 기술자, 연예인, 방송 일을 잘 한다. 상관은 재성이 있으면 돈을 벌고, 인성이 있으면 천재성이 발휘된다. 식신이 주변 상황을 의식하지 않고 소신에 따라 움직인다면 상관은 주변 눈치를 보면서 임기응변적으로 움직이는 융통성이다. 상관은 편인이나 정인에게 관리되면 좋게 작용한다(상관패인). 인성도 없고 재성도 없는 상관은 자기 멋대로 설치다가 상관견관(傷官見官)할 때 불평분자가 된다. 상관은 기존질서(정관)를 비판하다가 구설수나 관재수에 휘말린다. 민주투사, 열사, 노조운동가, 시민활동도 상관이다. 사주가 신약(身弱)한 상관은 화를 잘 내며 자기감정을 조절하지 못한다. 식신과 상관은 윗사람, 상사보다는 후배, 제자, 아랫사람과 잘 지낸다.

　월지 정재는 식신과 상관의 활동으로 얻은 결과물이다. 그 결과물을 정관이 보호하기에 정재와 정관은 좋은 짝꿍이다(재생관). 정관은 비견과 겁재를 다스려서 비겁이 정재를 빼앗아가지 못하게 막는다. 월지 정재는 신왕(身旺)해야 좋다. 정재는 원리 원칙적이고 계산능력이 좋으며 돈을 잘 모은다. 사주가 신약(身弱)하면 재생살(財生殺), 재극인(財剋印)을 하기에 돈 잃고 병들고 소송에 걸릴 수 있다. 사주가 신왕하며 정재와 정관이 재생관을 하면 돈도 잘 벌고 건강도 좋다. 월지 편재는 인간관계, 판단력, 친화력, 교제능력, 임기응변이 좋다. 편재는 유통되는 돈으로 부모의 유산, 투기, 복권, 거래자금, 유동재산이다. 돈에 대해 대담하고 모험적이다. 한탕을 바라는 요행심이 있으며, 대출이나 빚지는 일을 무서워하지 않는다. 사주가 신왕재왕(身旺財旺)하고 관왕(官旺)하면 부자로 살며 무병장수한다. 재성은 내가 부릴 수 있는 부하직원이며 하인이다.

　월지 정관은 공정함, 관리력, 통제력, 준법정신, 질서의식이다. 공무원, 공공기관, 대기업 직원이다. 정관은 상관운에 조심해야 한다. 상관견관이 되면 직업변동, 구설수, 관재수가 생긴다. 정관은 비견 겁재가 돈을 빼앗아가지 못하게 지키는 파수꾼이다. 월지 정관에 사주에 정인이 있으면 고위직에 오르며 시지(時支)가 관인상생(官印相生)이면 자식도 편하고 본인도 편하게 산다. 월지 편관은 통제력, 융통성, 판단력, 전략적 지략, 고시합격이다. 월지 편관에 신약 사주이면 질병에 걸리고 힘들게 산다. 편관은 신왕(身旺)하고 인성, 식신, 양인(羊刃) 중 하나가 사주에 있어야 좋다. 그럴 경우에 생사여탈의 권력자가 되어 명예로운 직업을 가질 수 있다. 월지 편관이 평범할 경우에는 기술자, 예술가, 역술가, 인력소개소, 중개인, 상담사, 보험 판매인, 의사, 약사, 간호사가 될 수 있다. 관성은 내가 모시는 상사, 윗사람, 사장이며 비견과 겁재를 관리한다.

월지 정인은 연구, 개발, 기초학문, 토목, 부동산이다. 지혜롭고 총명하다. 사주가 신약하면 재극인(財剋印) 운에서 건강과 돈과 명예를 잃는다. 신왕(身旺)하면 재극인 운도 무난하게 지나간다. 월지 정인은 관인상생과 살인상생이 좋다. 월지 편인은 창조력, 독창성, 사차원, 과학기술이다. 정인은 기초학문을 잘 하고 편인은 응용과 기술학문을 잘 한다. 편인은 의심이 많다. 편인에게 편재가 있으면 편인도식(偏印倒食)이 일어나지 않고 돈 버는 일에 집중한다. 편인에게 편재가 없으면 종교적, 정신적인 학문을 연구한다. 정인과 편인은 '나'를 돕는 스승, 선배, 윗사람이다.

월지 비견은 생산제조, 운동선수, 탐험가, 자유업종, 예술가이다. 비견은 편재를 극하기에 아버지 복이 약하다. 부모에게 받는 유산이 없고 자수성가한다. 독립적으로 입신양명한다. 월지 겁재는 지휘관, 무관직, 의약사, 제조업, 운동선수, 건설업, 토목업이 알맞다. 겁재는 부러지면 부러지지 휘어지지 않는다. 부친 덕이 없으며 형제 덕도 없다. 가족에게 희생하며 혼자 힘으로 일어선다. 월지 겁재가 편관에게 관리당하면서 상관을 쓰면 유명인사가 된다. 비겁은 친구, 동료, 사람이다.

61. 사주 순용와 역용

　순용하는 격국은 식신격, 정재격, 정관격, 정인격이다. 순용하는 격국은 생(生)하거나 설(洩)하는 사주이다. 식신격은 월지가 식신이고, 식신이 천간에 투출된 사주이다. 정재격은 월지가 정재이고 정재가 천간에 투출된 사주이다. 정관격은 월지가 정관이고 정관이 천간에 투출된 사주이다. 정인격은 월지가 정인이고 정인이 천간에 투출된 사주이다. 식신, 정재, 정관, 정인은 생(生)하든지 설(洩)하든지 순용해야 좋다. 서로 상생하는 일을 잘 한다. 식신은 비견을 설하고 정재를 생한다. 정재는 식신을 설하고 정관을 생한다. 정관은 정재를 설하고 정인을 생한다. 정인은 정관을 설하고 비견을 생한다. 글자가 서로 옆에 붙어서 생하거나 설하면 상생하면서 살 수 있다.
　역용하는 격국은 편관격, 상관격, 편인격, 양인격이다. 역용하는 격국은 극(剋)하거나 제(制)하는 사주이다. 편관격은 월지가 편관이고 천간에 편관이 투출된 사주이다. 상관격은 월지가 상관이고 천간에 상관이 투출된 사주이다. 편인격은 월지가 편인이고 편인이 천간에 투출된 사주이다. 양인격은 월지가 양인이고 양인이 천간에 투출된 사주이다. 편관, 상관, 편인, 양인은 극(剋)하거나 제(制)하는 것이 좋다. 편관은 식신이 극하고, 상관은 정인이 극하고, 편인은 편재가 극하고, 양인은 편관이 극하는 것이 좋다. 극을 해야 좋은 방향으로 움직인다.

순용이든 역용이든 사주가 신왕(身旺)해야 생극제화를 순조롭게 한다. 사주가 신왕해야 재성과 관성의 극제(剋制)를 감당할 수 있다. 식신생재나 상관생재도 사주가 신왕해야 좋다. 신왕한 사주는 지지에 비견이나 겁재가 하나쯤 있는 사주이다. 비겁이 있어야 식신생재도 상관생재도 할 수 있다. 사주에 비겁이 하나쯤 있어야 관살의 극제(剋制)를 버틸 수 있다. 물론 비견과 겁재가 너무 많으면 남녀 모두 배우자운과 돈운과 아버지운이 약하다. 남녀 모두 배우자를 극하고, 아버지를 극하고, 돈을 벌지 못 한다. 비겁이 너무 많다면 식상이나 관성이 있어야 사주가 중화된다. 중화된 사주는 극제(剋制)이든, 형충파해(刑沖破害)든 잘 견뎌낸다.

겁재는 식신과 상관을 생한다. 식신과 상관은 일간의 기운을 설(洩)하기에 비견이나 겁재가 일간을 도와야 한다. 사주가 재성이 많아서 신약할 경우에도 비견과 겁재가 하나쯤 있으면 재성(돈)을 내가 취할 수 있다. 겁재는 내 돈을 빼앗아가는 사람이지만 관성이 옆에서 극하고 있으면 내 돈을 남에게 빼앗기지 않는다. 겁재는 식신과 상관이 있어야 올바로 쓰인다. 재성은 영양, 건강, 수명이다, 겁재는 재성을 치기에 겁재가 많은 사주에 겁재운이 들어오면 아플 수 있다. 남자

겁재운, 여자 상관운에는 이혼할 수 있다. 겁재는 관성이 제압하는 게 제일 좋고, 차선으로 식상을 쓴다. 겁재는 시주(時柱)에 있는 것이 가장 나쁘고, 대운이나 세운이 겁재로 들어와서 내 재성(돈)을 빼앗아 가면 사망할 수 있다. 재성은 양명지본이라서 건강상태를 보는 기준이 된다. 겁재운에는 건강관리와 돈관리와 아버지의 동태를 잘 살펴야 한다. 양인(羊刃)은 월지(月支)와 시지(時支)에 관살이 있으면 관살에게 제압당해서 좋은 쪽(경쟁심이나 승부욕)으로 변한다. 겁재와 양인을 잘 쓰려면 관살이 있어야 한다. 양인이 대운이나 세운에서 일충일합(日沖日合)하면 병 걸리고, 돈 잃고, 아버지한테 문제가 생기고, 이혼한다.

식신은 즐겁게 일하면서 편관(힘든 일)을 제압하는 좋은 신이다. 식신은 의식주의 신이다. 월주가 식신, 정재이면 어른 말 잘 듣고 모범적으로 산다. 직업운과 건강운도 좋다. 식신은 인성을 싫어하고 재성을 좋아한다. 식신이 인성과 합이 되거나 관성과 합이 되면 식신의 기능이 반감된다. 월지 식신격은 편인도식이 되거나, 합형충이 되거나, 신약사주이면 평범하게 산다. 식신은 재성이 있어야 잘 산다. 재성으로 인성을 극해야 식신이 활발하게 움직인다. 식신과 재성은 영양, 건강, 수명을 지배한다. 식신격에는 관성과 인성이 없는 사주가 좋다. 식신격이 신약하면 인성보다는 비겁이 돕는 게 좋다.

상관은 신왕신강(身旺身强)해야 한다. 신왕신강은 사주에 비겁과 인성이 하나쯤 있는 사주이다. 상관은 식신보다 기를 많이 소모한다. 금수상관(金水傷官), 목화상관(木火傷官)은 학문, 문예에 뛰어나다. 상관은 인성, 비겁, 재성을 좋아한다. 상관패인(傷官佩印)은 총명하여 예술 창작과 창조 능력이 좋다. 그러나 과도한 인성에게 다스림 당하면 상관상진(傷官傷盡)이 되어 상관의 총명함을 발휘할 수 없다. 월주가 상관, 재성이면 상관생재가 잘 되기에 부자이다. 사흉신(상관, 편인, 편관, 양인)은 생(生)하기보다는 극(剋)하는 게 좋다. 겨울의 금수상관희견관(金水傷官喜見官)은 조후용으로 제(制)하는 관성 병정화가 필요하다. 벽갑인정(劈甲引丁)은 상관과 관성이 떨어져 있어야 좋게 작용한다. 옆에 붙어 있으면 관성이 상관에게 극제(剋制) 당한다. 상관격은 순용하면 상관생재가, 역용하면 상관패인이 좋다. 그리고 사주의 관성을 보호하려면 상관상진이 좋다. 상관생재는 신왕할 때 좋고, 상관패인은 신약할 때 좋다. 월지가 식상의 묘고지(墓庫地)이면 질병에 걸린다. 묘고지(진술축미)는 백호살과 관련되어 있다.

편재는 부지런히 일하면서 타인의 재물을 가져다 쓴다. 편재가 부지런하다면 편인은 게으르다. 재성이 정이 많다면 인성은 냉정하다. 편인을 움직이려면 재극인(財剋印)을 시켜야 한다. 사주가 신약하고 정재가 정인을 극하는 재극인은 좋지 않다. 신약사주라면 정재가 정인을 극할 때 불명예를 당하고 공황장애를 앓을 수 있다. 하지만 사주가 신왕하고 편재가 편인을 극하는 재극인은 좋다. 편재가 편인을 극하면 편인의 천재성이 발휘 되고, 상업적으로 뛰어난 일을 한다. 편재와 정재는 식상이 생하고 관성이 보호해야 좋다. 관성은 비겁의 쟁재(爭財)를 제압하고 일간을 돕는다. 관성호재(官星護財)이다. 관성은 재성과 인성 사이를 통관하기에 탐재괴인(貪財壞印)이나 재극인을 막는다. 편재와 편관이 재생관을 잘 해서 인성으로 이어지면 사회생활에서 성공하고 출세한다. 재성이 형살이면 연애운이 나쁘다.

정재는 성실하고 검소하다. 정재격은 순용해야 좋다. 순용은 생(生)하거나 설(洩)한다. 비겁이 생한 식신이 재성을 생하면 좋다. 비겁이 많을 경우에는 관성이 비겁을 제압하면 좋다. 정재격과 편재격은 신왕해야 재성과 관성을 감당한다. 신약한 재격이 인다용재(印多用財)로 쓰이려면 사주에 인성이 두세 개 있어야 한다. 인성이 일간(나)을 도우면 일간이 재성을 취할 힘이 생긴다. 재성이 연월주에 있고 인성이 일시주에 있어야 좋다. 재성이 천간에 있고, 인성이 지지에 있어도 좋다. 선명후운(先命後運), 선간후지(先干後支), 선월지후시지(先月支後時支) 순서로 사주가 작용한다. 사주가 신약해도 재격에 비겁을 쓸 수 없는 이유는 비겁이 재성을 극해서 내 돈을 빼앗아가기 때문이다. 재다신약(財多身弱)일 경우에 비겁양인(比劫羊刃)은 어쩔 수 없이 사용하지만 사는 모습은 평범하다. 격국이 형성되었어도 지지가 형충파해 되면 파격이 된다. 육합이나 삼합이 들어올 때 다시 재격(財格)의 격국이 성격된다.

편관은 식신이나 인성이 있어야 좋게 작용한다. 편관은 투쟁성으로 적장을 내 편으로 만드는 능력이다. 사주가 신약해서 적장을 내 편으로 만들지 못하면 적장에게 끌려 다닌다. 편관과 양인이 월주에 있으면 생사여탈의 직업에서 지위를 누린다. 편관은 간합(干合)해서 누그러뜨리기보다는 식상으로 제압하거나 인성으로 달래는 것이 좋다. 사주가 신왕하고 천간에 재성이 없다면, 재생살(財生殺)이 되지 않아서 리더십이 올바르게 쓰인다. 편관과 인성이 천간에 투출되면 화살위권(化殺爲權)이 되어 좋다. 양인가살(羊刃駕殺)이 되려면 편관은 앞에 있고, 양인이 뒤에 있어야 한다.

정관은 정재처럼 모범적이지만 인색한 면도 있다. 정직한 사회인이다. 편관은 영웅호걸(英雄豪傑)이다. 정관은 양인을 제압하지 못하고 양인에게 휘둘린다. 편관은 양인을 제압한다. 월주가 정재와 정관이면 부모덕이 있다. 인성이 있어서 관성을 보호하면 관성이 상관의 극을 받지 않는다. 일간(나)이 약하면 인성은 관성의 생을 받아서 일간을 돕는다. 정관 옆에 상관이 있으면 정관은 힘을 쓸 수 없다. 상관이 형충(刑沖) 되는 운에서 정관이 힘을 쓸 수 있다. 사주가 관살혼잡이면 합살유관(合殺留官)이 되게 하거나 관성이 인성을 생하게 해야 좋다.

편인은 여자인 경우에 식신을 도식하기에 자식이 하는 일을 막는다. 자식이 상관이라면 편인이 극하는 상관은 자식이 똑똑하다(상관패인). 편인은 상관의 재주가 표출될 때 합리적 지식으로 쓰인다. 편인이 편관을 만나면 리더십이 뛰어난 지도자가 된다. 편인편관은 특수한 분야의 전문가이다(살인상생). 편인은 타고난 전문지식이고, 편관은 경영인, 관리자이다. 편인은 만사태평하고 용두사미 기질이 있어서 편재가 자극하지 않으면 가난하게 살 수 있다. 물론 편인은 가난을 불편해하지 않는다. 자족하는 성향이 십성 중에 제일 강하다. 신약사주에서 정재가 정인을 재극인(財剋印) 하면 정인은 다치지만, 편인은 재극인으로 재능을 발휘할 수 있다. 편인은 정재나 편재의 극을 받아야 돈을 벌려고 한다. 편인과 식상은 말로 하는 직업이 알맞다. 역술, 종교, 학자, 교육이다. 정인은 일간을 돕지만, 편인은 편관을 화살(化殺)하는 일을 잘 한다. 신왕한 편인격은 재성이 천간에 있으면 부자가 된다. 편인과 상관은 예술가이다. 편인과 상관과 재성이 있으면 부자가 된다. 편인과 재성은 아주 좋은 짝꿍이다. 정인의 짝

꿈은 정관이다.

정인은 깊게 공부하는 학자이다. 공부를 좋아한다. 편인은 공부가 싫어지면 중도포기도 하지만, 정인은 끝까지 공부해서 학위를 딴다. 정인은 혜택 받은 환경에서 순조롭게 공부한다. 성정이 순하고 곱다. 재성의 극만 받지 않으면 무난하게 산다. 편인은 역용하는 십성이기에 극제(尅制)를 좋아하고, 정인은 순용하는 십성이기에 생(生)함을 좋아한다. 정인은 관성의 생함을 받고, 겁재를 생하고 식상을 생하는 순서로 움직이는 게 좋다. 정관이 생하는 정인(관인상생)이나 편관이 생하는 정인(살인상생)은 조직 사회에서 출세한다. 사주에 재관(財官)은 하나만 있는 게 좋고 인성과 식상은 두 개 있어도 괜찮다. 정인격과 편인격은 신약해도 좋다. 정인격은 정관과 편관으로 생함을 받는 사주가 좋다. 편인격은 상관을 극하고 편재에게 극 당해도 좋고, 정관이나 편관으로 생함을 받아도 좋다. 정인격은 순용이 좋고, 편인격은 역용도 좋다. 정재나 편재가 정인을 극하는 모습은 나쁘기에 극하지 않게 하려면 관성이 있어야 한다. 재성이 편인을 극할 때는 관성이 없어도 된다. 겁재나 양인은 재성을 극하여 재극인을 하지 못하게 막는다. 정인격에 양인이 겹치면 고집이 세고 질병에 걸릴 수 있다.

62. 육친론 해석법

육친은 팔자원국에서 정해진다. 육친은 아버지, 어머니, 형제자매, 배우자, 자식, 나이다. 상신(相神)이 재성이면 부부 사이가 좋다. 상신은 나를 돕는 신이다. 재생관(정재가 정관을 생함), 인다용재(재성이 인성을 극해서 일하게 함), 식상생재(식신과 상관이 재성을 생함) 사주이면 남자는 아내복이 있다. 상신이 관성이면 남자는 자식복이 좋고, 여자는 남편복이 좋다. 신왕재왕(나도 강하고 재성이 강함)에 관왕(관성 강함)이면 출세하고 부자로 산다. 관성이 없는 재극인 사주라면 남자의 경우 자식복이 약하다. 연월주가 재관인(정재, 정관, 정인)이면 부모복이 있다. 비견겁재가 희신(喜神)이면 형제자매복이 있다.

연주(年柱)는 사회궁, 월주(月柱)는 부모궁과 형제궁, 일주(日柱)는 배우자궁, 시주(時柱)는 자식궁으로 읽는다. 그러나 십성육친으로는 편재는 아버지, 정인은 어머니, 비견과 겁재는 형제자매, 남편은 정관, 아내는 정재, 자식은 식상(여자사주)과 관성(남자사주)이다.

각각의 궁에 육친십성이 위치해 있는 게 아니다. 아내를 나타내는 재성이 연주(年柱)에 있을 수 있다. 연주 재성이 상신(相神)이거나 희신(喜神)이면 아내복이 있다. 사주에 재성이 없다면 남자인 경우에 식상으로 아내복을 읽는다. 식상은 재성을 생하기에 남자 사주에 식상이 좋으면 아내에게 잘 한다. 일지(日支)에 인성이 있다면 인성이 희신인지 기신인지를 판단한다. 남자인 경우에 일지 인성이 희신이면 어머니복과 자식복이 있고, 기신이면 어머니복과 자식복이 약하다. 시간(時干)으로 자식이 출세할지를 보고, 시지(時支)로는 지지의 합형충파해를 따져서 부모에게 효도할지를 본다.

아버지는 편재이고, 어머니는 정인이다. 월주(月柱)는 부모궁이다. 그리고 월지(月支)는 격국을 결정한다. 월간(月干)을 부모궁으로 월지(月支)를 형제자매궁으로 읽어도 된다. 월주가 희신(喜神)이면 부모 형제복이 있다. 육친을 해석할 때는 궁보다는 십성육친으로 먼저 해석한다. 일지(日支) 배우자궁과 시주(時柱) 자식궁은 궁으로 육친을 해석해도 무리가 없지만, 월지는 격국을 결정하기에, 월주로 부모와 형제를 해석하면 오류가 있을 수 있다. 일반적으로 연주는 조상궁, 월주는 부모형제궁, 일지는 배우자궁, 시주는 자식궁인데, 궁보다는 십성육친으로 먼저 읽는 게 순서이다. 남자사주 일지가 겁재, 여자사주 일지가 상관이면 부부 이별수가 있다. 겁재는 정재(아내)를 극하고 상관은 정관(남편)을 극하기 때문이다. 일시지(日時支)의 지지가 천을귀인이면 배우자복이 있고, 자식복이 있다. 남녀 모두 일지충(日支沖), 시지충(時支沖)이면 부부애가 좋지 않거나 이혼한다. 배우자도 자식도 결혼생활에서 기쁨을 주지 못한다.

연주는 어린시절, 월주는 청소년시절, 일주는 성인시절, 시주는 말년으로 읽어도 된다. 연월주는 어린 시절과 청소년시절에 부모와의 관계를 알게 한다. 연월주는 나를 지배한다. 연월주는 내가 태어난 사회적 가정적 환경이다. 내가 부모를 선택할 수 없듯이 내가 연월주를 지배할 수 없고, 연월주에게 지배당한다. 연월지 충(沖)은 미미하지만, 월일지(月日支) 충이나 일시지(日時支) 충은 가족 관계가 힘들 수 있다. 특히 일시지(日時支) 충은 나와 자식관계가 힘들다. 여자 사주가 화염토조(火炎土燥)나 목분화열(木焚火烈)이면 아기가 생기기 힘들다. 아기는 수(水)기운으로 생기기 때문이다. 그리고 금한수냉(金寒水冷)도 아기가 생기기 힘들다. 자궁이 너무 차갑다. 시주(時柱)에 남자는 관성이, 여자는 식상이 희신(喜神)으로 있으면 자식복이 있다.

육친을 읽을 때 먼저 십성으로 읽고, 그 다음에 육친에 해당하는 십성이 없을 때는 궁성으로 육친의 희기(喜忌)를 읽는다. 육친십성이 사주에 있으면 궁까지 읽을 필요는 없다. 연월주에 사길신(식신, 정재, 정관, 정인)이 있으면 부모복이 좋고, 사흉신(상관, 편관, 편인, 양인)이 있으면 부모복이 없는 편이다. 개략적으로 연월주에 재관(정재과 정관)이 좋으면 부모가 좋고, 상관과 양인이면 부모의 경제적 환경이 좋지 않다. 연월주에 정인이 희신이면 부모가 사랑이 많고, 정재와 정관이 희신이면 부모가 부귀한 편이다. 연월주의 재성과 관성은 아버지로 읽고, 연월주의 인성은 어머니로 읽는다. 연월주의 상관과 양인은 부모가 통제적이고 강압적이다. 사주에 관성이 많으면 비견과 겁재를 극하기에 형제자매의 수가 적다. 비겁이 희신이면 형제복이 있고, 기신이면 형제복이 없다.

63. 월지가 격국이다

　식신격은 월지(月支)의 글자가 천간에 식신으로 투간(透干) 되었을 경우이다. 식신은 건강함이다. 식신은 예술적 자질, 의식주복, 수명복, 편관을 조절한다(식신제살). 식신은 외유내강이며 창조력이다. 학문, 교육, 기술, 제품개발, 창작활동, 설계기획이다. 비견이 있으면 식신생재를 잘 한다. 비견이 없는데 재성(財星)에 욕심을 내면 몸만 약해진다. 식신은 겁재보다는 비견이 좋다. 비견이 있으면 편인도식이 일어나지 않는다. 편인이 비견을 생하고 비견이 식신을 생하면 학자, 연구원, 교수, 교사가 된다. 편재가 있어서 편인을 극하면 똑똑하고 총명하게 식신생재를 잘 한다. 식신생재를 할 때는 겁재를 제압할 관성이 있으면 더 좋다. 관성은 재성을 보호하고 재성을 빼앗아가는 겁재를 제압한다.

　월지(月支) 상관격은 주변상황에 눈치 빠르게 적응한다. 상관은 인정욕구가 강해서 타인을 제압하고 타인에게 존경받고 싶어 한다. 상관은 재성을 만나서 상관생재를 하거나, 정인이나 편인이 제압하는 상관패인이 좋다. 상관격이 신약하면 구설수에 휘둘리고 손에 쥐는 결과물이 약하다. 상관이 재성 없이 인성이 많으면 상관상진(傷官傷盡)이 되어 상관의 능력을 쓸 수 없다. 비견과 겁재가 많아서 상관을 생하면 전문기술자가 된다. 의약사, 변호사, 기자, 역술인, 방송연예인, 프리랜서, 예술가가 좋다. 상관은 약자에 대한 동정심이 강하다. 근묘화실(연월일주) 어느 위치에 있느냐에 따라 해석을 달리 한다. 상관은 호승심이 강해서 지고는 못 살고, 이기기 위해 고집을 부린다. 사회질서와 규범인 정관을 극해서 관재수가 생긴다. 시민운동가나 정치가는 신왕하며 상관이 강하다. 상관이 신약하면 피해의식이 강하고 자신만 이해받으려고 말을 많이 한다. 인성이 없는 상관은 법질서를 무시하며 범법자가 될 수 있다. 인성이 있으면 상관패인(傷官佩印)이 되어 제품생산, 식품가공, 예술창작, 정보통신, 신문방송, 교육자, 정치가, 외교관, 검경이 될 수 있다. 식신에게는 비견과 겁재가 좋고, 상관에게는 정인과 편인이 좋다.

　월지(月支) 정재격은 사주가 신왕해야 식신생재, 상관생재, 재생관을 잘 한다. 재다신약(財多身弱)이면 돈과 건강과 사람을 잃는다. 재성이 하나인데 양인, 겁재가 많으면 군겁쟁재가 일어나서 사기꾼, 거짓말쟁이, 빚쟁이가 될 수 있다. 겁재나 양인은 아버지가 일찍 돌아가실 수 있고, 돈이나 여자를 극하므로 건강이나 사람을 잃을 수 있다. 양인과 겁재는 편관에게 제압당하고, 식상생재로 흘러야 좋다. 인력사업, 회사운영, 사람 관리하는 일이 좋다. 사주가 신왕하면 정재격은 관성이 희신(喜神)이고, 신약하면 어쩔 수 없이 인성을 용신으로 쓴다. 인성 용신을 쓰려면 공부하는 직업, 임대업, 세무사, 은행원이 좋다. 재성혼잡이면 직업이 여러 개이며 결국에는 자기사업을 한다. 정재격의 희신은 관성이 제일 좋다. 사주가 신약하면 재생살을 할 때 몸이 아프지만. 그래도 정재격은 관성이 좋게 작용한다. 정재격의 사주가 너무 신약하면 아버지가 좋지 않고, 관재수, 부도, 강제 징수 당할 일이 생긴다. 진술축미가 재성이며 묘고지(墓庫地)이면 돈이 숨겨져 있다. 사주가 신약하면 재극인이 일어날 때 몸이 아프고, 망신당할 수 있다. 그러나 재격투인(월지 재격에 천간에 인성이 있는 사주)은 똑똑한 학자, 벤처기업가가 될 수 있다.

월지 편재격은 안정적인 월급이기보다는 사업해서 버는 돈이다. 편재는 기회포착능력이고 영역확보능력이다. 활동공간을 확대하는 역마살이다. 사주에 편인과 편관과 비견이 있어야 남의 돈을 내 돈으로 만들 수 있다. 사주가 신약하면 돈만 쫓아다닐 뿐, 내 돈이 되지 못한다. 정재는 정관이 보호하지만 편재는 정편관이 다 보호한다. 또한 편재는 편인을 극하여 지식 산업 일을 창출하기에 편재가 극하는 편인은 재극인이 좋게 작용한다. 신왕재왕(身旺財旺)에 관성이 있어야 무병장수하고 부와 명예를 누린다. 편재는 유동재산이라서 관성의 보호가 반드시 필요하다.

월지 정관격은 준법정신과 질서의식이 좋다. 공무원, 공기업, 대기업 관리자이다. 상관운에 직업 변동이 있다. 인성이 있어서 정관을 보호하고 상관을 제압하면 직장 변동이 거의 없다. 겁재운에 재성을 극하기에 재성이 관성을 보호하지 못해서 월급이 깎일 수 있다. 비견운은 괜찮다. 정관격은 상관운, 관살혼잡운, 겁재양인운에 조심해야 한다. 정관은 정인을 제일 좋아한다. 관인상생(官印相生)으로 승진, 합격, 취업운이 좋다. 정관격에 정관이 형충파해 당하는 운에서는 힘을 발휘하지 못한다. 남자 정관이 시지(時支)에 있으며 형충파해나 절지(絶地)에 놓이면 자식 때문에 마음 아픈 일이 생긴다. 여자 시지(時支)에 정관이 절지이면 남편운이 없다. 인성이 너무 많아 관성을 설기하면 재성으로 인성을 극해서 관성을 보호하면 좋다.

월지 편관격은 호랑이이다. 제화가 안 되면 귀살(鬼殺), 칠살이라고 한다. 깡패, 강도, 사기꾼, 범법자, 암, 질병이다. 그러나 식신제살, 살인상생, 양인합살이 되면 편관은 지도자가 되거나 조직에서 인정받는다. 편관격은 신왕해야 겁재와 양인을 다스리는 외교관, 실무관이 된다. 편관격에 신약하면 질병으로 고생한다. 편관이 재자약살(재성이 약한 편관을 돕는다)이면 기술자, 예술가, 역술가, 인력소개소, 광고, 홍보, 보험, 의약사, 종교인이 좋다. 비견, 겁재, 정인, 편인이 없는데 재생살(財生殺) 운이 오면 질병에 걸린다.

월지 정인격은 신약하면 재극인(財剋印)을 당할 수 있다. 재극인 운에 명예 실추, 어머니 문제가 있다. 신왕하면 재극인을 당하지 않는다. 정인격은 관인상생, 살인상생, 인다용재, 재격투인이면 편안하게 산다. 인성이 좋으면 부모의 조력이 좋고, 사회적 지원을 받는다. 그러나 사주가 인성도 많고 비겁도 많으면 게으르고 잠이 많아 되는 일이 없다. 이런 경우에는 편재나 정재운이 들어와서 인성을 극해야 일을 하기 시작한다. 정인이 화개살이면 교육, 출판, 문화, 예술, 수행, 역술가가 될 수 있다. 정인은 정리정돈을 잘 한다.

월지 편인격은 비견과 겁재를 생하여 상관으로 가면 좋다(상관패인). 편인이 식신으로 가면 편인도식이 일어난다. 편인도식이면 키도 자라지 않고, 하고자 하는 일이 중단되고 질병에 걸릴 수 있다. 사업가는 투자실패에 생산이 중단 된다. 편인도식일 때 편재가 있으면 상황이 좋게 변한다. 편재가 편인을 극하기에 편인도식이 일어나지 않는다. 혹은 비견이 있어서 편인과 식신을 통관해주면 편인도식이 일어나지 않는다. 편인격이 신약하면 편재를 쓸 수 없지만, 어쩔 수 없이 편재를 써야 돈벌이를 할 수 있다. 이럴 때 비견이 하나쯤 있으면 비견이 편재를 잘 달래서 편인을 보호하면서 돈 벌이를 할 수 있다. 비견이 있으면 편재가 편인을 극할 때 재극인이 되지 않게 한다. 비견이 다스리는 편재는 인성을 완전히 극하지 않고 적당히 극해서 인성이 좋은 방향으로 쓰이게 한다.

  월지 비견격은 재성을 치기에 관성이 있어야 좋다. 재성을 치면 아내, 아버지, 돈 문제가 생긴다. 그러나 월지 비견은 자수성가하는 힘이 강하다. 비견은 독립심, 입신양명하는 의지력이다. 월지 겁재격이면 부모, 형제, 배우자 덕이 없다. 그러나 사주에 관성이 있어서 관성이 겁재를 제압하면 생사여탈의 권력직업에서 성공한다. 월지 비견이나 겁재는 관성으로 극을 당해야 좋게 쓰인다. 관성이 없을 경우에는 식신이나 상관으로 설기(洩氣)하면 좋다.

64. 신왕사주, 신약사주

신왕사주는 자기 꿈을 이루는데 신약사주보다 더 좋을 수 있다. 신왕사주는 팔자에 인성이나 비겁이 하나쯤 있는 사주이다. 비겁은 내 친구들이고, 인성은 내 조력자들이다. 비겁이 있으면 주변에 사람들이 많아 외롭지 않고, 인성이 있으면 학교 다닐 때 학교에서 배우는 공부를 잘 할 수 있다. 비겁은 친구, 동료, 경쟁심, 투지력이고, 인성은 공부할 수 있는 아이큐, 조력자, 후원자, 똑똑함이다. 비겁과 인성이 사주에 하나쯤 있다면 그 글자는 좋게 작용한다. 비겁은 식상을 생해서 하고 싶은 일을 해서 돈을 벌 수 있고, 인성은 관성을 보호하고 일간 나를 생해서 조직이나 직장에서 안정적인 지위를 가질 수 있다. 그러나 비겁과 인성이 세 개 이상이면 단점으로 작용한다.

사주에 비겁이 있으면 식상운, 재성운, 관성운을 좋게 쓸 수 있다. 식상운이 오면 비겁으로 식상을 생해서 일을 하며 돈을 번다. 재성운이 오면 비겁이 돈을 벌기 위한 건강한 신체가 되어 준다. 관성운이 오면 비겁이 스트레스를 해결해주는 힘으로 작용한다. 비겁은 내가 힘들 때 옆에 있어 주는 친구, 나의 의지력이다. 비겁은 내가 기댈 수 있는 사람, 뚝심, 건강한 체력이다. 사주에 비겁이 세 개 이상이면 고집불통, 독불장군으로 작용하지만, 하나의 비겁은 협력, 화합력, 좋은 경쟁자로 작용한다. 그리고 음간(陰干) '을정기신계(乙丁己辛癸)'에게 비겁은 음간이 기댈 수 있는 아주 좋은 친구이다. 음간은 약하기에 하나의 비겁이 있으면 그 비겁에게 기댈 수 있어서 음간의 힘이 강해진다. 양간(陽干) '갑병무경임(甲丙戊庚壬)'은 자체 힘이 강하기에 비겁에게 의지하지 않아도 살 수 있다.

사주에 인성이 있으면, 인성은 관성을 보호해서 관인상생으로 조직생활을 지혜롭게 한다. 인성은 공부 잘하고, 똑똑하고, 머리가 좋다. 인성이 있으면 눈치가 빠르고, 상황판단을 잘 한다. 조직생활을 하는 사람에게 인성이 있으면 승진이 순조롭고 조직에서 인정받는다. 인성은 자유영혼이기보다는 조직 질서에 자기를 맞추는 지혜이다. 인성은 윗사람에게 사랑 받으며 윗사람과 잘 지낸다. 인성이 있으면 상하관계를 잘 한다. 자기가 잘났어도 자기보다 더 잘난 사람이 있음을 인정한다. 자기가 우물 안 개구리임을 안다. 인성은 조직생활에서 윗사람의 사랑을 받는 지혜로움이다. 인성이 있어야 기초체력도 좋다. 인성은 인정받는 학위, 증명서, 자격증이다.

그러나 사주에 인성이 세 개 이상으로 너무 많으면 자립심이나 독립심이 약하고 의존적이 된다. 게으르고 무사태평하며 잠이 많다. 인성이 많으면 식상운이 와도 일을 하지 않고, 이 핑계 저 핑계를 대면서 자기 합리화를 한다. 편인은 식신을 도식(倒食)하기에 하던 일을 중단시키거나 일을 그만두게 한다. 일을 하지 않아서 굶어 죽을 수 있다. 편인이 많은데 식상운이 오면 몸이 약해지고 질병에 걸린다. 식상은 밥그릇인데, 편인이 밥그릇을 엎어 버린다. 사람이 몸이 아프면 먹지 못해서 병치레를 더 심하게 한다. 양간(陽干) 갑병무경임(甲丙戊庚壬)에게는 하나의 인성은 좋게 작용한다. 그러나 세 개 이상의 인성은 일을 하지 않고 공부만 하거나 놀기만 한다. 양간 일간에게는 인성과 비겁이 하나만 있는 게 좋다. 양간 자체는 자기 힘이 강하기 때문이다.

신약한 사주는 인성이나 비겁이 없는 사주이다. 오로지 내 편은 일간 하나이다. 식상이 많은 신약한 사주는 좋게 풀릴 수 있다. 내가 생(生)할 수 있는 식상이기에 힘들이지 않고 일을 한다. 식상은 재성을 생해서 돈을 버는 수단이다. 식상을 극하는 인성운만 들어오지 않으면 식상으로 열심히 일을 해서 돈을 벌 수 있다. 인성은 식상을 극해서 하는 일을 그만두게 한다. 재성이 많아서 신약한 사주는 몸이 아프다. 돈 벌다가 건강이 약해진다. 일만 하다가 피곤하고 집에 오면 쓰러지기 바쁘다. 이럴 때는 비겁운과 식상운이 좋게 작용한다. 비겁은 나를 돕는 건강과 자립심이고, 식상은 내가 하고 싶은 일이라서 재성을 생해도 피곤하지 않다. 신약한 사주라도 식상운과 재성운이 돈으로 연결되면 좋게 작용한다. 사람이 돈을 벌면 좋은 호르몬이 나와서 몸이 아프지 않고 기분이 좋아지고 건강해진다.

관성이 많아 신약한 사주는 병에 걸릴 확률이 높다. 관성은 외부로부터 주어지는 스트레스이다. 스트레스를 해결하지 못할 경우에는 몸과 마음에 병이 든다. 관성은 나를 극하는 외부질서이기에 내가 당할 수밖에 없다. 우울증, 공황장애, 암, 뇌질환, 심장질환에 노출될 수 있다. 관성이 많아서 신약한 사주는 인성운이나 식상운이 약이 된다. 인성은 관성의 기운을 설기해서 나를 돕고, 식상은 관성을 제압해서 나를 극하지 못하게 한다. 신약 사주는 인성운과 비겁운이 희신(喜神)이다.

신왕 사주이든, 신약 사주이든 사주를 구할 희신(喜神)이 있다. 신왕사주도 좋을 때가 있고, 신약사주도 좋을 때가 있다. 어떤 사주든 좋게 작용하려고 하지, 나쁘게 작용하지 않는다. 사주를 구해주는 희신은 사주를 중화시키는 글자이다. 신왕 사주에는 식상과 관성이 희신이고, 신약사주에는 인성과 비겁이 희신이다. 사주를 볼 때 나쁘게 보려면 한없이 나쁘게 볼 수 있고, 좋게 보려면 한없이 좋게 볼 수 있다. 보통은 신왕사주가 자기 의지로 세상과 싸워 자기만의 삶을 살 수 있다. 하지만 신약사주도 세상에 적응하는 유연성이 좋다. 사주가 신왕하면 극충(剋沖)이 들어오는 운에도 무난하게 지나간다. 사주가 신약하면 극충 운에 아플 수도 있지만 팔자에 생하거나 설기하는 글자가 있으면 괜찮다.

사주가 태약(太弱)하면 건강이 좋지 않고, 사주가 태왕(太旺)하면 자기고집만 강해서 타인들과 화합하지 못한다. 사주가 태왕(太旺)하면 자기 잘난 맛에 타인들을 인정하지 않고, 자기 의견만 주장하다가 외롭게 된다. 사주가 태약(太身)하면 재생살(財生殺) 운이나, 식신과 재성이 사지묘지절지(死地墓地絶地)에 놓이는 운에 병에 걸릴 수 있다. 병에 걸려도 태왕 사주는 자기 힘으로 일어나지만, 태약 사주는 병이 낫지 않을 수 있다. 사주는 태약도, 태왕도 아니고 중화된 사주가 좋다.

　사람은 죽을 것을 알면서도 열심히 일하며 사는 존재이다. 좋게 풀리든 힘들게 풀리든 살아 있는 한 타인들에게 맞추면서 살고 있다. 신왕 사주는 주체적으로 타인과 관계 맺는다. 신약사주는 타인과 관계 맺으면서 마음이 아플 수 있고, 불안장애나 공황장애로 힘들 수 있다. 그러나 신약사주는 치열한 경쟁사회에서 융통성과 융화력으로 살아남는다. 신왕이든 신약이든 사주를 중화시키는 글자가 들어오면 사주가 좋게 작용한다. 사주가 신왕하면 독립심과 자립심이 강하고, 사주가 신약하면 융통성과 화합력이 강하다.

　타고난 사주보다 더 강하게 개인을 조정하는 요인은 외부 환경이다. 가정환경과 사회구조가 개인 사주보다 더 중요하다. 사주가 신왕하든 신약하든 가정환경이 좋으면 좋게 작용하고, 사회구조가 정의로우면 개인 사주도 좋게 작용한다.

65. 용신의 종류와 쓰임

떨어져 있는 글자끼리는 합형충파해가 일어나지 않는다. 천간도 떨어져 있으면 합이나 극이 일어나지 않는다. 격국을 정할 때는 월령분일용사법(지장간의 일수(日數))을 계산하여 월령(月令)으로 읽지 않고, 월지의 글자에서 천간으로 투출된 글자를 격국으로 정한다. 인원용사지신은 지장간이다. 지장간 월지에서 투간한 글자가 격국이다. 갑일간(甲日干) 술월지(戌月支)이면 목극토로 편재격이다. 그러나 월지 지장간 술월에서 천간에 정화(丁火)가 투출했으면 목생화로 상관격이다. 월지용신이 변한 경우이다. 잡기격은 월지 진술축미에서 투출한 천간으로 격을 읽을 때 쓰는 용어이다. 굳이 잡격이라고 할 필요가 없다. 또한 격을 정할 때 가장 강한 천간의 십성을 따서 격을 정하기도 한다. 격을 정하는 경우는 월지가 중심이지만, 투출된 천간이 합이 되었을 경우에는 다른 천간을 격국으로 정할 수 있다. 가장 주도적인 천간 세력을 중시하여 그 글자의 십성으로 격국을 정해도 된다. 월지가 비견겁재이며 팔자에 재관이 있으면 록겁격이라고 해도 된다.

관살혼잡 사주는 일간이 신왕하면 아무 문제없다. 신왕살왕(身旺殺旺)은 자기 인생을 책임감 있게 산다. 신왕재왕(身旺財旺) 사주도 지지에 일간의 뿌리가 있으면 아주 잘 산다. 일간이 강왕(强旺)하면 재생살(財生殺)도 재극인(財剋印)도 아무 문제없다. 대운에서 합관유살(合官留殺), 합살유관(合殺留官)하면 된다. 조후용으로 상관견관(傷官見官)도 좋을 때가 있다. 금수상관희견관(金水傷官喜見官)일 경우이다. 갑목일간 정화상관에게 경금(벽갑인정)편관이 좋다. 병화일간 기토상관에 계수정관이 좋다. 임수일간 을목상관에 무토편관이 좋다. 계수일간 갑목상관에 기토 편관이 좋다. 이런 글자들 간의 상관견관은 좋은 작용을 한다.

사주팔자와 대운은 조후용신과 격국용신으로 해석하고 희신을 선택한다. 세운은 억부용신으로 희신을 선택한다. '자평진전'과 '난강망'은 팔자원국과 대운을 해석하는 책이다. 세운의 흐름을 설명한 책은 '적천수보주'이다. 종격은 종왕격(비겁 사주), 종강격(인성 사주), 종아격(식상 사주), 종재격(재성 사주), 종살격(관성 사주)이 있다. 종왕격은 팔자 모두가 비겁이다. 인성운과 비겁운이 좋고, 관성운과 재성운은 나쁘다. 종강격은 팔자가 인성 위주이다. 인비운이 좋고, 재성운은 나쁘다. 종기(從氣)격은 팔자의 기세가 센 글자에 종하는 격국이다. 금수(金水)에 종하면 금수운이 좋고, 목화(木火)에 종하면 목화운이 좋다. 종세격은 팔자에 인성과 비겁이 없고, 식재관만 있을 때, 인성과 비겁운이 나쁘고, 재성운이 가장 좋고, 관성운, 식상운 순서로 좋다.

화기(化氣)격은 화한 기운에 종하는 격국이다. 지지(地支)가 인오술이면 화국인 화(火)운을 따르는 운이 좋다. '자평진전'과 '난강망'에서는 종격이나 화격이나 반드시 득시(得時), 득령(得令), 지지가 같은 오행이어야 한다. 종격과 화격은 순응해야지, 거스르는 극(剋) 운은 나쁘다. 화기격이나 종기격이나 세운에서 인비식 운이 좋고 재관운은 나쁘다. 대운은 격국을 변화시킬 수 있어서 자세히 살펴야 한다. 화격이나 종격이 오로지 한 기운으로 몰려야 진화(眞化), 진종(眞從)이라고 하고, 거스르는 글자가 있으면 가화(假化), 가종(假從)이라고 한다. 진종이나 진화격은 인비식운에 좋다. 화염토조(火炎土燥)나 금한수냉(金寒水冷)은 화격이나 종격이 좋지 않다. 조후가 깨지면 몸이 아프기 때문이다. 조후용신이 화격이나 종격의 용신을 따르는 것보다 더 중요하다. 화격이나 종격의 용신은 억부용신 개념과 유사하다. 인성과 비겁이 용신이거나 혹은 식상과 재성과 관성이 억부용신으로 쓰이기 때문이다.

내격은 월지에서 격국 이름이 정해지는 것이고, 외격은 월지 외에 다른 지지나 세력 강한 천간에 이름 붙인 격국이다. 내격은 월지 기준으로 이름 붙이기에 종화격도 월지 기준이면 내격이 된다. 정격은 월지 기준으로 나온 팔격이다. 변격은 종화격이나 일행득기격, 양신성상격(兩神成象格) 등, 팔자의 기세가 센 천간으로 이름 붙여진 격국이다.

용신은 격국(格局)용신, 조후(調喉)용신, 억부(抑扶)용신 세 개를 구한다. 팔자와 대운에서 격국과 조후용신을 적용하고, 세운에서 억부용신을 적용한다. '인원용사지신'에서 인원의 의미는 지장간이다.

월지 지장간에서 투출된 천간은 집터이고, 시지에서 투출된 천간은 묘지터이다. 월주는 살아생전의 집이고, 시주는 돌아가 쉬는 집이다. 월지는 투출한 천간이 세력이고, 시주는 태어난 시간에 따른 분각용사법(分刻用事法)을 써도 무리가 없다.

66. 기타 사주 해석

오행을 두루 구비한 사주가 좋은 사주이다. 오행이 골고루 있으면 질병 없이 오래 살고, 인간관계도 원만하다. 그러나 화토(火土)나 목화(木火)나 금수(金水)로 된 사주는 조후가 시급하다. 조후가 없으면 질병에 걸린다. 화염토조(火炎土燥)나 목분화열(木焚火熱)은 암에 걸리기 쉽고, 금한수냉(金寒水冷)은 중풍에 걸리기 쉽다. 오행이 편중된 사주는 기운이 한 쪽으로 쏠려 있어 감정절제 능력이 약하다. 사주에 수(水) 기운이 없으면 융통성이 부족하기에 사주에 수(水) 기운이 하나쯤 있어야 사회생활을 물처럼 유연하게 할 수 있다.

사주가 갑을목(甲乙木)으로 치우쳐 있으면 눈, 간, 담낭, 당뇨, 신경계, 뼈가 약하고 목극토(木剋土)를 해서 소화기계가 약해진다. 사주가 병정화(丙丁火)로 치우쳐 있으면 혀, 심장, 소장, 혈관계, 고혈압, 고지혈이 생기고, 화극금(火剋金)을 해서 폐대장이 약해진다. 사주가 무기토(戊己土)로 치우치면 입술, 위장, 비장, 췌장, 소화기계,

당뇨가 생기고. 토극수(土剋水)를 해서 신장, 방광, 자궁, 허리가 약해진다. 사주가 경신금(庚辛金)으로 치우치면 코, 폐, 대장, 호흡기계, 기관지, 인후염, 뼈가 약하고, 금극목(金剋木)을 해서 간과 담낭이 약해진다. 사주가 임계수(壬癸水)로 치우치면 귀, 신장, 방광, 생식기계, 공황장애, 우울증이 생기고, 수극화(水剋火)를 해서 심장과 소장이 약해진다.

사주 월지에서 투출한 천간이 가장 세력이 강하고, 그 다음 시지에서 투출한 천간이 힘이 세다. 천간글자의 오행이 지지합(地支合)에는 뿌리 내리지만, 충(沖)하는 지지(地支) 위에 있는 천간글자는 뿌리가 흔들린다. 합된 글자는 그 글자의 기능을 반만 하고, 일간은 웬만해서는 간합(干合)으로 합되지 않는다. 지지육합은 각 글자가 제 기능을 하지만 지지육충은 글자가 개고(開庫)되면 제 기능을 할 수도 있고, 제 기능이 사라질 수도 있다. 지지육합도 합화되어서 변화되려면 변화되는 오행이 천간이나 지지에 있어야 한다. 예를 들어 자축합토가 되려면 지지에 진술축미가 있거나, 천간에 무기토가 있어야 한다. 지지삼합(地支三合)은 한 기운으로 작용하고, 지지방합(地支方合)은 각 글자가 제 기능을 한다. 희신(喜神)을 합충하면 나쁘고 기신(忌神)을 합충하면 좋다. 합충의 순서는 선간(先干), 후지지(後地支), 연월일시 순서로 하고, 일간일지(一干一支) 원칙으로 작용한다. 지지충으로 개고된 지장간이 천간과 간합되면 그 천간은 그 해 동안은 기능하지 않는다. 공망은 팔자 육친에서만 읽어주는데, '적천수'는 공망을 인정하지 않는다. 공망은 없어서 채우려는 의지 정도로만 읽는다.

비견은 친구이며 독립심이다. 여자사주에 비견이 세 개 이상이면 남편복이 없다. 남편을 친구에게 빼앗긴다. 겁재는 개성이 강렬하다. 추진력이 있지만 이기적이다. 겁재와 양인(羊刃)은 양명지본(養命之本)인 재성을 치기에 사망할 수 있다. 양인이 세 개 이상이면 수술, 사고, 아버지가 일찍 사망할 수 있다. 비견, 겁재, 양인이 사주에 네 개 이상이면 사는 일이 고달프다. 부부복도 돈복도 약하다. 비겁이나 양인이 사주에 많으면 반드시 편관이나 식상을 써야 사주가 좋게 풀린다. 편관은 양인과 겁재를 제압한다. 식상은 양인과 겁재의 힘을 빼서 일을 한다. 식신과 상관은 자기 확신이 강해서 타인을 신경 쓰지 않는다. 식신은 편인운에 편인도식(偏印倒食)을 당하면 몸이 아프다. 편인도식 없이 사주가 식상생재를 하면 수명복, 식복이 있고, 여자에게는 자식복이 있다. 상관은 구설수가 많다. 겁재가 생하는 상관은 지고는 못 살기에 이기려고 열심히 노력한다. 상관은 정관(남편, 직업, 손님)을 치기에 재성이 있어서 상관과 정관을 통관해주면 상관생재, 재생관으로 좋게 풀릴 수 있다. 혹은 상관패인도 좋다. 상관견관을 해도 화염토조나, 목분화열은 임수(壬水)가 필요하고, 금한수냉은 병화(丙火)가 필요하다. 진술축미가 편재이면 돈 복이 있다. 편재는 부지런함, 쾌활함, 요령, 사교성, 융통성이다. 편재는 남의 돈을 빌려다가 내 사업을 하는 배짱이다. 편재가 돈 관리를 잘못하면 빚질 수도 있다. 편재는 식상생재가 제일 좋다. 그 다음이 인다용재(印多用財)이다. 인다용재나 재격투인은 재성이 인성을 사용하여 배운 지식으로 돈을 번다. 정재는 성실, 착실, 안정감, 통속적, 현실적이다. 정재의 좋은 짝꿍은 정관이다. 정관은 지성적, 합리적, 효율성, 절약, 인색함, 공론중시, 신용중시이다. 관인상생, 재생관이 되면 돈을 번다.

편관은 적장을 내 신하로 만드는 용맹함이다. 용감, 권위, 리더십, 과감하다. 살용식제, 살격용인(殺格用印), 살격봉인(殺格逢刃)이 좋다. 편인은 총명함, 천재성, 창의성이다. 편인격에서 식상이 도식되지 않으면, 교육, 연구, 학문 성취로 작용한다. 편인이 살인상생과 관인상생을 받으면 직장에서 높은 직위에 오른다. 정인은 균형적, 합리적, 실리적, 부모조력이 좋다. 사주가 신약하고 재극인(財剋印)이 되면 염세주의자가 된다. 관성은 대인관계를 잘 하고, 재성은 돈 버는 수완이 좋고, 인성은 기획력이 좋다. 비겁과 식상은 하고 싶은 일을 하면서 사람들과 잘 지낸다.

재성은 양명지본(養命之本)이기에 세운에서 재성 운을 살펴서 사망운은 예측할 수 있다. 월주 인성이 희신이면 훌륭한 학자나 교수가 된다. 인성이 연월주에 분포하면 부모님의 사랑을 받고 자란다. 대략적으로 연월주가 관인상생, 재생관 사주이면 부자가 되며, 부모에게 사랑받고 사회에서 인정받으며 자란다.

식상생재가 좋으려면 팔자에 비겁이 있어야 한다. 신왕재왕해야 식상생재를 잘 한다. 살격봉인(殺格逢刃)과 살격용겁(殺格用劫)은 군인, 경찰, 검경직, 생사여탈직업이 좋다. 재격투인(財格透印)이나 인다용재(印多用財)는 재성이 앞에 있고, 인성이 뒤에 있어야 돈을 번다. 월간(月干)이 재성이고 시간(時干)이 인성이면 좋게 작용된다. 비견과 재성이 좋으면 시험에서 합격운이 좋다. 재성은 목표의식이라서 비견의 힘으로 치열하게 노력한다.

강약판정을 할 때, 월지에 통근한 천간의 세력이 가장 강하다. 그 다음 시지(時支)에 통근한 천간의 세력이 강하고, 일지, 연지 순서로 통근한 천간의 세력이 강하다. 지지에 뿌리가 없는 천간은 힘이 없다. 강약 판정을 하는 이유는 억부용신으로 세운을 보아야 하기 때문이다. 양간은 월지에 뿌리 내린 천간이 세력을 형성하고, 음간은 월지에 뿌리내렸어도 다른 천간의 기운이 다른 지지에 세력이 있으면 그 천간의 기운도 읽어줘야 한다. 양간은 자기 기운이 세서 다른 세력으로 종하지 않는데, 음간은 재관의 세력이 강하면 재관의 세력에 종하기도 한다. 음일간은 지지에 뿌리 내린 천간이 인성이면 종하지 않는다. 양간이나 음간이나 지지에 뿌리 내린 인성이 천간에 있으면 종하지 않는다.

67. 사주 추론 순서

사주를 보면 제일 먼저 팔자의 격국과 조후를 살펴야 한다. 격국용신(월지)을 십성으로 결정하고, 격국에 맞는 상신(相神)을 구한다. 사길신(식신, 정재, 정관, 정인)은 순용하는 글자를 상신으로 쓰고, 사흉신(상관, 편관, 편인, 양인겁재)은 역용하는 글자를 상신으로 쓴다. 그 다음에 대운의 흐름에서 조후가 좋은지 나쁜지를 결정한다. 대운에서 조후(調候)가 좋으면 사는 일이 무난하다.

신왕 양간은 편관의 제복(制伏)을 좋아하고, 신왕 음간은 상관의 설기(洩氣)를 좋아한다. 양간은 관인상생이 좋고, 음간은 식상생재가 좋다. 양간은 웬만해서는 종(從)하지 않지만, 음간은 세력이 강한 오행으로 종(從)하려고 한다. 십 천간 중 하늘에 떠 있는 천간은 병화와 계수이다. 병화는 하늘의 불이고, 정화는 인간이 만든 불이다. 계수는 하늘의 물이고, 임수는 인간이 만든 저수지이다. 병화와 계수는 지지에 뿌리가 없어도 천간에서 제 역할을 한다.

사주에 화(火)가 치열하면 용 진(辰)이 해결자이고, 수(水)가 넘치면 호랑이 인(寅)이 해결자이다. 대운 글자가 팔자와 합이 되면 그 글자가 정지하는 게 아니다. 그 글자의 기운이 보호된다. 대운에서 천간을 극하는 글자가 들어와도 천간에 생(生)해야 할 글자가 있다면 극(剋)하기 전에 먼저 생부터 한다. 선생후극(先生後剋)이다. 예를 들어 사주 지지에 묘목(卯木)이 있고, 천간에 경금(庚金)이 있을 때, 유금운(酉金運)이 와서 묘유충을 하는 게 아니라, 유금이 천간에 있는 경금에게 힘이 되어 주는 일을 먼저 한다. 선생후충(先生後沖)이다. 대운은 느리게 움직이고, 되도록이면 팔자에게 힘을 보태주려고 한다. 충으로 개고된 지장간이 기신(忌神) 천간을 합하면 좋고, 희신(喜神) 천간을 합하면 나쁘다. 형충으로 개고된 천간이 합거(合去)되지 않으면 모두 살아서 제 역할을 한다. 삼합(三合)은 각 글자의 고유성을 버리고 합이 되는 왕지(旺支) 역할을 하지만, 방합(方合)이나 육합(六合)은 각 글자가 제 역할을 하면서 합을 한다. 삼합은 충으로 소멸하지 않지만 방합이나 육합은 충으로 합이 깨진다.

사주에서 격국이 결정되면 그 다음은 조후를 살핀다. 해자축 월의 갑목은 경신금이 천간에 있어서 관인상생이 되어 좋겠지만, 너무 추워서 갑목이 자랄 수 없기에 식신인 병화가 있어야 좋다. 금수상관 희견관도 조후가 격국보다 중요하다는 의미이다. 봄의 갑목이 화(火)를 보면 목화통명(木火通明)으로 조후가 좋다. 여름의 갑목은 화(火)를 본다고 해서 목화통명이 되지 않고 목분화열(木焚火熱)이 된다. 가을철 경금이 수(水)를 보면 금수상함(金水相涵)해서 좋지만, 겨울철 경금은 임수(壬水)를 보면 얼어버린다(금침수탕(金沈水蕩)). 여름의 갑목은 임수를 보는 상관패인(傷官佩印)이 좋고, 겨울의 경금은 병화를 보는 상관대살(傷官帶殺)이 되어야 조후가 좋다.

격국은 내격과 외격으로 나눈다. 내격은 월지에 근거해서 정해지고, 외격은 월지 이외의 글자에 의해서 정한다. 정격은 내격이고, 변격은 외격이다. 정격(正格)은 강하면 극설(剋洩)하고, 약하면 부조(扶助)한다. 변격(變格)은 한 글자의 기운으로 종(從)하는 격국으로 종격(從格)이다. 별격(別格)은 억부희기(抑扶喜忌)의 틀을 벗어난 격국으로 화격(化格), 록인격(祿刃格), 양신성상격(兩神成象格), 일행득기격(一行得氣格)이다. 보통 팔자는 강약에 따라 인비(印比)와 식재관(食財官)으로 희기신(喜忌神)을 잡는다.

대운으로 조후를 살피고, 세운으로는 억부를 살핀다. 사주가 화염토조(火炎土燥), 목분화열(木焚火熱), 금침수탕(金沈水蕩)이면 질병과 가난에 시달린다. 양간이 신약하면 정인과 편인이 모두 조력자가 된다. 음간이 신약하면 비견과 겁재가 조력자가 된다. 양간이 신왕하면 편관과 정관으로 극 받는 것이 좋고, 음간이 신왕하면 식신과 상관으로 설기하는 것이 좋다. 특히 을목에 병화 상관, 신금에 임수 상관은 상관이 좋은 작용을 한다. 을목과 신금은 신왕신약을 떠나서 상관이 좋다. 음간이 신약하면 을목은 갑목 겁재가, 정화는 갑목 정인이, 기토는 병화 정인이, 신금은 경금 겁재가, 계수는 임수 겁재가 좋다.

만물이 자라려면 천간에 계수와 병화가 있어야 좋다. 팔자에 조후용신이 있어야 건강하게 살며 하는 일이 순조롭게 진행된다.

68. 천간의 물상궁합

갑목 일간은 계절과 상관없이 뿌리내릴 무토 편재가 기본으로 있어야 한다. 인월(寅月)의 갑목은 생목이고 추워서 병화가 필요하다. 묘월(卯月)의 갑목은 가지치기를 해야 해서 경금 편관이 필요하다. 진월(辰月)의 갑목은 더워지기 시작해서 임수 편인이 필요하다. 사월(巳月)과 오월(午月)의 갑목은 너무 덥고 가뭄일 수 있어서 임계수 편인정인이 필요하다. 미월(未月)의 갑목은 나무가 무성하기에 가지치기 할 경금 편관이 필요하다. 가을 갑목은 정화 상관과 경금 편관이 필요하고, 겨울 갑목은 경금 편관과 조후용으로 병정화 식신상관이 필요하다. 일간이 갑목이면 사주에 무토가 있는지 살피고, 그 다음에 병화와 임수와 경금이 있는지를 살핀다. 일간이 양간이면 필요한 글자들도 주로 양간이다. 양간은 음간 글자로 생극제화(生剋制化) 하기 보다는 양간 글자가 와야 더 좋게 작용한다.

을목(乙木)도 뿌리내릴 무토 정재가 기본적으로 필요하고, 계수 편인과 병화 상관이 있어야 잘 자란다. 을목은 사계절 내내 무토와 병화와 계수만 있으면 좋다. 갑을목은 나무이기에 무기토 땅이 있어야 뿌리내리고 살며, 잘 자라기 위해 병화 태양과 임수 물이 필요하다. 을목이 잘 살려면 무토 정재, 병화 상관, 임수 정인이 있어야 한다.

병화(丙火)는 지지에 뿌리가 없어도 하늘에서 빛나는 태양이다. 임수 편관을 좋아하고, 계수 정관은 햇살을 가리기에 싫어한다. 임수 바닷물에 병화 태양이 비추면 바닷물이 반짝반짝 아름답다. 병화가 너무 더우면 임수 물이 병화를 식혀줄 수 있다. 봄여름의 병화는 임수만 있어도 되고, 가을 겨울의 병화는 무토 식신이 임수 편관을 조절해주면 더 좋다(식신제살). 병화에게 임수 편관과 무토 식신이 좋은 짝꿍이다.

정화(丁火)는 갑목 정인만 있으면 된다. 정화는 사람이 살리는 촛불이다. 촛불이 꺼지지 않게 땔감인 갑목이 필요하다. 혹은 불이 꺼지지 않게 유금(酉金) 기름도 필요하다. 갑목은 정화에게 정인이고, 유금은 정화에게 편재이다. 갑목이 너무 크면 갑목을 벨 경금 정재가 있으면 정화는 더욱 좋다. 정화는 갑목과 경금만 있으면 자기 역할을 다 한다. 문명의 불인 정화가 꺼지지 않는다.

무토(戊土)는 병화 편인이 있어야 건강하다. 무토는 땅이기에 병화 태양이 땅 기온을 따스하게 만들어 곡식과 나무들이 잘 자라게 한다. 봄의 무토는 병화 편인이 필요하고, 여름의 무토는 화염토조(가뭄으로 갈라진 땅)가 될 수 있기에 임수 편재가 필요하다. 무토는 병화와 임수만 있어도 땅을 기름지게 하고 온갖 생명체를 길러낸다. 무토와 임수와 병화는 좋은 짝꿍이다.

기토(己土)는 갑을목 생명체를 기른다. 기토에게 갑을목은 정관편관이다. 기토는 관성의 제극(制剋)을 받아내는 힘이 있다. 자식을 기르는 모성(母性)이다. 자기를 희생해서 먹을 것을 만들어낸다. 임수 정재가 오면 진흙덩어리가 되어 생명체가 땅에서 자랄 수 없다. 기토는 습토이기에 계수 편재가 좋다. 사계절 내내 기토는 병화 정인과 계수 편재가 있으면 온갖 먹을 것(갑을목)을 길러낼 수 있다.

경금(庚金)은 정화(丁火) 정관으로 제련 받으면서 생활 도구가 되면 좋다. 임수 식신으로 설기하면 자기 재능을 뽐낼 수 있다. 봄여름의 경금은 병화 편관이 있어야 금이 녹아 그릇이 된다. 경금을 돕는 진토 편인은 경금을 생기 있게 만든다. 술미토는 건토라서 경금을 생할 수 없다. 가을 경금은 정화 정관과 갑목 편재가 필요하다. 겨울 경금은 금수상관 희견관으로 병정화인 편관과 정관이 필요하다. 경금이 무토 편인에 매금되어 있으면 갑목 편재로 파헤쳐야 좋다.

신금(辛金)은 사계절 내내 임수 상관이 필요하다. 신금에게 임수 상관은 좋은 역할을 한다. 겨울의 신금은 금수상관 희견관으로 병정화인 정관과 편관이 필요하다. 신금은 완성된 보석이기에 보석을 깨끗하게 씻을 임수 상관이 가장 필요하다.

임수(壬水)는 경금 편인으로 금생수(金生水)만 잘 받으면 좋다. 물이 마르지 않는다. 임수는 봄에는 갑을목 식신과 상관을 기르고, 여름에는 갑을목이 마르지 않게 돕고, 가을에는 금생수를 받아서 물이 풍부하면 좋다. 겨울에는 임수가 차가울 수 있기에 병화 편재가 있으면 좋다. 사계절 내내 임수는 경금 편인만 있어도 좋다. 갑을목이 있으면 갑을목 식신상관을 기르느라고 일을 열심히 한다.

계수(癸水)는 경신금(庚辛金)인 정인편인으로 금생수를 받아야 좋다. 임수와 계수는 물이기에 물이 마르지 않는 환경이 제일 좋다. 겨울의 계수는 조후용으로 병화가 필요하지만 사계절 내내 금생수를 받아야만 계수가 마르지 않는다. 수원(水源)인 경신금만 있으면 좋다.

69. 십천간의 효율적 궁합

　일간 갑목은 경금 편관, 병정화 식신과 상관, 임계수 편인과 정인이 있으면 일생 편하다. 경금 편관으로 일간 갑목이 너무 많이 자랄 때 가지치기를 한다. 병화 식신은 겨울철에 조후용으로 쓰고, 일간 갑목이 땔감이 되어 정화 상관을 살리면 갑목은 상관생재를 해서 돈을 벌 수 있다. 갑목이 가뭄에 시들지 않기 위해 계수 정인이 항상 옆에 있으면 좋다. 갑목은 임수 편인과 병화 식신이 있으면 아름답게 자란다. 인월의 갑목은 경신금 관성을 쓸 수 없다. 경신금이 새싹을 베기 때문이다. 이럴 때는 정화로 경신금을 제련하면 좋다(상관대살, 상관견관). 진월의 갑목은 임수 편인이 좋다. 경금 편관이 임수 편인을 금생수로 설기하면서 갑목을 도우면 좋다(살인상생). 갑목에게 병화 식신이 필요한 계절은 인유해자축월(寅酉亥子丑月)이다. 갑목에게 계수 정인의 도움이 필요한 계절은 인사오미술월(寅巳午未戌月)이다. 십 천간 중 갑목이 가장 욕심이 많고, 계수가 가장 욕심이 적다. 갑목은 자라기 위해 땅(무토)과 태양(병화)과 물(임수)과 도끼(경금)가 필요하지만, 계수는 물이 마르지 않기 위해 금생수(金生水)를 해주는 경금만 있으면 된다.

일간 을목은 지초, 화초이다. 사계절 내내 무기토 재성과 병화 상관과 계수 편인을 좋아한다. 을목에게 경신금은 필요 없다. 경신금은 을목 꽃을 베어버린다. 을목은 관인상생보다는 식상생재가 좋다. 신유월(申酉月)의 을목은 병화 상관으로 자기 재능을 펼치거나(상관대살, 상관견관), 계수 편인과 뿌리내릴 기토 편재만 있으면 좋다(인다용재). 해자축월(亥子丑月)의 을목은 병화 상관만 있어도 좋다.

일간 병화는 임수 편관을 가장 좋아한다. 임수 편관이 있어야 물결이 수정처럼 빛나며 아름답다. 신약한 병화에게 무기토 식신과 상관은 병화의 기운을 설기하기에 좋지 않다. 병화는 불을 살리는 갑목 편인을 좋아한다(목생화). 해자축월(亥子丑月)의 병화는 임수를 꺼리고, 갑목 편인을 반기며, 신유술월(申酉戌月)의 병화 역시 갑을목 편인과 정인이 필요하다. 병화는 임수와 갑목이 좋다(관인상생).

일간 정화는 등촉불로 땔감인 갑목 정인이 반드시 필요하다(목생화). 갑목을 경금 정재로 쪼개서 땔감으로 쓰면 더 좋다(벽갑인정). 을목 편인은 습목이라서 정화 불을 살릴 수 없다. 오월(午月)의 정화는 자체적으로 뜨거워서 갑목 정인이 필요 없다. 해자축월의 정화는 병화 겁재가 필요하다. 음간에게 겁재는 좋게 쓰인다.

일간 무토는 병화 편인과 계수 정재, 갑목 편관이 있으면 아름다운 산이 된다. 오월(午月)의 무토는 계수보다 임수가 좋고, 신유월(申酉月)의 무토는 토생금이 좋기에 경신금(庚辛金) 식신 상관이 좋다(식상생재). 가을의 무토에게 갑목 편관은 필요 없다. 가을의 무토는 병화 편인이 좋다(화생토). 해자축월(亥子丑月)의 무토는 임수가 강하기에 계수가 필요 없고 병화 편인이 좋다.

일간 기토는 전원 흙이다. 병화 정인으로 땅을 따뜻하게 하고 계수 편재로 촉촉하게 하면 농작물(갑을목)이 잘 자란다(인다용재). 일간 기토에게 임수 정재는 기토를 진흙땅을 만들어서 파종하지 못하게 한다. 묘월(卯月)의 기토는 계수 정재와 갑을목(甲乙木) 정관과 편관이 좋다(재생관). 해자축 월의 기토는 임계수 정재와 편재가 병이 된다.

일간 경금은 정화 정관으로 제련하면 예리한 도구가 된다. 정화 정관이 꺼지지 않으려면 갑목 편재가 옆에 있어야 한다(재생관). 경금은 정화 불이 있어야 생활도구로 변한다. 해자축 월의 경금은 정화 정관과 병화 편관으로 조후한다. 사오미 월의 경금은 더워 녹아버리므로 임계수 식신 상관이 도움이 된다. 신유술(申酉戌) 월의 경금은 정화 정관으로 제련해서 임계수 식신상관으로 씻어내면 아름답다. 유월(酉月)의 경금은 양인살이기에 병정화인 편관정관이 좋다. 경금은 정화 정관, 갑목 편재, 임수 식신이 좋다.

일간 신금은 사계절 내내 임수 상관이 좋다. 신금은 기토 편인이 생금한다. 해자축 월의 신금은 추워서 병화 정관이 필요하다.

일간 임수는 인묘진 월에는 경신금 편인, 정인이 금생수 해야 좋다. 사오미월의 임수는 임계수인 비견과 겁재가 좋고, 경신금인 편인정인으로 지원받아야 한다. 신유술월의 임수는 금생수로 물이 풍족하다. 가을장마를 막을 무토 편관과 물을 증발시킬 정화 정재가 좋다(재생관). 유월(酉月)의 임수는 금백수청(金白水淸)으로 물을 흡수할 갑목 식신이 좋다. 겨울의 임수는 물이 많기에 무토 편관으로 제방한다. 임수는 갑목 식신, 병화 편재, 무토 편관, 경금 편인이 좋다. 양간끼리의 만남은 서로에게 도움이 된다.

일간 계수는 경신금인 정인 편인이 있어야 물이 마르지 않는다. 금생수를 받으면 계수 물이 마르지 않는다. 신월(申月)의 계수는 정화 편재와 갑목 상관도 좋다. 축월(丑月)의 계수는 병화 정재로 물이 얼지 않게 한다. 계수는 임수 겁재가 있으면 수원(水原)이 마르지 않는다. 일간 계수에게 갑목은 수생목으로 좋은 짝꿍이다.

70. 사주팔자의 상대성

　살다보면 자기 성격이나 적성이 궁금할 때가 있다. 그럴 때 성격검사나 적성검사를 해서 자기가 어떤 사람인지 알 수 있다. 그러나 그런 검사에서 나온 결과가 절대적이며 객관적인 '나'는 아니다. 검사할 때의 상황이나 처지가 보이지 않게 작용되기에 검사결과지에 나온 성격이나 적성은 그 당시의 상대적인 '나'일 뿐이다. 사주팔자를 읽는 일도 성격검사나 적성검사 유형과 비슷하다. 사주팔자는 절대적인 운명이 아니고 상대적인 운명이다.
　사람은 처해진 시간이나 공간에 따라 성격도 적성도 달라진다. 고등학교 때 문과인지 이과인지를 선택하는 기준도 수학을 잘 하면 이과, 못하면 문과로 나뉜다. 이렇게 인생은 단 하나의 조건이 다른 길을 가게 할 수 있다. 사주팔자도 그렇다. 사주팔자 글자 중 어떤 한 글자가 '내' 운명을 결정할 수 있다. 사주팔자에 있는 여덟 글자 모두가 '나'이기는 하지만, 그 중에 어느 한 글자가 '내' 인생의 방향을 결정한다. 이런 식으로 어느 하나의 요인 때문에 삶이 달라진다. 어머니는 자식 하나 때문에 결혼생활을 할 수 있고, 아버지는 인정받기 위해 돈을 열심히 벌 수 있다. 학생은 자기 목표를 성취하기 위해서 공부를 열심히 할 지도 모른다. 이런 식으로 어느 하나의 요인이 인생을 끌고 가는 원동력으로 작용한다. 물론 보이지 않는 영역에서는 우리가 인식하지 못할 뿐, 미세하게 많은 삶의 요인들이 유기적으로 작용하고 있다.

사주팔자는 팔자 여덟 글자에 대운 두 글자, 세운 두 글자, 월운 두 글자, 일진 두 글자, 총 열여섯 글자가 하루하루를 움직이는 역동적인 글자가 된다. 우리는 이 중 어느 한 글자의 영향을 가장 강하게 받으며 인생을 만들어가고 있다. 나머지 열다섯 글자는 보이지 않은 환경에서 유기체처럼 미세하고 강렬하게 작용하고 있다. 생년월일시, 대운, 세운, 월운, 일진은 공기 중의 미립자처럼 살아 움직이며, 상대성 운동을 하면서 한 개인의 운명을 이끌고 있다. 그래서 어느 사주상담가도 사주 글자들 자체의 역동적이고 상대적인 운동을 다 해석할 수는 없다.

형충파해나 충극이 없는 사주가 없다. 매 순간 사주는 흘러가는 시간에 따라 삶의 공간에서 형충파해나 충극을 하면서 움직이다. 형충파해나 충극을 부정적으로 해석할 필요가 없다. 사주 글자들은 형충파해보다는 생(生)이나 합(合)을 먼저 한다. 탐생망극(貪生忘剋), 탐합망극(貪合忘剋)이다. 사주팔자의 글자가 생하는 쪽으로 먼저 움직이면서 일간을 돕고, 글자들끼리 합하면서 인간관계를 부드럽게 만들고 흐름을 순조롭게 한다. 생이나 합을 먼저 한 다음에 충극이나 형충파해를 한다. 그래서 사주를 나쁘게 볼 필요가 없다. 사주팔자에서 생함을 받고 있는 글자들은 힘이 있다. 그런 글자는 형충파해로 사라지거나 극충으로 깨지지 않는다. 운에서 들어오는 글자가 어떤 글자를 생하고 합하는지, 혹은 어떤 글자를 극충하는지를 순서를 정해서 읽어야 한다.

사람들이 원하는 것은 사랑받는 사람, 인정받는 사람, 부자가 되는 것이다. 사람들은 감정적으로 행복하고, 물질적으로 풍요로운 생활을 추구한다. 사람은 혼자 살 수 없기에 상대적 기준으로 산다. 바로 옆에 있는 사람만큼 살기를 바라거나, 옆에 있는 사람보다 조금 더 잘 살기를 바란다. 이런 마음이 인지상정이다. 사주학은 이러한 현실적인 삶의 문제를 알아보는 학문이다. 정신적인 수련의 도(道)를 깨닫는 학문이 아니다. 현실을 살아가는 데 필요한 물질적 요인이 사주에 있는지 없는지를 알아보는 학문이다. 사주에서 사랑받는 것은 인성이고, 인정받는 것은 관성이고, 부자가 되는 것은 재성이다. 건강하게 사는 것도 사람들이 가장 원하는 것 중 하나이다. 건강은 사주에서 비겁이다. 식상은 내가 하고 싶은 일이다. 사주학에서 읽을 수 있는 것은 이렇게 현실적인 삶의 요인들이다.

어떤 사람이 인격적으로 훌륭하다거나 정신적 수준이 높다거나 하는 경지는 사주학 공부와는 관련이 없다. 인격과 정신적 품격은 개인의 자기관리 의지로 도달하는 경지이다. 사주상담가는 보통사람이다. 뛰어난 학자도 인간 생활에 혁신적으로 도움을 주는 실용적인 발명가도 아니다. 사주학을 공부한다고 해서 훌륭한 인격자가 되는 것은 아니다. 인간의 지성적, 이성적, 감성적 경지를 높이기 위한 공부는 사주학이 아니라 여타 인문과학이다. 사주학은 인간의 본질을 탐구하며, 혹은 무언가를 발명해서 인간의 생활을 편리하게 하는 학문이 아니다. 물론 어떤 사주학자는 그런 사람의 유형조차 사주팔자에 있다고 하겠지만, 아니다. 그런 사람은 사주팔자를 넘어서서 자기만의 삶을 창조하는 개척자들이다.

사주팔자는 단지 '내' 성향이다. '나'에게 주어진 천직이고, '내'가 살아내야 할 운명이고, '내'가 책임져야 할 물질적 생활이다. 인류 전체를 위한 정신적 목표를 사주학에서 가르치지 않는다. 그런 거시적 삶의 방향은 시대상황이 만들어낸다. 사주팔자는 미시적 '나'의 세계를 알게 할 뿐이다. '나'에게 주어진 사랑, 돈, 직업, 인간관계, 건강 정도만 읽을 수 있다. 어떤 사람은 사주팔자를 보면 당장의 문제가 해결되는 답이 있는 줄 안다. 사주팔자를 보면 어디서 돈이 뚝 떨어지거나, 혹은 병이 낫거나, 혹은 길이 보일지도 모른다고 생각한다. 물론 그럴 수도 있다. 그러나 사주팔자로는 '나'의 운명을 추정할 수 있을 뿐이다. 부모형제운, 돈운, 직업운, 문서운, 애정운 등등을 예측할 수 있을 뿐이다. 사주팔자를 본다고 해서 갑자기 돈이 생기거나 취직이 되거나 애인이 생기는 것은 아니다.

전체 사회의 운명은 국가 사회가 결정한다. 국가가 좋으면 사주팔자가 나빠도 개인의 삶이 좋아진다. 사주팔자는 상대적이기에 사주팔자를 볼 때 성격검사나 적성검사처럼 재미로 보는 수준에서 끝나야 한다. 사주해석은 사주를 봐주는 사람의 주관적 의견임을 명심하는 게 좋다.

명리학그램 2 : 사주통변론

발행일 초판 1쇄 발행 2020년 3월 20일
　　　　 2쇄 발행 2022년 2월 21일
지은이 김현희
펴낸이 이영옥
편　집 이설화
펴낸곳 도서출판 이든북　　**등록번호** 제2001-000003호
전　화 042 · 222 · 2536　　**이메일** eden-book@daum.net
팩　스 042 · 222 · 2530
주　소 (34625)대전광역시 동구 중앙로193번길 73

ISBN 979-11-90532-23-5

값 13,000원

* 잘못된 책은 바꾸어드립니다.
* 이 책 내용의 전부 또는 일부를 재사용하려면 반드시 저작권자의 동의를 받아야 합니다.